广播电视播音主持

Announcing and Anchoring on Radio and TV Programs

柴 璠 编著

图书在版编目(CIP)数据

广播电视播音主持/柴璠编著. —北京:北京大学出版社,2014.10
(21 世纪新闻与传播学规划教材·广播电视学系列)
ISBN 978 - 7 - 301 - 24862 - 1

Ⅰ. ①广… Ⅱ. ①柴… Ⅲ. ①广播电视—播音—语言艺术—高等学校—教材 ②广播电视—主持人—语言艺术—高等学校—教材 Ⅳ. ①G222.2

中国版本图书馆 CIP 数据核字(2014)第 221325 号

书　　　名:	广播电视播音主持
著作责任者:	柴　璠　编著
责 任 编 辑:	徐少燕　武　岳
标 准 书 号:	ISBN 978 - 7 - 301 - 24862 - 1/J · 0615
出 版 发 行:	北京大学出版社
地　　　址:	北京市海淀区成府路 205 号　100871
网　　　址:	http://www.pup.cn
新 浪 微 博:	@北京大学出版社　@未名社科–北大图书
微信公众号:	北京大学出版社　北大出版社社科图书
电 子 邮 箱:	编辑部 ss@pup.cn　总编室 zpup@pup.cn
电　　　话:	邮购部 010 - 62752015　发行部 010 - 62750672
	编辑部 010 - 62753121　出版部 010 - 62754962
印　　刷　者:	北京虎彩文化传播有限公司
经　销　者:	新华书店
	730 毫米 × 980 毫米　16 开本　18.75 印张　297 千字
	2014 年 10 月第 1 版　2025 年 8 月第 5 次印刷
定　　　价:	39.00 元

未经许可,不得以任何方式复制或抄袭本书之部分或全部内容。
版权所有,侵权必究
举报电话:010 - 62752024　电子邮箱:fd@pup.cn

目　　录

绪论 ·· 1
　　一、技巧的意义 ·· 1
　　二、目标读者 ··· 2
　　三、认识当代的播音主持 ·· 3
　　四、几点说明 ··· 6

第一章　广播电视播音主持概述 ··· 7
　第一节　播音主持的内涵 ·· 7
　　一、播音主持的界定 ··· 7
　　二、播音主持的属性 ·· 10
　第二节　播音主持语言表达的要求 ······································ 12
　　一、清晰晓畅 ·· 13
　　二、鲜活生动 ·· 13
　　三、富于韵律 ·· 14
　　四、深入浅出 ·· 14
　　五、一语中的 ·· 15
　第三节　认识播音员、主持人 ·· 15

第二章　无稿表达的技巧 ·· 20
　第一节　无稿表达概说 ·· 20
　　一、厘清广播电视无稿表达 ··· 20

二、广播电视无稿表达的特点 ………………………………… 25
三、广播电视无稿表达的要求 ………………………………… 28
四、广播电视无稿表达的过程 ………………………………… 29
　第二节　无稿表达的方法 ………………………………………… 33
一、训练方法 …………………………………………………… 33
二、实例剖析 …………………………………………………… 42
　第三节　实训技巧 ………………………………………………… 59

第三章　有稿表达的技巧 ………………………………………… 69
　第一节　有稿播音前的准备 ……………………………………… 69
一、狭义备稿 …………………………………………………… 69
二、广义备稿 …………………………………………………… 81
　第二节　对象感 …………………………………………………… 84
一、理论阐释 …………………………………………………… 84
二、延伸思考 …………………………………………………… 88
三、实例剖析 …………………………………………………… 89
四、实训技巧 …………………………………………………… 93
　第三节　情景再现 ………………………………………………… 99
一、理论阐释 …………………………………………………… 99
二、延伸思考 …………………………………………………… 102
三、实例剖析 …………………………………………………… 103
四、实训技巧 …………………………………………………… 111
　第四节　内在语 …………………………………………………… 114
一、理论阐释 …………………………………………………… 114
二、延伸思考 …………………………………………………… 117
三、实例剖析 …………………………………………………… 117
四、实训技巧 …………………………………………………… 122
　第五节　停连 ……………………………………………………… 127
一、理论阐释 …………………………………………………… 127
二、实例剖析 …………………………………………………… 129
三、实训技巧 …………………………………………………… 135
四、延伸思考 …………………………………………………… 137

第六节　重音 …………………………………………… 138
　　一、理论阐释 …………………………………………… 138
　　二、实例剖析 …………………………………………… 139
　　三、实训技巧 …………………………………………… 144
　　四、延伸思考 …………………………………………… 145

第七节　语气 …………………………………………… 146
　　一、理论阐释 …………………………………………… 146
　　二、实例剖析 …………………………………………… 148
　　三、实训技巧 …………………………………………… 150
　　四、延伸思考 …………………………………………… 157

第八节　节奏 …………………………………………… 158
　　一、理论阐释 …………………………………………… 158
　　二、实例剖析 …………………………………………… 161
　　三、实训技巧 …………………………………………… 162
　　四、延伸思考 …………………………………………… 169

第四章　话筒(镜头)前的非语言表达 …………………………………………… 171
　第一节　话筒(镜头)前的心理状态 …………………………………………… 171
　　一、自信、稳定 …………………………………………… 171
　　二、积极、兴奋 …………………………………………… 172
　第二节　非语言表达的概述 …………………………………………… 174
　　一、非语言表达的重要性 …………………………………………… 174
　　二、非语言表达的种类 …………………………………………… 176
　　三、非语言表达的原则 …………………………………………… 178
　　四、非语言表达在广播电视语境中的特殊性 …………………………………………… 179
　第三节　非语言表达能力的培养 …………………………………………… 181
　　一、非语言表达需要的基础能力 …………………………………………… 181
　　二、技巧的训练 …………………………………………… 183

第五章　新闻播音 …………………………………………… 187
　第一节　理论阐释 …………………………………………… 187

一、新闻播音的特点 …………………………………… 187
　　二、新闻播音的要求 …………………………………… 188
　　三、新闻播音的表达 …………………………………… 190
　第二节　实例剖析 ………………………………………… 197
　　一、抓基调，要得体 …………………………………… 197
　　二、找重点，要鲜明 …………………………………… 197
　　三、"穿成线""抱成团" ………………………………… 198
　　四、重事实，要朴实 …………………………………… 198
　第三节　实训技巧 ………………………………………… 202
　　一、时政新闻的播读 …………………………………… 202
　　二、地方重要新闻的播读 ……………………………… 208
　　三、其他各类新闻的播读 ……………………………… 209
　　四、新闻栏目 …………………………………………… 223

第六章　现场报道 ……………………………………………… 236
　第一节　理论阐释 ………………………………………… 236
　　一、什么是现场报道 …………………………………… 236
　　二、现场报道的选题 …………………………………… 239
　　三、现场报道的组织 …………………………………… 242
　　四、现场报道的关键技巧 ……………………………… 244
　第二节　实例剖析 ………………………………………… 248
　第三节　实训技巧 ………………………………………… 252

第七章　新闻评论的表达 ……………………………………… 266
　第一节　理论阐释 ………………………………………… 266
　　一、新闻评论的特征与类型 …………………………… 267
　　二、新闻评论的播读 …………………………………… 269
　　三、评论新闻 …………………………………………… 272
　第二节　实例剖析 ………………………………………… 277
　第三节　实训技巧 ………………………………………… 279

绪　论

在中国,播音主持艺术是一门学问,是教育部专业序列中在艺术学门类戏剧与影视学一级学科之下的一个二级学科,是融合传播学、语言学、新闻学、社会学、心理学、艺术学、文学等学科研究成果的交叉学科。新闻性是该学科的根本属性,艺术性是其重要属性。这个跨学科性质极强的新兴专业具有实践性、实用性和职业导向性,也初步形成了兼容性、自在性、独特性的理论体系、教学原则和创作规律。

并不像大多数人认为的,这是中国特色的专业,中国独一份,其他国家不存在。在很多国家和地区的大学,不但教授大众传播口语表达的课程,还开设了授予新闻学、传播学或人文学科学位的专业。至于由媒体、教育机构开设的培训课程更是司空见惯,很多事业上有影响力的播音员、主持人开办了以自己的名字命名的语言培训学校。开设的课程包括 Speaking Language Skills, Media Talk, The Art of Public Speaking, Language and Social Interaction, Performance Studies, Rhetorical Criticism, Speech Communication,等等,涵盖语言表达技巧和语言传播理论的内容。

总的来说,播音主持是研究表达及表达艺术的专业,微观上利用停连、重音、语气、节奏等表达话语的内容、意义、感情;中观上通过语言与其他音响、图像、文字等表达形式的结合,形成一个节目的结构;宏观上通过语言建构广播电视(延展到所谓"新媒体")媒体的形象。

一、技巧的意义

表达技巧是广播电视节目播音主持的外化手段,能够使节目内容"形之美"

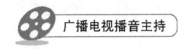

"行之远"。

沈从文先生说过:"我是比较看重技巧的。我认为艺术和技巧本来就不可分。既不要忽视技巧,也不要滥用技巧。所谓技巧,我看这个词可以加以诠释。技巧的真正意义就是选择,是慎重处置,求得稳帖,求得恰当。"[1]技巧不是点石成金的魔法,不是药到病除的神话,到了理解力强、勤于练习的人手中,技巧才是有用的;用得恰当,用得准确,技巧才能生成好的结果。运用技巧是对理论的实践,是在实践中的验证,它的背后是技巧运用主体的细致阅读,精心体会,反复打磨,不断试错,巩固成果。

本教程力求通过对播音主持理论的简明扼要的阐释,对典型丰富的材料进行剖析,让学生理解和体会运用播音主持技巧的关键所在;同时,精选训练材料,帮助学生有针对性地进行训练。做好播音主持工作,不仅要训练技巧,更要致力于在大众传媒的平台上传播知识、分享观点、沟通感情,为受众呈现丰富多彩的世界,为传承人类的智力、精神财富担当责任。因此,播音员、主持人学习播音主持,不仅要让自己的思维、感情、表达三者良好互动,通过个人的优秀呈现使节目内容得到优质传播,更要给受众带来审美愉悦和精神满足。

二、目标读者

一直以来,很多人头脑中"重文轻语"的观念比较严重,认为"写得好"是有水平,"说得好"没什么分量,甚至被认为是嘴尖肤浅的表现。更有人认为连发表观点、表达意见本身都只是"耍嘴皮子",没什么实际用处。这样的人通常认为只有做事情才是有用的,有法律、规章制度才是有保障。殊不知,不表达民意,不抒发观点,不鼓而呼,怎么会有好办法、好法律、好的规章制度出台呢?

播音主持在广播电视节目传播流程中处于终端、下游,有人认为播音员、主持人就是把其他岗位准备好的内容"说出来"就行了,是简单、好做的工作。鉴于"出声露面"的岗位特点,播音员、主持人只要是"长得好、声音好、普通话好"的"三好学生"就可以了。其实,这只是这个职业的"门槛儿"。也有人认为,有专业知识、有见解、有思想、文笔好的人才能做好播音员、主持人。实践证明,未必。假如你想了解怎样在广播电视节目中"说话",有可能这本教材会提供一些指引。在广播电视传播中,写得再好也要最终"形之于声"。很多人在读文稿

---

[1] 李辉:《萧乾传》,江苏文艺出版社1993年版,第31页。

时,听上去不像自然地说话,或平铺直叙、没有交流,或有固定腔调、缺乏趣味,或抑扬顿挫、不够亲切。而读文稿又是广播电视节目和日常工作生活中常用的语言表达方式。文稿是给人"看"的,读文稿是给人"听"的,这是"写"与"读"产生本质不同的缘起,也是播音主持有稿播音研究的理论起点。

假如你认为自己具备一定的语言表达基础,希冀转行成为播音员或主持人,本教程可以帮助你迅速了解广播电视播音主持的基本要求和基本技巧。中央电视台《正大综艺》栏目曾经邀请一位知识广博、文质彬彬的大学教授担任主持人,但效果不佳,原因在于教授平淡内敛,说话像讲课,语气不够抓人,现场气氛过于沉闷,与观众不能活跃互动,试过几期后不得不另觅合适人选。屏幕上还曾有一些相声演员、影视演员、小品演员主持节目的身影,他们虽才艺俱佳,但多数是昙花一现。同样是语言艺术工作,在表达上有可以互相借鉴的因素,但播音员、主持人与相声演员的工作性质、状态以及工作目的都不尽相同,专业性差别很大。有人会说,相声演员郭德纲不是主持过很多娱乐节目吗?歌手戴军、胡海泉主持的节目不是广受好评吗?的确,但他们一直在调整自己说话的方式,以适应节目主持工作的要求。

假如你已经是一位在职的播音员、主持人,但不满足于现状,想在专业上有进一步的提高,或者你认为自己处于事业的瓶颈期,需要从新的角度进行全新的突破,本教程提供的相关资料会令你发现大家在怎样努力,看他人怎样在貌似枯燥的工作中强化敏感的好奇心,保持具体而微的感受力,并付诸实践。

总之,只要你是一位热爱播音主持艺术,对播音员、主持人的工作有兴趣的读者,就请开始我们的墨香之旅。

三、认识当代的播音主持

坐到镜头前、话筒前犹如箭在弦上,等待"ON"的红灯一亮,节目就传送到千家万户,播音员、主持人的声音和形象就像射出的箭,是否击中目标——赢得受众的心,达到预期目的——在此一举。这镜头前、话筒前的一亮相包含着广义备稿、狭义备稿的艰苦采访、冥思苦想,包含着对千千万万"看不见、摸不着、想得到"的受众的热情,包含着每一次播音主持的经验和教训,包含着节目创作人员的全部心血,所以播音员、主持人在话筒前和镜头前的状态必须是专业的、有设计的,不能随心所欲,不能"大自然"状态,否则就难以避免上文提到的刻板机械、琐碎混乱或者造作夸张,令节目的整体传播和播音员、主持人的个人形象大打折扣。

（一）媒体传播进入直播与现场的时代

各种媒体,包括纸媒、广播电视等电子媒体以及互联网、手机等新媒体的竞争日益白热化,受众的口味继续多元化。他们像患了"信息焦躁症",无时无刻不盯着突发新闻,唯恐漏下一点点细节或进程;有时他们喜欢制作精良、意蕴深厚、形式唯美的专题片、纪录片;有时他们倾向于通过网络收集和占有信息,对广播电视的兴趣聚焦在娱乐、真人秀、益智游戏等节目上;当然还有一批受众喜欢听专家讲课,以求获得他们懒得向书本求问的知识……当科学技术的进步直接影响人们的认知、思维进而影响人们的行为方式时,人们的需求也有了无限扩张并得到实现的可能。比如说互联网技术及其各种服务——BBS、IM、SNS、博客、微博等使得人人都可以成为"自媒体",发布个人生活、社会生活、公共领域中的大事小情。随时随地发布信息和"有图有真相"成为老百姓媒介生活中司空见惯的常态。相应地,普通民众作为受众对大众传播的要求日益提高,他们不满足于过期的新闻,也不能忍受"口说无凭"。即使是制作周期长、时效性不强的节目,受众也愿意在第一时间发现它们、观看它们。因此,广播电视传播媒体不仅要在报道内容上强调"快"和"活",在传播方式和手段上也必须开拓渠道、加强时效、增加多种符号要素。

（二）播音主持进入灵动和趣味的时代

新闻报道类节目、综艺娱乐类节目、专题谈话类节目、体育赛事等要求播音员、主持人具备驾驭直播和现场报道的能力。考察这些能力虽然需要一个很复杂的量与质的标准体系,但受众可以凭借经验和媒介素养对播音主持的情态和水平进行认知、判断和反馈。

灵动是基于准确之上的,无论是新闻报道还是综艺娱乐,所传达的信息如果失准或者失实,最大的受害者不是受众而是媒体的公信力和权威性。一位凤凰卫视的节目主持人曾说:"我觉得媒体是没有自己观点的,能做到的就是去平衡各方的观点,然后让观众自己去判断。"①媒体肩负"呈现"的功能,但无论是观点还是信息必须经过"把关",必须要负责任。

---

① 凤凰卫视微博,http://weibo.com/phoenixqbzh。

灵动是对外界的变化做出准确、迅速的应对。所谓准确,首先是应对的时机要恰当,不能视而不见、听而不闻,也不能反应滞后;其次是以符合媒体责任和功能的方式做出应对;最后必须观照社会主流价值观、主流文化和道德观念。迅速的要求则是由有时长限制的、直播的、即兴的线性传播方式决定的。

灵动是对外界变化做出准确应对之上的自然流畅,不能牵强附会。要做到灵动,不能将眼光和注意力局限在局部,要看到全局,这样才能辨析全局中的各种关系,继而做出判断和应对。不要执着于播音主持的一些经验、技巧、理念、教条、规矩等,当然是在你懂得如何将它们活学活用的基础之上。灵动更需要换位思考,从受众和上级主管部门的立场(虽然他们之间有时出现矛盾和对立)出发挖掘你所面对的事实及背后的意义。

灵动是趣味的基础。趣味是生兴趣、明旨趣、有情趣。趣味有品位的分别,大众传播强调"以受众为中心",但受众的成分和需求是多样的、多层次的,很多人过着一种平实、质朴甚至是粗糙的日常生活,更多的时候忙碌在琐碎的工作、生活中,探索心灵家园和精神世界的触角日渐迟钝。他们甚至对自己的需求层次都不明晰,对自身内心的感知都不够细腻,这就需要媒体给予受众超越性的、出乎其意料之外的趣味。播音主持不能一味地迎合甚至献媚,要挖掘人的文化、精神需求中的中上品,引导受众追求上品。有趣味的播音主持就是能使受众分享才情、会心(共感)、共鸣、回味、思考、感悟的"红利"。比如,能令受众会心一笑、哈哈大笑或者笑中带泪;能给受众带来丰富的联想和想象;能给受众带来各种心理享受和精神愉悦;能激发受众产生分享、诉说的愿望,等等。播出趣味是件难事。做到有趣味的前提是有强烈的好奇心和较好的适应力、融通的性情和宽广的知识面、丰富的社会经验和敏锐的艺术感悟力。在这些前提下,还要加强专业技巧;另外,要积累语文常识、提高语文技能,比如善用修辞、强于劝服、擅长幽默等。

(三) 播音主持不只是表达这点事儿

播音主持看上去是语言表达工作,实际上它是三件事的有机融合,即驾驭内容、语言表达、非语言表达的融会贯通。语言表达是播音主持工作的核心,是播音主持工作的落实。在一线的实践工作中,特别是在广播播音主持中,播音员、主持人会付出极大的精力策划、准备节目的内容、设计表达的形式以及使内容和形式完美结合。简单地说,怎样使内容与形式完美结合呢?(1)深入具体地挖掘新鲜性、显著性、焦点性、热点性、趣味性的话题，这是选题的事儿；(2) 明确目标受众，根据节目形态、定位，确定"说什么"（主题）、"怎么说"（结构），这是构思的事儿；(3) 搜集、筛选、整合素材，给节目内容增加信息量和趣味性，这是"找米"的事儿；(4) 按照节目题旨、结构编排、内容组织的需要，将前期的案头准备形成文字篇章，这是撰写成品的事儿；(5) 形之于声，及于受众，这是语言表达的事儿。

四、几点说明

作为有声语言和非语言传播相结合的播音主持，在某种意义上来说是"口耳之学"，是人与人对面交流（包括镜头、话筒内外的类交流）的"默会之学"，因此要体会有声语言的言有尽而意无穷之魅力还是要结合教师的讲解和示范。

"延安时期"和中华人民共和国成立之后的"人民播音"，以及此后六十多年的广播电视播音主持实践和理论的发展，都是在前辈播音员、主持人、教育工作者的经验、教训和研究成果的基础之上，一代代专业人士不断传承、创新的结果。本教程也不例外，"有稿播音的技巧""新闻播音""新闻评论"的部分概念、观点、理论框架借鉴了已故国家级名师、我的导师张颂教授的著作《播音创作基础》、毕征老师的《新闻播音》，以及邱志军老师的《评论播音》；其他章节的内容借鉴了新闻学、语言学及应用语言学、心理学的理论成果。

本教程选取的训练材料一部分系已经毕业的学生贡献，一部分是选取的播出节目听打而成的文字稿件。感谢这些播音员、主持人为播音主持教育做出的贡献。

全部例稿是根据播出节目听打实录的，保留了口语表达的很多现象，比如口头语稍多、语意重复等，但是，有声语言诉诸听觉的线性传播特点，决定了受众是从总体上领会传者表达的内容和意图。另一方面，为了符合书面语言的表达规范，本书对部分例稿的文字进行了修改。请读者注意分辨。

本教程的"非语言表达""无稿播音的技巧""有稿播音的技巧"三部分系广播电视播音主持的通论性质，其他部分则侧重于新闻类节目播音主持，非新闻类节目的播音主持不在本教程的内容范围。

第一章　广播电视播音主持概述

本章要点
1. 播音主持的界定。
2. 辨析播音主持。
3. 播音主持的属性。
4. 播音主持语言表达的要求。

第一节　播音主持的内涵

一、播音主持的界定

（一）播音主持的定义

广义地说,播音主持是一种有声语言创作活动。广播电视播音主持就是运用有声语言及其他非语言表达手段对广播电视节目进行传播的创造性活动。

狭义地说,广播电视播音主持就是在广播电视传播过程中,播音员、主持人运用有声语言及其他非语言表达手段驾驭节目流程、传递节目内容的大众传播活动。

在基于互联网技术的媒介融合的大背景下,播音主持因媒介传播技术和方式的不同而有一些创作上的新技巧、新样态。有没有内涵上的变化,是个前沿

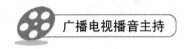

性的思考题。

(二) 厘清两个问题

1. 播音主持之辨

在新中国的广播电视史上,从 1949 年到 1981 年,受众只知道播音和播音员的称谓;1981 年中央人民广播电台对台广播《空中之友》栏目设主持人徐曼之后,"主持"一词为人所知;同年中央电视台《北京中学生智力竞赛》节目中使用"节目主持人"的字幕,由赵忠祥担任,开我国电视节目主持之先河;从 1993 年开始,我国各电台、电视台才涌现出大量主持人节目和节目主持人。20 世纪 80 年代中期以降,"播音主持"之辨甚嚣尘上,后来也无定论。随着视野的开阔,人们不再争论什么是播音、什么是主持,学会用自己的默会知识在不同语境下使用播音、主持或者播音员、主播、主持人等概念。

播音主持作为广播电视传播工作中一个露面出声的岗位,发源于 20 世纪 20 年代的美国。奇怪的是,在美国并没有出现过此类辩论,其主要原因是美国没有把在广播电视节目中出现的有声语言传播行为概括成专有名词,他们赋予具体行为以具体指称,比如,新闻主持人叫"Anchor",新闻播音员叫"Announcer",现场报道的记者叫"Reporter""Correspondent",谈话主持人叫"Host",仪式性娱乐节目主持人叫"MC"(Master of Ceremony),游戏参与性节目的主持人叫"Operator",电视辩论节目的主持人叫"President",等等。但是,在我国,并没有将对应不同工作内容的职业角色赋予不同的指称,而是统称为"播音员""主持人"。由于在传播实践中不同工作内容对播音员、主持人的工作形式有不同的要求,有人就认为播音员和主持人的工作性质也是不同的。有人认为,播有稿件的新闻、专题的工作就是"播音",相应的职业角色叫"播音员";没有稿件作为播读依据的传达节目内容的工作就叫"主持",比如,主持访谈节目、娱乐节目的就是主持人。也有人认为字正腔圆地播读稿件是"播音",在节目中"说自己的话"或者即兴说话的表达就是主持。还有的人认为担任或参与采访、编辑、制作之外,在话筒前、镜头前出声露面的是主持,播读编辑、记者撰写的稿件的是播音。更有些主张比较随心所欲:普通话标准、有"播音腔"的是播音,南腔北调、生活口语化、想怎么说就怎么说的就是主持……各种各样的观点和表述交织混响,莫衷一是。

我们只要多观察一些广播电视节目,就能发现以上区别播音主持的观点禁不起追问。比如,在一些服务性栏目中,"节目主持人"操着一口南腔北调的"准普通话",把编导写好的开场白、结束语、串联词对着镜头说一遍,这样的活动是播音还是主持?又比如,在严肃的新闻节目中,"主播"与新闻评论员或者前方记者问答互动,是播音还是主持?

2. 即兴之辨

在探讨播音、主持是不是同一性质的工作之前,我们先要知道播音的概念可抽象为"在广播电视节目中,具有特定和固定身份的人进行的语言传播(Broadcasting)"。"语言传播"是播音的邻近属概念,广播电视节目中的语言传播大致可以概括为两种情况:一是依据事先写好的稿件说话,甚至有时被要求"一个字都不能错";二是即兴地将腹稿转换成有声语言,边想边说或者脱口而说。我们发现"播音主持之辨"的聚焦点就在语言传播上。

有些人认为,上述第二种情况的口语表达是即兴的,是"主持"的根本特征。这种观点强调即兴口语表达在广播电视语言传播中的重要性。但问题是:播音主持中"即兴"的内涵是什么?在广播电视节目中,无论是播读事先写成的稿件,还是打好腹稿就说,抑或是来不及打腹稿只能边想边说,这些广播电视口语都具有即兴的特征。

首先,当我们有稿件依据进行口语表达时,不是简单地一字不错地把稿件念出来,而是按照文稿的主题、意图、构思、逻辑以及写作的风格等,把内容有重点、有层次、有感情、有趣味地表达出来。在表达的同时,主持人自身要素和表达的外部环境要素处于变动之中,比如,主持人注意力、意志力、情绪、反应力随时可能产生变化;主持人对因环境变化而产生的内心反应和应对随时可变;主持人的对象感也是随时变化的。在不同时间和环境条件下,同一篇稿件的表达会有或显著或细微的不同。这一次的表达与前一次、后一次也会有变化。因此,播读的即兴性自然体现出来。

其次,当我们进行有准备的口语表达时,通常会打腹稿,在开口前迅速确定要说什么、怎么结构、观点是什么、如何组织语序、重点要说什么、要实现怎样的目标。腹稿通常不是一篇组织完好的篇章,而是一些词语、片语、短句和逻辑链条的思路。有准备的口语表达的素材一般是准备好的,需要记忆清晰,但是如何布置素材或者调整布局经常是即兴的;边想边说,遣词造句的即兴性更是显而易见,这一次表达与前一次、后一次都会有调整,可能更准确精彩,也可能遇到不可预期的干扰而效果不佳。

最后,无准备的口语表达具有即兴性是不言自明的,通常是那些在互动中产生的即时口语交流。比如在访谈中,主持人经常在被访者答案的激发下生发

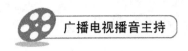

出无准备的提问、感慨、评价、辩论等即兴口语表达。

有些人认为即兴口语表达无须准备,有准备就凸显不了即兴的魅力,就少了神来之语的畅快淋漓。在生活中,我们都有过这样的体验:信马由缰地谈着,突然灵光闪烁,或语出机巧,或妙语连珠,或语惊四座,那一瞬间的满足感激荡起"即兴"的情怀,甚至产生随时能即兴地口吐莲花的错觉。实际上我们发现,生活中的言语灵感是可遇而不可求的,而广播电视传播的公开性、严谨性、权威性对随机的表达是低容忍的。播音主持拒绝一切随意的、零碎的、漫不经心、不负责任的"灵感乍现"。广播电视节目的语言应该是经过构思、筛选、调整、琢磨、润色的,是要经受一次次训练而达到一定水平的。评价即兴口语表达的能力高低,不是看播音员、主持人是否"即兴",而是看在无稿的情况下他的表达是否让人听得清晰、听得明白、听着舒服、听着优美。

二、播音主持的属性

(一)音声性

音声性是播音主持在大众传播中的区别性特征,是研究播音主持、训练播音主持的起点。同样是组织内容的架构布局、语言的词语序列,播音主持和文章写作有着质的区别和策略的各自侧重。播音主持更强调内容的一听就懂、便于记忆、感受鲜明,更强调词语序列的韵律感和听觉美感,更强调声音的质地、色彩、力度、感情等可以意会但很难言传的"魅"对受众的影响。播音主持的音声性融合了声音对通感的唤醒、话语对理性的共享,能够使受众知晓信息、明白事理、领悟意境、抚慰情感、愉悦精神。

(二)互动性

基于分类角度的不同,广播电视的互动性可以分为显性互动和隐性互动,也可以分为即时互动和延时互动。这种互动形式的复杂性是广播电视播音主持区别于其他表达方式的特点。报纸、杂志、图书的传播很难与受众做到即时互动,而影视、话剧、演奏等很难做到显性互动,唯有在互联网技术支持下的广播电视是可以同时实现显性和隐性互动、即时和延时互动的。

(三)独立性

播音主持就像写作一样,是谁都可以从事的工作,但要想做到合格甚至优秀并不容易,因为播音主持有独特的专业属性和创作规律。简言之,就是以语言为介质和手段对节目进行艺术化表达。

播音主持要求声音和吐字清晰、有力、耐听,这是决定传播力的生理基础。有人说,只要说的内容好,声音和吐字都可以忽略。"内容好"和"内容说得好"是节目内容传播的两个质量等级,随着大众传播能力的提高,"内容说得好"会成为一个基本标准。

播音主持要求语感好、语言思维发达。对文字的识读要看得清、反应快、读得准,否则应对不了广播电视节目中常见的有稿播读。对文字的色彩、力度、组合等感受能力要强,否则语言表达容易苍白刻板寡淡。发散性语言思维和语言组织的逻辑性要强,否则会出现无话可说、有口难言、词不达意的现象。

播音主持要求传播主体有强烈的话语表现欲和表现力,愿意传播,敢于传播,善于传播;并且熟悉大众传播中社会心理的总体特征和具体变化,深谙人际交往的人际关系和沟通技巧,了解基本会话原则和会话策略。

(四) 融合性

在广播电视节目中,从事播音主持工作的传播主体不但要播读记者、编辑编写、经由主管领导审批过的稿件,也要独立组织选题、采访、撰写提纲、播出。特别是在广播传播中,主持人也承担着采访、编辑、撰稿、播音等一系列的工作流程;在电视节目中,主持人主导节目的流程,控制节目的节奏,营造节目的氛围,传达流程中详细的内容,对节目传播效果负责。在一档节目中,主持人不但要播读新闻、信息、通告等有文字依据的内容,也要承上启下地串联内容,采访嘉宾,连线现场记者报道,抓新鲜点,突出重点,深挖疑点,也会在必要的情况下抒发感想、发表议论,这些工作内容通常只有关键词、提纲线索、腹稿而没有完整确凿的文字稿件。另外,播音员、主持人要运用多种表达方式传播节目,除有声语言之外,还须擅用体态语、空间语言、服饰等非语言表达手段。

(五) 艺术性

大众传播的特性决定了广播电视播音主持不能像其他艺术作品和艺术形式那样精益求精,不臻于完美不便问世。播音主持在总体目标上追求艺术性,但在实际的工作中还是以首先满足新闻性、实效性、大众性为主。

在表达形式、表达效果上呈现艺术性需要的是日常和前期的琢磨和锤炼,不能在话筒(镜头)前有杂念、改毛病。在这一点上,播音主持与歌唱、演奏、话剧等即兴艺术更接近。

当然,广播电视播音主持还有其他属性,比如张颂老师在《播音主持创作基础》中阐述的"三性"(规范性、庄重性、鼓动性)、"三感"(亲切感、分寸感、时代感),比如前文提到的新闻性、实效性、大众性。这里的"三性"主要是基于电子和网络媒介大众传播中语言传播的基本属性而言的。

第二节　播音主持语言表达的要求

　　首先有必要解释一下什么是语言表达。语言表达就是将书面语、腹稿音声化,主要包括两方面:语言表达的形式和内容。"语言形式,简单说来就是:声音的状况及变化。"①张颂教授还说道:"播音创作,不但要以词语系列正确反映大千世界,而且要通过声音,把这词语系列及其内涵外化为具有可听、可感的某种形式,从而实现其社会功能。"②这就是说,要想准确、鲜明地表达你要告诉受众的内容,没有一个可听性强的声音形式是不行的。语言表达的形式不仅包括谋篇布局的语言组织形式,还包括更直接、更感性的声音形式。广播电视媒介对语言表达形式的特殊要求主要体现在怎样将文字或腹稿音声化上,也就是运用恰当的表达技巧将语言内容表现出来。广播电视媒介同纸媒相比有其先天的优势——声音和影像。在声音中,语言是最能够准确清晰传达内容、表达抽象含义的形式,是不可或缺的传播介质。它自身为适应广播电视的要求形成了特殊的属性,即广播电视语言是典雅、规范的口语,不仅内容准确、意味深长,而且声情并茂、引人入胜。

　　广播电视播音主持在形式、语态等方面呈现多样性、多元化面貌,但对这个岗位上的语言表达有根本的要求。

---

　　① 张颂:《语言传播文论》,北京广播学院出版社1999年版,第110页。
　　② 同上。

一、清晰晓畅

广播节目的内容主要是通过声音进行传播的,语义性的内容靠播音员、主持人通过有声语言传达给听众。播音员、主持人在稍纵即逝的线性传播中传达节目内容,并且降低听众理解、感受节目内容的费力程度,让听众感到收听顺畅。汉语的特点是不同的表达方式导致语意的多义性,容易造成歧义,加之声音传播的特点是稍纵即逝,语言链条上的某些内容稍有模糊就会使听众心存疑惑,干扰收听状态,降低节目的传播效果。

有人说,电视节目与广播不同,电视的画面和字幕可以弥补语言传播的劣势,观众把握节目内容的渠道多了两种,对播音员、主持人的语言要求可以放宽了吧?其实不然,美国大众传播学者做过这样的实验,把电视的声音关掉,让被实验者只看新闻的画面,然后讲述电视新闻的内容,结果是没有一条新闻的意思可以被准确地复述出来。可见语言在电视传播中的作用也是举足轻重的。字幕的确可以使电视节目由被听、被看变为被阅读,但不是所有的节目都能及时地上字幕,一些突发新闻事件的报道为了抢时效性就可能等不及上字幕。况且,在我国的电视观众中还存在一定数量的文盲和半文盲,他们的理解能力和接受能力处于较低水平,看不懂的内容靠播音员、主持人说给他们听。如果靠读字幕来"看"电视,当然就失去了这种形式的媒介接触的意义。

广播电视都是伴随性媒体,受众一般处于无注意或半注意收听、收看状态,清晰晓畅的语言是抓住受众注意力的首要条件。因此,播音员、主持人的有声语言表达首先要做到意思清晰、明了流畅,最大限度地减少受众接受上的障碍。

二、鲜活生动

语言是思维的直接现实。大脑中所容纳、酝酿和意图的一切只有被表达才得以存在,而有声、有色、有形、有味、有情、有理的"内部世界"能否被真实投射到现实中,语言是否鲜活生动就极为重要。

广播电视形形色色的节目是创作主体"内部世界"的外化,给受众以信息、感情、理性的满足和分享。外化的功能和责任很大一部分落到播音员、主持人的有声语言表达上。比如,在旅游节目中,主持人的语言要带着他的饱满的兴趣和情感,通过有声有色地导游和激发,受众仿佛身临其境,美景历历在目,看看电视就能"坐地日行八万里",神游四极八方。那些普通人无法企及的地方,比如南极大陆、热带丛林、云海深处,都仿佛畅游了一番。还有存在于历史和现实中的场景、隔着时空的距离也可以被语言拉近到面前,比如庞贝古城被火山灰覆盖的那一瞬、非洲大陆骨瘦如柴的灾民绝望的眼神、南联盟炮火纷飞中塞族人坚定的歌声……受众的想象力也可以通过声音表达而被激活,思绪万千,心向往之。声音或者更确切地说是有声语言的确将人们的体验、感悟与虚幻的景象、场面、情感巧妙地联系在一起,丰富了人们的现实生活和内心感受,拓宽了人们的视野和思路。

三、富于韵律

心理学研究表明,运动着的事物比较容易吸引人的注意力。所谓运动,就是不断变化位置,比如奔跑的人、弥散的香气、节律多变的音响等等。我们可以通过电平指示来看声音的音强、音量和音高的变化,也可以根据电平指示的变化判断有声语言的节奏。电平指示有规律、有节奏感的变化,说明有声语言符合人的听觉心理节奏,在听感上具有可听性和美感。而那些变化混乱、磕磕绊绊的电平指示是没有韵律感的,不能与受众的心理节奏产生共振,因而不好听。广播电视有声语言的韵律是有依据的,即节目内容所蕴含的目的、态度、情绪、感情等。在目的、态度、感情变化的驱动下,停连、重音、语气和节奏会随之改变,这样就产生了韵律,刺激受众的听觉认知,触动受众的感性和理性认识,寻求共感和共鸣。

四、深入浅出

据不完全统计,广播听众的教育背景和文化水平相对属于中等偏上的层次,电视观众的受教育程度和文化层次相对更低一些。当然,研究情况更复杂,但无论怎样,广播电视有声语言必须最大限度地消除受众理解和接受上的障碍,做到深入浅出、明白易懂。这并不是说广播电视节目只能屈就浅显和简单,规避深刻和复杂。广播电视节目同样要涉及深刻的社会问题,分析错综复杂的国际形势,探讨深奥的人生哲理,追求高雅的审美情境,只是须采取寓深刻于浅白、借简明化繁复的策略。播音员、主持人应通过自己的思维活动对节目进行鞭辟入里的梳理和分析,用富于个人特征的语言表达方式把节目的内容、宗旨和目的体现出来,满足受众的"欲知""应知""必知"。比如,新闻节目、科学知识节目、文化艺术节目和一些专题性节目在内容上可能会有一定的深度,除了内容表达上要具有可理解性,播音员、主持人更要善于通过停连、重音、语气、节奏等技巧把内容的深层意蕴表现得直接可感,如拨云见日、水落石出。

五、一语中的

广播电视传播的线性传播,要求语言表达具有极高的效率和效力。在规定时长内,要保证有效信息量和表达效果,在叙事结构、语言节奏上追求严密、简捷、有力,以求"留住"受众。一语中的避免了语言目的不明确、在话语组织上兜圈子。这要求表达者在思维速度、深度上下功夫,力求在表达上有鲜明特点,追求言简意赅的效果。

第三节 认识播音员、主持人

互联网传播繁盛之前,播音员、主持人的工作内容成为很多老百姓的精神文化、休闲娱乐生活中不可或缺的一部分。作为一个专业、一种职业,播音主持有严谨的内涵和丰富的外延,播音员、主持人的语言表达有鲜明的特殊性。中外的播音主持工作走过了起伏跌宕、异彩纷呈的80多年。

世界上第一家正式领取执照的广播电台诞生于1920年10月,它是美国宾夕法尼亚州匹兹堡市的KDKA电台,最早是播放一些新闻、音乐和广播剧。最早的电视台于1936年在英国诞生。随着广播电视节目的开播,播音员(Announcer、Broadcaster)这个职业出现了。"Announcer"的英文意思是"one who introduces programs, reads advertisements, etc., on radio or television"。"Broadcaster"的意思是"a person who speaks on radio or on the television"。他们在广播电视诞生初期的主要任务是在节目中播报新闻,介绍天气情况、物价信息,介绍唱片、演播广播剧等。随着广播电视节目的丰富多彩,播音员的工作也复杂起来,他们不仅做上述有稿播音的工作,还要邀请听众或嘉宾到演播室谈话,讨论大家感兴趣的话题；播音员还要走出演播室深入社会生活、新闻现场亲自采访，用自己的声音把受众喜闻乐见的节目内容播送到受众的耳边、眼前。20世纪50年代，"节目主持人"一词出现在美国的广播电视节目中，英文中叫做"Anchor"，意思是"跑最后一棒的人"。美国哥伦比亚广播公司的制片人唐·休伊特借用这个词来指代把与节目相关的报道串联起来并作一番综述的人。美国最早的主持人是新闻节目主持人，著名记者沃尔特·克朗凯特在报道美国总统大选时第一次被冠以主持人称呼。"Anchor"就多了一个意思——节目主持人，即"the main broadcaster on a program of news, sports, etc.", 主要指新闻节目、体育节目主持人。后来克朗凯特主持哥伦比亚广播公司(CBS)著名新闻杂志节目《60分钟》，主要工作是把记者拍摄的新闻素材介绍给观众，采访有关新闻人物，并发表自己的看法和观点。他由此成为名噪一时的著名节目主持人。其实，在克朗凯特之前，爱德华·默罗所做的工作已经兼备节目主持人的职责。爱德华·默罗在广播节目《现在请听》和电视节目《现在请听》中不但出现在新闻事件的第一时间和第一现场、深入到新闻事件背后开掘背景，而且从幕后走到前台，亲自播音，加强了新闻的现场感和节目的个人特色。这样的工作内容和工作状态与唐·休伊特赋予主持人的内涵十分相似，只是那时还没有明确提出这个概念。后来在美国广播电视节目中又出现了以"Host(Hostess)""Presenter"等指代不同类型节目中的主持人。"Host"的英文意思是"a person who introduces a television or radio show, or one who interviews the guests"。"Presenter"的意思是"one who hosts a radio or television program or introduces a program to the public"。从美国广播电视节目中播音员(Announcer、Broadcaster)、主持人(Anchor、Host/Hostess、Presenter)的工作情况和工作方式上来看，他们的主要任务是把广播电视介绍给受众，在业务素质方面有共通的要求，那就是必须要通过有声语言，在话筒前和镜头前，把节目的内容传达给受众，达到传者的传播目的。由此可见，有声语言表达就是播音员、主持人工作的手段，表达技巧对于他们工作的重要性是不言而喻的。

我国人民广播于1940年12月30日诞生在陕北的革命圣地延安，第一位播音员徐瑞章(播音名叫麦风)的第一声呼号"延安新华广播电台，XNCR，现在开始播音……"明朗响亮，振奋人心，与国统区反动、奢靡、腐化、有气无力的播音形成鲜明的对照，标志着人民播音的开始。从我国出现广播电视传播以来，把

第一章 广播电视播音主持概述

在广播电视节目中出声露面的人称为播音员。播音员的工作主要是将记者和编辑采写的文章转化成有声语言传达给受众。在抗日战争和解放战争期间,人民广播的播音员以稳定沉着、昂扬向上、气势磅礴、爱憎分明的语言坚定地传播和捍卫着真理和人民的声音,坚决地与各种反动邪恶势力做斗争,激发广大中国人的志气,在精神上给敌人以极大的打击。在艰苦的战争环境中,播音员时刻不忘锻炼和提高业务,人民广播的播音艺术家齐越同志在当年的工作总结中写道:"一般来说,播音较以前有进步,固定的调子基本上已克服。……播音的缺点与错误:(一)个别的语句不自然。(二)有一些语句分段过多。……(四)播通讯放不开,呆板、生硬。"陕北台也制定了《北平新华广播电台训练播音方法》[1],详细指出了播音应注意的事项,如,怎样准备稿件,如何掌握抑、扬、顿、挫、快、慢、轻、重,如何表达语气情感等。1949年12月5日,北京新华广播电台正式定名为中央人民广播电台。新中国播音事业蓬勃发展,播音业务和播音技巧受到高度重视,早在1954年就有《把现实中的情景鲜明地再现在听众面前》等五篇经验体会文章出现。1955年,当时的中央广播事业局局长梅益在"全国播音业务学习会"上发表讲话,强调播音技巧的重要性,在播音表达方面提出反对公式化和模仿,强调"播音要有个性"。他还指出播音业务水平的提高要依靠熟悉生活,因为播音实际上是表现生活,"生活熟悉,播起来就自然实在,不像雾里看花或隔靴搔痒;有实感,就会丰富我们的感情,也就能提高我们的技巧,加强我们的艺术感染力"[2]。上述的事例说明人民广播一向重视播音技巧的使用和推广,而且我们的播音技巧是在长期的实践中摸索总结出来,并通过听众反馈得到认可的。在人民广播七十多年的发展历程中,许多优秀的传统被继承下来,改革开放时期,播音的业务观念不断发展进步,技巧不断成熟完善,形成了具有鲜明时代感和中国特色的播音风格。

1980年7月12日,中央电视台的《观察与思考》栏目开播,可能很多观众都不曾留意,荧屏上悄然打上了"主持人"三个字。1982年中央电视台的《为您服务》栏目第一次设置了固定节目主持人,标志着我国广播电视行业中第一次出现了节目主持人的职业分工。随着广播事业改革的推进,主持人节目蓬勃发展

---

[1] 张颂:《中国播音学发展简史》,来源:中国高校人文社会科学信息网,http://www.sinoss.net/qikan/nploadfile/2010/1130/7603.pdf。
[2] 葛娴、陆宏德:《传媒印记:中国广播电视事业开拓者梅益》,来源:人民网,http://media.people.com.cn/GB/22114/104848/104849/8211054.html。

起来,越来越多的节目主持人成为老百姓家喻户晓的名人,一大批热爱主持事业的人希望加入到这个方兴未艾的队伍中来。

  播音员、主持人做的是一份出声露面的工作,受人喜爱甚至爱戴和被人厌烦甚至反感的背后有各种各样的原因,关键在于是否有认真负责的敬业精神和过硬的专业素养。在播音员、主持人的专业素养中,扎实、精到的有声语言表达功力是关键中的关键。语言表达是广播电视节目传播的最后一个环节,也是直接面向受众的关键环节。我们碰到过这样的节目主持人:虽然他们能够在新闻事件发生的现场向当事人提出自己的问题,也能够发表评论和见解,但受众却需要竖起耳朵收听或收看,才能将就听明白,受众的情绪会受到一些影响,收听、收视心理会发生波动。主持人的工作事倍功半,不但没有实现节目的传播目的,甚至还影响了预期效果。这种现象的出现通常有以下几个方面的原因:(1)语言组织啰唆,逻辑欠清晰,语意欠明了。(2)语气单一,情感不到位,观点不鲜明,语势单调平板、少变化,难以造成有效的听觉刺激。(3)普通话不标准,影响语音的正确性和清晰度,给受众的理解人为地设置障碍。说好普通话是从事播音员、主持人工作的前提。汉语的普通话是以北京语音为标准音,以北方话为基础方言,以典范的现代白话文著作为语法规范的通用语。普通话是以汉语传送的各级广播电台、电视台的规范语言。掌握并使用一定水平的普通话是社会各行各业人员,特别是教师、播音员、节目主持人、演员等专业人员必备的专业素质。我国有普通话水平测试,分为三级六等,国家规定只有持一级乙等以上测试合格证的人才有资格做节目主持人(中央和省级广播电台、电视台播音员、主持人须通过一级甲等普通话水平测试,市县级广播电台、电视台的播音员、主持人须通过一级乙等普通话水平测试)。2001年1月1日颁布实施的《中华人民共和国通用语言文字法》第十二条规定"广播电台、电视台以普通话为基本的播音用语",所以,说好普通话对于播音员、主持人来说是第一要务。(4)主持人的话筒前或镜头前状态不佳,紧张、懈怠、刻板、造作。也许主持人在台后做了不少工作,下了不少功夫,节目的策划和构思也具体、细致,但话筒(镜头)前表现不佳,就事与愿违、功亏一篑了。从根本上说,要反思主持人有声语言表达的能力和效果。所以,在节目的策划、采访、编辑、制作、主持直至播出的"接力赛"中,主持人这最后这一棒十分关键,这个环节是否到位、精彩,主要依赖于播音员、主持人的语言表达能力和平时的训练。在业务能力的范畴里包括知识结构的完整、采访技巧的纯熟、观察力的细腻独到、思维的快捷深入以及语言的准确、流畅、优美。播音主持技巧的掌握是播音员、主持人语言训练的重要部分。

思考题

1. 播音与主持有区别吗？
2. 播音主持语言表达的要求有哪些？
3. 播音主持的属性是什么？

第二章 无稿表达的技巧

本章要点

1. 无稿表达适用的语境。
2. 无稿表达的语言特点。
3. 无稿表达的要求。
4. 无稿表达的过程。

第一节 无稿表达概说

一、厘清广播电视无稿表达

广播电视传播是具有严格运作流程和审查制度的大众传播方式,其内容不是经过程序上的"他查",就是要求播出关口严格"自查"。在直播节目中,自查更是一种纪律,一种扎根于播音员、主持人职业生活中的操守。因此,广播电视节目的无稿表达不是"想说什么说什么""想怎么说就怎么说",须做到选题有把关,内容有依据,表达有设计。

在广播电视节目中,完全无稿的主持是不存在的。通常开场白、结束语是有稿的;串联是有思路的,可能只写几个关键词;采访是有目标的,可能只写提问的梗概;访谈是有结构的,可能只写起承转合的提示句。只有在有不可预期的情况发生或者在访谈中需要必要的应对时,才会出现即兴的表达。比如,在技术设备发生故障或者直播流程出现突发状况时,需要主持人即兴"救场";在突发新闻事件的现场,主持人要根据观察和经验即兴组织提问或者报道;在访谈预设话题框架之下的具体谈话,细微的话轮转换需要主持人即兴对答。

因此,广播电视无稿表达是指广播电视节目中没有完整篇章文字依据的口语表达样态,在内容上强调有准备、有策划,在表达上可以是即兴的、随机应变的。无稿表达的话语结构可以稍微松散,但要符合逻辑;语法、句法可以不十分严谨,但要符合听说习惯;择词、修辞可以不事考究,但内容要清楚贴切。在表达的语气、节奏上类生活化,强调表达主体的个性特征。当然,与经过写作和审查程序的有稿表达相比,无稿表达在篇章布局、遣词造句、思维序列上有着不同的样态和面貌,但并不等于说无稿表达就逊于或高于有稿表达,它们只是表达样态的区别而已。

广播电视无稿表达在新闻报道、专题、访谈、比赛、综艺娱乐等多种节目形态中经常出现,大致可以分为三种类型:一是独立成篇的口播;二是串联词;三是对话、访谈中的应对。语言环境包括新闻现场、演播室现场、直播现场等。

目前我国广播电视节目的开场白和结束语通常都是有稿件依据的。在节目进程中,主持人要随机应变,应境而动,有时需要即兴地驾驭节目,使之进展顺利。大型的晚会通常有较为详细的脚本,主持人以预定流程和脚本为依据串联节目。有些综艺娱乐节目只有流程或者结构性的串联词,至于如何推进节目的进程,要靠导演和主持人的聪明才智共同合作。在把握舆论导向、明确节目宗旨、设计预期效果的前提下,主持人凭借日积月累的语言功力即兴发挥,无稿表达才能鲜活、灵动、机智。比如,在晚会或直播节目中发生了突发情况,事前毫无防备,主持人的一段恰当、精彩的即兴表达能够化险为夷。中央电视台《欢乐中国行》特别节目"2007年元旦晚会"中,由于计时方面的误差导致零点倒计时前有2分30秒的空当,现场导演通过耳返要求主持人董卿临时填补内容。当董卿侃侃而谈时,导演又发指令:"不是2分30秒,还剩1分30秒。"董卿迅速调整话语组织,准备不露痕迹地收尾,但导演的指令再次调整:"不是1分30秒,还是2分30秒。"这种情况在直播节目中虽不常见,但主持人要时刻准备应对这一类突发事件。下面简要分析一下董卿是如何即兴应对的。

谢谢,谢谢莫文蔚。亲爱的观众朋友们,您现在正在收看的是我们在钓鱼台国宾馆芳菲苑为您现场直播的2007年新年特别节目。今晚,我们将在这里共同迎来又一个新年。(承上启下,提点总结。)

刚才莫文蔚为我们带来了一首歌曲叫《忽然之间》。(有个相声术语叫做"现挂",即演员根据演出的实际情况,在适宜的情境里,联系当时当地发生的事件,现场进行即兴发挥。这里董卿就"现挂"了歌手刚唱完的歌曲,以歌曲名称为引子,抓住"忽然之间"联想开去。)真的,忽然之间好像2006年就过去了,忽然之间好像2007年马上就要来到了。(联想到旧的一年过去,新的一年到来,这是人们常叹的"时间过得真快",既贴近"忽然之间"又切合新年的主题。)在回顾过去的2006年的时候,我在想,我能想起来的绝大部分的记忆都是关于节目的录制。(上一句话打开了思路,即"回顾"和"展望"的联想。联想的内容最好是自己最有感触、最熟悉的事,这样才能有话可说、有感而发。)在中央电视台的舞台上,真的,得到了很多⋯⋯得到了很多欢乐的笑,得到了很多感动的泪。当然,也有奔波的苦,当然更多的还是一份收获的满足。("欢乐的笑""感动的泪""奔波的苦""收获的满足",从内容上看是常见的四种况味,从表达手法上看运用了双音节形容词加单音节名词构成的短语的排比,听感上有韵律感。)以前我总觉得,是我们在创造着快乐,然后把它传递给观众。但是慢慢地我感受到了,真正的天使是那些从来就不吝啬掌声,从来就不吝啬关爱,一直以来在默默支持我们的观众朋友们。(这句话的语言策略是通过赞美他人拉近与之的感情,显示自己的修养,获得他人的好感。这里董卿不只是表白自己的感受,而且想到了节目的"上帝"——观众,对观众进行赞美和感谢,能够收到很积极的互动效果。这句话也成为展开下一段话语的路标,接着联想电视人与观众的关系。)

后来我跟随《欢乐中国行》节目来到祖国各地,每到一个地方,虽然他们说的是不同的方言,但是却有着相同的热情,真的会让我们感到非常地快乐和满足。所以请允许我在这里借今天这样一个机会,向所有的观众朋友表达我们这些电视人对你们的感谢!我们想由衷地说一声,谢谢你们!(继续延展上面的思路,将"我"扩大到"电视人",将我的感受扩展到电视人对观众的感情和感谢。这也是一种话语策略,代表电视人群体传达美意也能获得电视人群体的好感。)

(董卿走出演播台,对观众深深一鞠躬⋯⋯)(体态语言和副语言的运用,也可以占用时间,丰富表达手段,显示诚意。)

所以,在这样的一个夜晚,在这样一个彼此祝福的夜晚,我真的是怕时间不够长,不够将所有的祝福都送出;我也怕我们的祝福不够深,及不上你们对我们的那份真情;我也担心所有的礼物不够多,不够让所有关注我们的观众都有所收获。(排比的修辞手法,可能是事先设计的,也可以在说出第一句的时候,把握契机,判断是否可以排比下去。排比句的运用可以带来一个好处:在一个维度上拓展言语内容,而不需要递进,挖掘另外一个逻辑。)

那在这里我只能说,无论今晚,还是明晚,还是今后的每一天,我们所能做到的就是尽心尽力地在我们的工作岗位上去做出最好的节目,来回馈给你们,为你们带去更多的快乐。(表态是很适合在年终岁首使用的技巧。)

亲爱的观众朋友们,在我们的彼此问候当中,在我们的期盼当中,2007年马上就要来到我们的身边了。(这样的句式可长可短,意在拖延时间,是非常灵活的言语组织方式。)

导播告诉我说,现在距离 2007 年只有 17 秒的时间了,让我们一起来倒计时吧! 9,8,7,6,5,4,3,2,1!(全场齐声)(计时,倒数,在庆典、仪式的场合经常使用,烘托气氛,契合集体狂欢意识。)

新年快乐! 新年快乐!

来源:文字资料摘自董卿贴吧,http://tieba.baidu.com/f? kz = 757847011。分析语为笔者所加。

据调研,谈话节目要想在对话中呈现思维互动、感情交流、话语交锋的真实性、鲜活性、即兴感,必须摒弃严格执行详细脚本的机制。否则,主持人的思维容易受到牵制,不能完全投入现场,影响即兴的反应和表达。严格执行脚本和嘉宾畅所欲言之间的矛盾,是广播电视线性传播的制约,也是考验主持人驾驭访谈现场的能力的"常规项目",既能让嘉宾没有压力和束缚,提供充分的谈资,又能引导嘉宾发掘有价值的素材,同时兼顾现场的氛围和节目的节奏、时长。如果谈话嘉宾不配合、现场氛围不和谐,那么这个谈话场就更不能用严格执行脚本的做法,即兴对应要成为谈话的主要策略。

谈话的过程承载多个功能,比如叙述事实、描述场景、回忆事件、抒发情感、表达感受、挖掘真相、澄清误解、设置悬念、搞笑逗趣等。谈话的现场感强,能表现谈话参与者的鲜活个性,但是与影像相比存在语言表达的先天弱势,比如时间长的或者专业性稍强的话语会让人感到单调枯燥,有些内容不容易被感受、理解,所以节目主持人必须感知谈话场的气氛,及时对谈话内容、节奏、话轮、趣味等进行调节。谈话现场的即兴对话对主持人的反应能力、思维灵活性、人际交往经验、语言沟通的准确性和趣味性的要求比较高。

中央电视台主持人崔永元在调节谈话氛围方面是位高手。2009年7月23日,中央电视台《小崔说事》节目同驻白俄罗斯大使、前驻土库曼斯坦大使鲁桂成,前驻乍得大使王英武,以及前驻印尼大使章启月围坐一起,谈论诸位大使的职业生涯中的酸甜苦辣。节目的开始崔永元请一位现场观众站起来看大屏幕上的一幅照片。

崔:这是什么?(微笑,问)

观众:马呀。

崔:你看仔细了再说。

观众:马呀,我觉得是马呀。(捂嘴,笑)

崔:谁还看不出来是马呢。我的意思是,它是什么马呢?

观众:黄马。(有观众笑)

崔:黄马谁还看不出来呢。(笑)它是黄颜色的什么品种的马呢?

观众:千里马?

崔:哎呀,越说越不着边了。(笑)我们有请驻白俄罗斯大使、前驻土库曼斯坦大使鲁桂成先生。热烈欢迎!

你会不会觉得这个开场白离题万里,看起来主持人也不太礼貌?这个开场白是经过设计的,对话是即兴的。预设的目标就是"大多数人都不知道这匹马是什么马,只有鲁桂成大使熟悉它"。这匹马不是普通的马,恰恰是大多数人都听说过却不认识的汗血宝马,汗血宝马学名叫做阿哈尔捷金马,只有土库曼斯坦才出产。这样我们就恍然大悟,明白了这个开场白的意图。这个设计不但让观众长了知识,而且增加了现场的互动趣味。在这段即兴对话中,崔永元并不一开始就问"这是什么品种的马",而是从最让人摸不着头脑的问题"这是什么"问起,像是跟观众玩捉迷藏的游戏,多了一些迂回的趣味。接着步步追问,故意调侃,使用的是日常生活中我们故意"不合作"时的句式"谁还看不出来……",配合表情,像很熟的朋友之间在调侃,一下子拉近了现场观众与主持人的距离,活跃了现场气氛,观众有宾至如归的轻松感。

谈话节目的开场白、结束语、流程、构思、逻辑的设计固然重要,但倘若缺少即兴对话的"看人下菜碟"的灵活性和趣味性,再有价值的内容都会显得干巴巴的,传播效果也会受到影响。

二、广播电视无稿表达的特点

训练无稿表达能力之前,有必要先了解它的主要特点。无稿表达有这样几个特点:

(一) 现场性强

这表现在:说者和听者在同一时空内,特别是在直播节目中,往往是受众与播音员、主持人同时面临、经历着同一事件;直播现场的氛围是特定的,由播出的主题、内容和当时社会的大语境决定,播音员、主持人要设想在"这一个"现场中的受众心理和受众期待,从而确定表达的基调、语气、节奏。

(二) 高度依赖语境

无稿表达对语境的依赖性比较强,对象感更加具体,强调"对什么人说什么话"。

(三) "现在想说"和"现在要说"紧密结合

"现在想说"和"现在要说"将主动的表达愿望和语境所要求的内容结合起来,情绪饱满,注意力集中,思维高速运转,充分调动逻辑思维和联想能力,边想边说,边说边调整感情运动状态、理顺思路、遣词造句。

(四) 边想边说

无稿表达形成的机制,紧扣表达目的,根据手头的文字依据,构思"内部语言"、组织"腹稿"、边调检边调整边表达。这里的"内部语言"并不是思考成熟、组织成篇的腹稿,只是一些想法、一些点子、一些材料以及它们之间可能实现的各种各样的逻辑关系。而"腹稿"就相对稳定,至少话语结构是成型的,在众多逻辑关系的可能性中选择了一种,关键的点子、"语结"也已经初步显现。丹麦语言学家叶斯柏森(Otto Jespersen)在他的著作《语法的哲学》中首次提出语结(nexus)理论,引起语言学家的重视。中国的学者将其发展成为这样的表述:在口语交际过程中,在内部言语阶段,那些浓缩的、关键的、在一定情境下可以扩展为完整复杂内容的信息码,称为语结。① 它可以是词、短语、句子、语段、语篇、意象、画面等形式。它是触发联想和想象思维的火花,是能按照一定逻辑指引口语形成并表达一定语旨的灵感。

（五）线性传播

无稿表达是线性传播,语意稍纵即逝,易被遗忘,但声音引发的感觉、感受、态度、判断等能够留存。

口语的线性传播正如覆水难收,所谓"一言既出,驷马难追",因此要考虑话语的后果和效果,想好了再说,但无稿表达的语境不会给播音员、主持人提供斟酌揣摩的时间,很难做到"想好了"。这时,由音色、音质、语气、节奏、气息等构成的声音印象参与内容表达,能够强化话语的目的,修正和弥补语意的遗憾。比如下面这段广播节目的片花:"一片奇怪的湖泊,曾夺去许多无辜生命,曾毁灭无数宝贵财富。鄱阳湖'魔鬼三角',屡屡显露杀机、频频制造惨案,秘密究竟何在?问题越来越难以捉摸。鄱阳湖老爷庙水域有多少未解之谜?《知天下》,知无不言,言无不尽。"听众听罢,也许记不住词语序列,也许会遗漏某些细小信息,但迷惑、离奇、惊悚的声音所渲染出的节目的定位和格调,能够鲜明地留在听众印象中,实现抓住听众好奇心、吸引听众注意力的效果。

又如,中央电视台主持人柴静在《解密世博》节目中采访中国贸促会会长、2010年上海世博会组委会副主任委员、执委会执行主任万季飞。万主任谈他出访哥斯达黎加,海关工作人员不认识中国护照,万主任解释,中国就是在世界杯足球赛中以0∶2输给哥斯达黎加的国家,结果没检查行李就放行了。柴静接言道:"中国足球还是有点作用的。"中国足球一贯受国人和媒体的诟病,有人总是抓住机会就讽刺中国足球,落了俗套,而且容易让人感到格局不大。还好,柴静说这句话时语气和缓,并不轻佻,无恶意的调侃反而显得这句话颇有些意味。可见,声音形象是能够赋予相同的词语序列以不同的听觉效果和心理反馈的。

（六）听与说的调检及时

有稿播读时,播音员、主持人对受众的反应只能有限应对,不能调整内容,只能修正表达形式;但在现场的无稿表达时,主持人说话的内容和表达的形式,必须根据现场谈话参与者的反馈而调整。这需要较高的倾听和察言观色的技

---

① 魏建爱:《语结的研究综述》,《宁德师专学报(哲学社会科学版)》2006年第1期。

巧。有些主持人缺乏倾听意识,他们不注意嘉宾或观众说什么,只集中于自己的思路,他们与谈话对手的话轮转换是条块化的、例行公事的,缺乏感受和思维的交互与碰撞,这样的谈话可能传递了基本的信息,但缺乏丰富、细腻的思想感情互动的谈话,不能引发活跃的联想和想象,很难产生增值效果。简单地说,倾听就是要听清、听懂、听明含义,据此促发自己的思考,预估收音机、电视机前受众的反馈,判断如何承接话轮,或沉默、应和、反驳、解释,或议论、抒情、追问、转移话题,等等。倾听的技巧可以归纳为几点:避免外界环境或内心杂念的干扰;非必要时,不要打断他人的谈话;听懂关键词;使用副语言或体态语恰当反应;揣摩各种暗示或者内在语;搜索重点,注意力集中在重点上;迅速回顾,整理出重点,并归纳出自己的结论;重视说话者的观点,并加以分析。

(七) 结构灵活

在人际传播中,听与说的双方在同一语境中,谈话对语境的依赖较大,在多数情况下省去交代背景、解释缘由的过程。正因如此,人际传播中的口语不像书面语篇章结构严谨、严格遵循语法规则,但这并不影响内容的准确传达。在语境的规约和听说双方的共认下,沟通能够实现。在大众传播中,有很多酷似上述人际传播中的情况。传者和受众共处同一语境,即兴表达经常使用短句、单句、省略句、自然句,简明快捷,话语传递的速度比较快,信息量比较大。这种口语虽然难免有失斟酌和考究,但生活化、形象化、情感化的特点让人易于听懂、乐于接受。

(八) 非语言表达有机配合

无论是有稿还是无稿表达,表达主体的声音、眼神、表情、手势、动作等都会辅助、补充、加强语言表达。我们把副语言理解为与语意相关的声音的音色、表达的语调、语气和话语间的停顿和空白等。[①] 体态语包括面部表情、手势、身体的姿态以及在表达场所内的动作和位移等。语气灵活、丰富的表达,表情一般不会僵硬、木讷、眼神无当;甚至表达兴奋的时候,还会情不自禁地加强副语言、体态语的幅度、强度、频度,以加强抒发"非说不可""不吐不快"的感受。听众

[①] 也有观点认为,声音的音色、音质、说话时的语调、节奏、停顿等就是有声语言表达的研究对象和内容,并不是副语言。一般语言学研究认为,狭义的副语言是并非来自语音、词汇、语法规则的有声的现象;广义的副语言包括表情、手势、动作等。本书暂且持狭义副语言的观点。

也会将话语内容同说话人的眼神和表情、动作等联系起来,帮助感受、理解话语的真实目的和丰富内涵。

三、广播电视无稿表达的要求

有人说,结构的精巧、内容的精粹、逻辑的严谨、修辞的考究、意境的优美,是对无稿表达特别是即兴口语表达的过高要求,实际上"取法乎上,得乎其中",把以上要求当做学习和训练的目标是必要的。

(一)须遵循真实和得体的基本原则

广播电视传播具有公开性、大众性、权威性、广泛性等特点,这要求广播电视语言传播承担社会和历史责任,要经得起分析和推敲。真实和得体是大众语言传播赢得公信和尊敬的起点。

(二)须准确、清晰、流畅

广播电视的内容经常被多级传播,作为公共信息被当做论据、佐证、资料,甚至可以建构受众的知识素养和价值观念,因此广播电视语言传播必须是准确的。如,数据、人名、地名、细节、经过、结果等信息的准确,播音员、主持人的语音、词汇、逻辑、基调等表达的准确。在准确的基础上,清晰和流畅能够降低受众对语言传播理解、接受的难度,增强媒体好感和黏合度,因此也能提高广播电视传播的有效性和影响力。

(三)须具体、简洁、丰富

笼统、模糊、抽象会导致理解和感受的混乱,因此无稿表达的内容中必须有细节、有形象、有分析。在众多媒介形式和媒介机构激烈竞争的时代,受众的媒介素养有了很大的提升,对广播电视内容的质量要求也在提高,广播电视无稿表达重视简洁和精到是高质传播的一种重要特征,简洁的表达才是对内容娴熟驾驭的表达,才是逻辑有理有力的表达,才是能够直击问题要害的表达,才是帮助受众加强理解和记忆的表达。提供休闲和娱乐也是广播电视媒体的重要功能。即使听收看新闻节目,受众也希望得到细腻、丰富的感情体验、心理满足和精神启迪。为满足受众的这一需求,无稿表达的内容和形式的丰富性就不言而喻了。

(四) 须把握格调,追求美感

格调和美感基本是审美层次的要求,是无功利的,不能简单、直白地用逻辑和理性衡量和判断,需要调动人的感官,尊重自然和内心的召唤,进行感觉、感受,不受既定思维、方法和观念的束缚。在一些语境下,广播电视语言传播是艺术传播的一种现象和实践,它能够激发、调动受众的审美愿望和审美体验,获得审美愉悦。因此,无稿表达在内容和形式上有责任和义务达到艺术语言传播的境界。

(五) 须坚持正确舆论导向

我国广播电视媒体的基本性质是党和政府的喉舌,承担正确引导社会舆论、宣传党的路线方针政策、弘扬社会主义核心价值等责任,这是中国广播电视传播的根本要求,不容置疑,不能动摇。

四、广播电视无稿表达的过程

(一) 准备

语言形式决定着语言使用者对宇宙的看法;语言怎样描写世界,我们就怎样观察世界。[①] 有些主持人在节目中谈笑风生、掌控自如,有的主持人战战兢兢、如履薄冰,除却经验的因素,主要差异在于他们的"内部储备"。因此,根据语言表达可以倒推播音员、主持人的准备工作是否到位。

内部储备的过程就是知识积累的过程,包括长期准备和当下准备。知识的储备是语言材料的储备,知识与语言表达的关系就像砖石之于房屋,钢铁之于机器。如果我们片面夸大语言表达和思维能力的作用,而轻视知识储备的重要性,就如同让高明的厨师在空空如也的厨房内烹制美味大餐。知识的储备也是观点和思想的储备,丰富的知识才能为广阔视野、独特角度、深刻思想提供可能性。长期准备是结构性的积累,是成系统的知识养成,而当下准备是在制作节目之前的具体准备,对节目质量的优劣有直接的影响。如果说长期准备是战略性的,当下准备则是战术性的,请注意下面几个方面:

---

① 参见〔美〕爱德华·萨丕尔:《语言论》,陆卓元译,商务印书馆1985年版,第2页。

1. 给自己从容的准备时间

这本是不言而喻的事,节目运行机制经常导致主持人没有充分的时间去准备。也许节目周期短,根本没给主持人充分的时间准备;也许是突发情况,事态由不得你准备;也许主持人东奔西跑地"忙碌",自己抽不出时间准备;更有可能是有些主持人没有"准备"意识。主持过七届奥斯卡颁奖晚会的美国著名喜剧演员比利·克里斯托尔要拿出三个月的时间准备现场只有三个小时的节目。当然,你会说:"那是如此隆重而世界瞩目的奥斯卡颁奖礼啊!"节目分量虽有不同,但对待节目的态度应是相同的。常态播出的节目一般也需要付出几十倍的时间成本进行准备。否则,主持节目时一定会"退而求其次",出现遗憾,只得姑息自己,降低标准,后悔不迭。

2. 掌握与节目内容相关的大量信息,即使有些在现场可能派不上用场

掌握信息并不是我们的最终目的,信息的作用在于给我们提供问题、提供思路、提供观点。比如,节目主持人常见的设问方式是以"据我了解……""据……报道"的背景材料为由头,向采访对象提出与过往事实有关的问题。这样提问的好处在于,既为受众提供了有效的事实,又以问题的方式引出采访对象新的观点或相关事实。交流对象很难与一个知识面窄、一知半解的人有交谈欲望。

搜寻信息的手段是多种多样的:传统的方法就是查阅书籍、报纸、杂志;在网络终端多样化的今天,可以随时用手机、掌上电脑、笔记本电脑上网查询;最简捷的方法是"借脑",与专业人士聊天能获取大量提炼过的信息。专业人士包括大学教授、研究人员、评论员、记者等,他们不但掌握各自领域中的稀缺信息,而且还能提供组织内容的线索和构思,提高准备工作的效率。信息包括事实、故事、传说、典故、名言、谚语、数据、态度、评价、观点等。有一点很关键,获取信息不是目的,根据节目的需要整合、过滤、结构信息,才是真正借到他人的智慧和能力,事半功倍。

3. 将"内部语言"显现为腹稿

无稿表达之前,根据说话的时间、自己的角色定位、说话的对象、场合、目的迅速在头脑中编码,将"内部语言"显现为腹稿。打腹稿是用"说"的方式组织语言,在节目中相对较长一段时间的独白最需要有腹稿的准备。首先要明确为什么说和说的目的,这通常是腹稿的依据和前提。腹稿的内容一般是说什么,先说什么后说什么,用怎样的思想感情和精神状态说。在脑子里勾勒出大概的框架,牢牢记住几个词语或者短语、句子等作为"路标",然后边想边说,边说

边想。

构建腹稿的框架,首先确定题旨,以简洁、清晰、明确的语句亮出主题,以便给听众留下鲜明和深刻的印象。其次,以独特新颖的构思引人兴趣。正确的见解如果在表达上构思平常,不出新意,落入俗套,会让听众感到兴味索然,提不起兴趣。再次,选择恰当的表达方式。是叙事还是抒情,是描述还是议论,抑或多种方式的融合,目的就是更鲜明、更有效率地实现题旨。最后,结构灵活多变。相对完整的、独立成篇的无稿表达,一般是开始语+主体+结束语的完整结构,尽量做到开头题旨鲜明、新奇有趣,结语清楚利落、引人回味。三个部分之间的逻辑清晰严密,承接自然顺畅,材料剪裁得当,做到层次分明、主题突出、目的明确。随着话语进程的推进,要注意与受众的交流,可以设计一些言语或召唤受众的注意力,比如"对吗?""是吧?"(切记,不要让这些赘语真成为累赘),或引发他们的共鸣,或提醒他们思考,总之就是加强说者和听者的互动关系。当然,无稿表达不必与书面文章一样,必须有完整的篇章结构和严谨的语法结构。根据节目语境的需要,无稿表达须具备两方面的要素:第一是总体的观点、感受、态度、评价,第二是要有符合逻辑的、贴切典型的支撑材料。

4. 内容与口语表达的关系

前文曾提出一个观点,播音主持的语言表达属于艺术语言的范畴。与其他表达符号一样,语言本身蕴含审美特性和审美价值,口语表达的第一印象总是伴随表达的内容甚至先于内容到达受众,话语的印象性因素如声音的音色、音质、语调、语气、节奏等,对受众对口语表达的感性认识起到首因效应,影响受众对言语内容的理解。口语表达中的声音形象塑造,除了传递信息,还承载着情感、观念、精神、美感传播的内涵。讲究有声语言表达技巧,能够突出内容传播的真实性、准确性、丰富性、深刻性的特征,加强广播电视语言的传播效力和效果。准确理解口语的内容和表达的关系,有利于正确设定广播电视口语表达的专业标准和专业追求。

(二)状态

有些主持人在生活中言语活泼、反应机灵,不时流露出巧妙的心思,但在电视屏幕上的表现却判若两人,少了几分生气,多了几分呆气,思维刻板,语言单调。究其原因,主要是受到心理状态的影响。培养和调整能使表达效果最大化的心理状态,请注意以下几方面的问题:

1. 缓解紧张

缓解因紧张而产生的身体不良反应,比如声音发颤、心跳加速、手脚冰凉、身体的某个部位颤抖等可以用物理的方法:深呼吸,使整个胸腔和腹腔都吸饱氧气,然后用小腹的肌肉绷紧,保持体内的气体几秒钟,慢慢地呼气,同时缓缓地回收小腹,直到肌肉紧张到不能再往里收。反复几次,身体的紧张反应就减弱或消失了。除此之外,最重要的还是缓解紧张的心理。一位演讲新手要去向在学术界很有名望的人作演讲,他特地去请教著名的物理学家和化学家法拉第:假定听众了解些什么?法拉第直截了当地告诉年轻人:他们一无所知。这并不是教大家轻视受众,而是强化"在这个问题上,受众没有我了解得多"的自信,这样就可以将注意力集中在表达内容上,客观、平和地面对嘉宾或受众。当你焕发自信的魅力时,受众对你的信任会大大增加,共同营造积极的交流氛围。同时,排除妨碍自己思维通畅、联想灵活的情绪障碍,播音主持前要营造轻松、平和的情绪状态。

2. 激发兴奋感

激发兴奋感需要跃跃欲试的冲动和"要把事情做好"的决心,但是不要对目标期许过高,给自己过大的压力,以免造成过分紧张的情绪,也不要抱着敷衍了事甚至消极冷漠的态度,否则受众会与主持人产生距离感。缺乏实践经验的人不妨在录制节目之前跟现场的嘉宾或受众预热一下,聊聊天,加快与他们熟悉、融洽的过程,这样容易激发表达的欲望和兴奋感。

3. 加强意志力和控制力

面对陌生、突发、复杂的外界刺激,会出现记忆瞬间短路、头脑混乱、语言杂乱无序,表现为肌肉紧张、面红耳赤、虚汗淋漓,这时必须依靠强大的意志力和自控力进行自我激励,突破自我。加强意志力和控制力是积极调动思维、组织和运用语言的决定性因素。总的来说,不能慌张,保持镇定,同时理清思路,尽量使思路简洁,以便迅速寻找可持续的话语链。

有些小技巧可以尝试:(1)坦白或调侃自己的反常情绪;(2)放慢语速,拖长重音音节的长度;(3)短时间沉默,让人感到你有重要的言语要说;(4)机智地提个问题抛给别人。训练上述技巧时最好有现场观众参与,这样才能培养稳定的、自信的心理状态。

(三)表达

无稿表达的最大特点在于语句组织的即兴性。无稿表达话语高度依赖语境,紧扣话语场的变化,可随时调整话轮、表达的内容、语气、节奏等。有的主持人(特别是广播节目主持人)担心冷场,话量大,不间断,滔滔不绝。有人认为这是无稿表达的基本功,实际上这是个误区。主持人要善于调动、调配别人说话,包括让音响说话,让画面说话,让嘉宾说话,让当事人说话,让受众说话。主持人的"主持大权"主要用来穿针引线、查漏补缺和救场。

特殊语境下的无稿表达会产生用词不够精雕细琢、语句和篇章的结构比较松散、现想现说或边想边说的情况,相应的停连、重音、语气、节奏等语言形式会出现新的特点,区别于有稿播音。停连的位置和方式的规律性减弱,紧扣思维的流动;重音会比较鲜明突出,前后经常有停连伴随;语气和节奏的表达受个人习惯影响大,个性色彩浓厚,可能会呈现语气、节奏总体固化的特点。因此,无稿表达的训练除了着重思维训练、话语组织训练之外,也要对停连、重音特别是语气、节奏等技巧进行"个人配方式"训练,以便改善个人习惯养成的"大自然"状态。在言之有物、言之有据的同时,也要追求无稿表达的美学价值和趣味。说话流利、条理分明是无稿表达的基础层面,审美层面的规范严谨、声情并茂、优美动听、个性鲜明,也应该是训练的目标。

副语言和体态语对无稿表达的辅助和加强作用不容忽视。对不会说谎的副语言、体态语进行训练,可以更加鲜明地体现态度和感情,丰富表达的信息量,增强表达的效果。

无稿表达要注意四个基本的话语交际原则:合作原则、礼貌原则、有趣原则、乐观原则。适量的信息、真诚的态度、鲜明的题旨、精当的表达体现了合作的原则。说话尽量得体、宽容,懂得赞扬对方、表现得谦虚是礼貌原则的关键。有趣和乐观是人与人交往的基础,体现节目的品位和价值观,是无稿表达的基调。

第二节 无稿表达的方法

一、训练方法

本节主要是对学生的注意力、记忆力、逻辑能力、话轮转换能力、话语策略进行训练。

无稿表达的训练通常有这样几种方法:复述、描摹、短句链接、短评、话题阐明、规定情境下说话、辩论等。这些方法训练的是基本功,并不一定以语言形态的方式在节目中存在,主持实践中需要播音员、主持人调用这些基本功进行创作。

(一) 复述

复述的材料以听或读的方式提供给学生,即让学生听一段材料或他们自己读一段材料,然后盲述。复述的方式由易到难。先概括性复述,然后联想或想象性复述,最后可以改编性复述。复述的材料要由易到难,可以是故事(比较简单)、消息、新闻专稿、述评等。

复述法主要训练以下能力:记忆能力、思维条理能力、语句组织能力、联想和想象能力。

复述的要求:(1) 基本事实要准确,不能含混、错误或缺失。要使思路清晰、有条理,关键在于找好"路标",即时间、地点、人物、事情的梗概、发生发展的过程、结果等要素,在事情发生发展的过程中找准每个环节的连接点或转折点。(2) 牢记材料的重点、要点。如果重点、要点淹没,会影响到复述的整体真实和目标的实现。(3) 准确把握主题和基调。如果把材料的主题和基调改头换面了,传播的目标有可能就改变了。(4) 语句组织要有个人特点,篇章结构要有调整,表达手法要有创造。例如,具体转换的方式有:人称转换,比如第一人称叙述和第三人称叙述的互换;叙事结构的转换,比如正叙改为倒叙、插叙等,直接引语改为间接引语;运用多种表达方式,比如描摹、叙述、评论、抒情多种方式并用。

(二) 描摹

描摹法与复述法同样锻炼记忆力、语句组织能力、联想和想象能力,但更侧重训练学生的观察力、感受力、修辞能力、思维建构能力。

训练的方法是看图说话、看录像描摹、到现场描述等。图片可以是单幅的,可以是连环的。录像的特点是动态的、背景环境复杂、信息量大、稍纵即逝,对细致和敏捷观察的要求较高。训练时可以先看图说话,然后根据录像或者到现场进行描摹,采取循序渐进的方法。

训练材料的内容可以是自然景观、社会生活场景、体育比赛、人物的表情、行为、突发事件等等。

描摹的要求是观察细致、迅速抓取细节和焦点,情节要素齐备,修辞手段丰富,话语趣味性强,表达的节奏、语气富于变化。运用摹声(多用拟声词,比如轰隆隆、哐啷啷、咕咚咕咚等)、摹色(积累表示色彩的词组,比如嫩黄、湛蓝、粉红,以及与色彩搭配的叠词,比如红彤彤、黑黢黢、黄灿灿等)、摹形(采用形容词、动词和名词的附加式、重叠式,比如热腾腾、慢吞吞、呆头呆脑等)、摹味(诉诸味觉器官的感受,常见的是形容词的叠加式,比如甜滋滋、麻酥酥、香喷喷等)、类比、情绪渲染等技巧,从不同角度和不同层次描摹,比如远景、全景、中景、近景、特写等景别、层次,或者正面、侧面、仰、俯等角度,这样就使描摹的对象直观可感、立体生动。提高描摹能力的一个有效途径是多阅读文笔优美晓畅、题材多样的优秀散文,感受身心润泽、精神愉悦的快感,并学习文字表达的方法、技巧。

(三) 连词成段

中央电视台名牌栏目《挑战主持人》月擂台比赛中有过这样的环节,选手在现场通过电脑选择一组文字,内容包括节日名、栏目名、主题,要求选手根据条件即兴说一段节目的开场白。比如,选手选择的是儿童节、《半边天》、吸烟有害健康,要求选手联系"今天是儿童节"的背景,在《半边天》栏目中谈"吸烟有害健康"的主题。2006年中央电视台"白象杯"电视节目主持人大赛中也有类似的测评形式:选手随机选取一组词,比如用"黑夜、足球场、小偷"即兴编讲一个故事或者一段经历、感受等。

连词成段主要训练基于联想和想象能力的构思能力。锻炼联想和想象的思维能力不是鼓励生拉硬拽、东拉西扯、云山雾罩、天马行空。

训练的材料可以自选,由易到难,选择和编纂有明显关联的五六组词、有隐蔽关联的四五组词、无关联的三四组词。

训练的过程,可以先让学生讲解词组之间的关联,再设定情节和情境,然后准备一段时间开始表达。

训练的要求是,在规定条件下构思并表达一段情节合理、符合逻辑、流畅严密、意趣丰富的独立篇章。训练时可以限定准备的时长和表达的时长。训练的难度可以由准备时间长、表达时长短的低难度训练,到准备时间短、表达时长长的高难度训练。准备时长可选择30秒钟到1分30秒钟,表达的时长可选择30秒钟到3分钟之间。

为了加强学生的媒介意识和节目意识,可以规定媒介形态、节目类型、节目定位等条件,让学生适应具体语境编纂内容。

（四）短句链接

在谈话节目中经常出现嘉宾或现场受众大段的发言，电视机、收音机前的受众在理解和接受上都要费些气力，主持人这时如果用简短、贴切、巧妙、智慧的短语或短句概括、归纳和总结，甚至是提炼、澄清和升华，就降低了受众接收的费力程度。短语链接是用一个片语来承上启下；短句链接是用一句话、三言两语的点评（疑问、赞同、反对、抗议、思考等）来抒发感情、阐发含义、解释背景等。

短句链接的技巧有正接、反接（发挥逆向思维）、仿拟（故意模仿现成的词、语、句、调、篇以及语句格式，临时创造出新的词、语、句、调、篇以及语句格式）、双关、类比、直话曲说、刻意误解、大词小用、设计悬念等。中央电视台的主持人崔永元在这方面自成一家。他"接话茬儿"的功夫常常令人恍然大悟、忍俊不禁、瞠目结舌、暗中称道。

短句链接的要求在于承上启下、过渡自然、情理兼备、态度得体、精练风趣。

训练的方式有：规定话题，在规定时长内两人相互搭话，规定转换话轮的频次；规定话题，在规定时长内三人搭话，自主形成话语场的主角和配角。另外，在日常生活中的观察和训练，比如，礼貌打断他人的话，"一言以蔽之"；在他人长篇大论时，分层次地给他总结"段落大意"；与朋友聊天时，仿效相声的"捧逗哏"。

请看《沈阳晚报》关于郭德纲、孟非合作江苏卫视新节目的一篇报道。

孟非郭德纲联手"非常了得" 推介会上斗智耍贫

"制片人想给我开新节目，问我想一个人主持还是找个伴儿一起来，我一想能俩人挨累的事为啥我一个人干？于是就同意找搭档。但我也得提条件，首先是头发不能比我多，另外体形不能比我健美，还有必须嘴皮子麻溜儿，不能可我一个人说，于是台里就把他找来了。"昨日下午，在江苏卫视将于6月8日推出的全新益智答题脱口秀节目《非常了得》推介会上，名嘴孟非在介绍自己的新伙伴郭德纲出场时，也不忘耍嘴皮子功夫。郭德纲岂能让孟非专美于前，上来就说："我是看着孟非的节目长大的。"两人你来我往互不相让，还互赠梳子和假发当礼物调侃对方，谈笑间也不忘把这档新节目提前揭秘。随后在接受本报记者采访时，两位嘴功了得的大腕也是唇枪舌剑，引发了一场嘴上的娱乐风暴。

关键词：

1. 光头造型

《沈阳晚报》：二位都是光头造型，在合作之前是否就已经惺惺相惜？

孟非：光头纯属巧合，欣赏却由来已久。可以这么说，最近好几年，我几乎没有听过别人说的相声，脑袋里一蹦出"相声"二字，想的就是郭老师的段子。

郭德纲：我必须得先声明，我这可不是光头，我只是短发，剪得比较像光头的短发。如果我愿意，完全可以留你(指记者)那么长。

《沈阳晚报》：很多观众都比较好奇一个看似简单的问题，这种发型多长时间打理一次？

郭德纲：我得两天一剪，才能保持成现在这个样子。(记者：这么勤？)所以说吧，短成像光头一样的发型可比长发麻烦着呢！

孟非：我比郭老师省事，我一周弄一次就行。

2. 节目名称

《沈阳晚报》：之前这档新节目曾向网友公开征集名字，最后为何选中《非常了得》？

孟非：之前有网友提议《哼哈二将》，我们觉得"哼哈之举"对观众不太礼貌。还有很多人建议用《情非得已》，这个节目我和郭老师不管情感的事，所以也不太恰当。

郭德纲：听说还有《阿非和阿德》，感觉像动画片，更使不得。所以还是《非常了得》听得顺耳点，我们是益智类的节目，不停留在简单的快乐上，争取追求益智的幸福。

《沈阳晚报》：既然名字都叫《非常了得》了，是不是在收视率上也追求一下"非常了得"的效果？

孟非：那可不敢保证，《非诚勿扰》开播时也没预想到能这么受关注，所以新节目也是摸着石头过河。我倒是一直坚信这一点，只要我们认真做了，观众就会认可的。

郭德纲：收视率不归我们管，但我们肯定关心。只要观众给我们捧场，收视率自然就好了。

3. 出场费

《沈阳晚报》：郭德纲先生你这么忙，手头有不少电视节目，但你百忙之中还接新节目，听说江苏卫视给你的酬劳不菲，能和我们透露一下吗？

郭德纲：我这人对钱没概念。说了还是那句老话，我媳妇总叮嘱我，有别的女人问我收入，不能随便告诉。

孟非：对，挣多少钱可不能乱说。

《沈阳晚报》：那如果郭德纲主持一集节目的收入远远超过你，孟非你不嫉妒吗？

郭德纲：(笑)你"挑拨"我们，我们可不怕。我还嫉妒他呢，他感冒发烧了单位都给报销医药费，我可得自己掏钱看病。

孟非：郭老师说得对，我是上班，这是我本职工作，不给钱我也得干。(记者：那如果外面有人向你抛橄榄枝，你去吗？)德云社请我去，我就去！(一旁郭德纲插话：那我现在就正式邀请你来我们这儿说相声！)

4."干"出新意

《沈阳晚报》：这种益智类节目很早之前就在央视或其他卫视的节目中出现过，你们有什么制胜的法宝？

孟非：其实说实话中国电视这些年这一类节目，没有什么特别的创新，想突破也很难。但十年前相亲节目就铺天盖地，现在不依然可以很火？如果能在一档看似老套的节目形态之下弄出新意，我觉得靠的就是"谁来干""怎么干"。

郭德纲：一条街上开了十家饭馆，有挣钱的有赔钱的，所以都是事在人为。

《沈阳晚报》：现在郭德纲来南京主持节目，对你(孟非)来说，会不会有被抢了风头的感觉？

孟非：可别这么说，节目录制现场郭老师的粉丝可比南京观众多了去了。我明显有在客场的感觉。

郭德纲：孟老师谦虚了，以孟老师的嘴皮子，我觉得他完全可以当江苏地区曲协主席。

来源：新浪网，http://ent.sina.com.cn/v/m/2011-06-01/17383323616.shtml。

在访谈节目、娱乐节目、晚会节目的串联中，很少用大段的陈述、评论或者描写，多是采用简短的表达，承载精练、有趣的内容。因此，主持人必须懂得用精简的句法、精准的语意、精彩的语艺进行承上启下的链接。上文中标注着重号的短句就体现了郭德纲和孟非唱和得体、接洽和谐、风趣聪明。

(五) 短评

短评在评论这种体裁中属于"游击队员",短小精悍,作战灵活,但"撞击力"很强,寥寥数语或令人豁然开朗,或令人回味感慨。短评一般主题不重大,内容不复杂,线索不繁复,但社会意义和教育意义并不小。短评的特点在于观点鲜明,单刀直入,一语中的,言简意赅。所以,不要认为"短"就可以"浅"。

评论语言要遵循有理、有据、有力的原则。所谓有理,就是观点正确、深刻;有据就是因事而生,有感而发;有力就是切中要害,明确锐利。对人、事、观点等的短评不能面面俱到,要就感触最深、逻辑最清、意义最重的一个点或一个侧面深挖,言之有物,要言不烦。

短评和短句链接运用的时机不同,区别在于短语链接"船小好调头",在节目进程中可以迅速插入,往往达到出人意料和一语惊人的效果;短评的结构相对完整,内容有层次,对语境的依赖比短句链接要小,短评的独立和丰厚使它更容易有分量。

训练短评的能力也要从易到难,主要从材料的内容体现。可以先发表对生活小事的评论,接着选择软性的社会现象,然后发表对社会问题的看法,针对国内外时政见仁见智。也可以从自己比较熟悉的领域或感兴趣的现象、人物、事件练起。总之,要持续保持对主客观事物发表评论的冲动和思考。

在短评训练时,教师首先要教会学生通过何种方式搜集资料,如何遴选素材,如何运用论据,以及何种论据配合何种论证方式。

新闻评论员杨禹在新浪微博中经常借豢养的两只猫——杨小黄和杨小黑之口点评新闻,角色化的对话既有生趣,又创造出自由的尺度和空间。请看2011年5月19日20点的一条微博。

> 杨小黄:卡恩辞职了,IMF总裁这肥缺,咱黑黄二公公也去争争?
> 杨小黑:算了吧,那是欧洲人的后院。
> 杨小黄:国内媒体一直按法治、社会、娱乐新闻的套路做卡恩呢。
> 杨小黑:IMF选总裁其实是严谨的经济事务,娱乐新闻追求戏剧性、偶然性,经济新闻讲究规律性、必然性,新总裁无悬念。

那几天的国际新闻中很惹眼的是国际货币基金组织(IMF)前总裁多米尼克·斯特劳斯·卡恩因涉嫌在美国下榻酒店暴力性骚扰服务员而被迫辞职一事。传统媒体中的纸媒、广播电视抓住性丑闻不放,炒作 IMF 新总裁人选的悬念,众说纷纭。杨禹作为传统媒体的评论员很难直接在电视节目中揶揄媒体的炒作,只能在微博中以拟人的手法、诙谐的语气,揭示IMF总裁的人选实际上是有模式的。

从训练短句链接的角度出发,我们分析一下这段话。表面上看杨小黄、杨小黑是对话的双方,但实际上是杨禹在背后"操纵"这段对话的主旨、脉络和逻辑。卡恩辞职后,新闻界和外界自然而然地要关注继任者问题,而新闻报道中的猜测颇多,这便是这段对话的话由和对象。被阉割的小猫都跃跃欲试做IMF总裁,暗示新总裁不会失足于性丑闻。杨小黄提出了要讨论的议题即"很多人窥伺IMF总裁位置",并且顺带点明了这是个"肥缺",所以才有多人觊觎。杨小黑的接话"算了吧,那是欧洲人的后院",观点鲜明、一语中的,指出媒体的热议实际上是制造悬念,炒作新闻。而后面两句杨小黄和杨小黑的对话,实际上是在点评国内媒体对卡恩辞职的娱乐化报道,并且申明杨禹自己的观点,即不能将娱乐化报道和经济新闻报道混为一谈。短短百十个字将IMF"新总裁无悬念"的观点阐述得鲜明有趣,值得借鉴。

(六) 话题阐明

无论是新闻节目还是娱乐节目,或者生活服务类节目、体育节目等,话题的传播策略都是常见的,有话题就能凝聚受众,有话题就能展开内容的空间,而且话题的结构和解构方式五花八门,可以自由创作。

话题阐明实际上就是阐释话由,一般放在节目的开始部分。训练时要求学生在规定时间内对一个新闻事实、社会现象、民俗风情、艺术作品、典型人物等进行阐明,要求结构完整、叙述清楚、解说详当、逻辑严密、语言流畅。可以采用叙述、说明、评论、抒情等多种表达方式相结合的呈现方式。

训练的话题要具有时效性、热点性、焦点性、新奇性、开放性等特征,可以先选择容易操作的社会新闻、热门人物,然后阐释独特、流行的社会现象,以及学生个人偏好的文化、艺术、生活方面的内容,最后可以根据学生的水平进行社会问题、专业性话题的阐明训练。

话题阐明的话语策略必须符合广播电视传播的特点,先声夺人,首先抓住受众的注意力,还要注意保持受众不流失,让受众对话题一听就明白、一听就投入。强调一下,话题阐明的时间控制在3分钟以内,借用林语堂先生说过的一句话,"演讲像姑娘的迷你裙一样,越短越好"。莎士比亚也说过:"简洁的语言是智慧的灵魂,冗长的语言是肤浅的藻饰。""言约而旨丰"是适应当下媒介传播特点的,受众一般没有耐心忍受滔滔不绝的长篇阔论。让受众一听就懂并不意味着主持人事无巨细地重复,有时越是细碎地饶舌越会令听者"昏昏"。

训练的重点:第一,思维的条理性和精密性。思考问题时一定要梳理出简捷的脉络,严格依脉络走向,不枝不蔓。第二,以目的为导向,紧扣重点,突出中心。凡是和重点无关、并不突出主题的细节,即使精彩也要割爱。否则,会误导受众。第三,尽量用短句,善用节奏明快的句式,贴切地使用成语、俗语、固定用语或通俗的文言表达。第四,有声语言的语气和节奏不能拖泥带水,要干净利落,交代事实要朴实,引导话题的走向要有鼓动性、趣味性。

（七）规定情境下的应答

在规定情境下恰如其分地应答应该是播音员、主持人的"看家本领",比如,现场直播节目经常需要主持人填补时间的空白,节目录制现场出现冷场或预先策划不周时需要主持人活跃、调节气氛或者应对节目流程中的突发和意外,等等。情境应答需要播音员、主持人临机应变和话语急智的基本素质,部分取决于语言天赋,更多的人可以通过学习和训练获得。临机应变和话语急智的基本能力是稳定的,但体现的方式和内容非常依赖语境,并且具有时代性和前沿性。分析播音员、主持人临机应变、话语急智的案例时,更多的是概括和演绎他们的思维方法,而不是将别人已经用过的模式、套路一次次地重复。

在规定情境中应答要把握两点原则:第一,审时度势,把握契机,善于从细微处抓事情的本质,不失时机地迅速做出回应。有位主持人气质儒雅敦厚,常有深刻见地,但有些观众反映这位主持人木讷,谈话现场不活跃,感觉主持人可有可无。事实上,在即兴谈话的场域中,话锋中的亮点、内容中的趣味会随着语流稍纵即逝,如果不及时抓住、生发,事后不能找补。有些主持人由于谦让含蓄,由于稍作犹豫或稍微走神,错失交流的时机,让受众感觉主持人的参与和驾驭不够充分。在节目主持中,主持人要有全局观,以传播效果为导向,得体、果断、快速地应对。"不失时机"不等于反应快速,如果脱口而出,出口不慎,不合时宜,就适得其反了。

第二,对外界信息及时做出准确的认知、分析、判断,然后做出有针对性的应答,能够恰当、适时地猜测和预设出受众或谈话对象的反馈的含义。比如,主持人到机场迎接一位重要的采访对象,当采访对象出关时脸色苍白、神情严肃,这时主持人迎上去应该怎样致欢迎辞？在初次接触中,采访对象的状态有无变化,变化意味着什么？主持人要随时观察并做出恰当反应。因此,在什么时候、什么场合、对什么人、以什么方式、说什么话、应产生什么效果是临机应变的核心,这是训练的起点。

(八) 辩论

节目主持人不一定是优秀的辩才,更不必成为出色的辩论家。辩论能够训练逻辑性和压力下的反应力,辩论技巧也值得借鉴。很多主持人比赛设有辩论环节,从现场观众投票打分情况来看,那些态度柔中带刚、语气愉悦、节奏张弛有度、始终保持翩翩风度的选手得分高,受到观众的认可。而有些选手虽然言之有理,但态度强硬、锋芒毕露、得理不饶人的架势令人感到不悦。所以,即便拥有敏锐的思维和快人快语的表达能力,主持人也要把亲和力视为与受众良好沟通和交流的首要素质。利用辩论的方式训练思维和表达,切忌以辩论气势为评价标准,诡辩的策略更是必须被摒弃的。

广播电视节目常常采取辩论的形态,只有熟悉辩论的宗旨、理念、技巧才能做好辩论节目的主持人。在节目中,主持人通常不参与辩论(当然,在一些小型的辩论节目中,主持人有时是辩论的一方),而是承担驾驭辩论流程、掌握辩论规则、调整现场气氛、加强与受众互动等功能,因此主持人必须有极强的时间观念、清晰冷静的头脑、准确坚定的判断力、幽默宽容的胸怀和节目所涉及的专业知识,不但要眼观六路、耳听八方,也要超越辩论双方的立场,从节目传播的主旨和受众需求的角度掌控辩论全局。

二、实例剖析

(一) 点评

点评新闻要做到:第一,读懂新闻。认真阅读,了解有关背景,熟悉主要事件及相关细节,把握其精神实质。第二,切中要害。要选好角度,提炼观点,一语中的。第三,评得有理。要做到事理清晰,导向鲜明,鞭辟入里,发人深省。第四,评得生动。点评要讲究艺术性,言简意赅,干净利落,力求新颖、鲜明、生动,具有说服力和感染力。

请看以下几个实例。

例1

想跟今天醉驾的朋友说一句:你们将因触犯《刑法》第133条以危险驾

驶罪被提起公诉。不是你们运气不好,而是运气很好,因为至少在五年内你没有机会成为马路杀手了。醉驾入刑肯定会提高全国犯罪率,但是只要能降低交通事故死亡率,就值得。

这是评论员叶海林对醉驾入刑的点评。他提出了一个意料之外但在情理之中的评论角度,入刑对醉驾者来说是坏事,但对整个社会以及每个交通参与者来说,是好事。

例2

每生出100个漂亮丫头,就要生出118个臭小子。过去十年,流动人口增加了80%,老龄人口增加了20%,城镇人口占比提高了13个百分点。"十年之前我不认识你,你不属于我",现在咱们作为朋友可以互相问候,通过十年的变化可以分析未来十年我们要干什么。

这是评论员杨禹对第六次全国人口普查数据公布的点评。如果脱离开节目播出的语境,我们很难判断出这段点评的目的是什么。第一个层次列举了几个重要数据,第二个层次其实要说明的是媒介沟通和数据调查对我们生活的影响。这段点评的优点在于语言俏皮(使用坊间讨巧的说法诸如"漂亮丫头""臭小子"等),数据说话,套用歌词;缺点在于点评的落点不容易一听即懂,套用的歌词可能只有1980年前后出生的观众才知道。这里要注意一点,当你要套用本身内涵不明确、对语境依附性很强的诗歌、俗语或者歌词时,要考虑是否有广泛的观众基础,定位的受众是否能够产生共感和共鸣。

例3

无论是切尔诺贝利还是今天的福岛,都曾一度隐瞒事故真相,没在第一时间告知核泄漏的严重性,致使一些人成为辐射的"牺牲品";还要反思一线救援人员的安置问题:最近媒体报道切尔诺贝利事故时,都提到了被"遗忘"的60万救援人员,希望这样让英雄流血流汗又流泪的事不再发生。

这是评论员吴学兰对2011年"3·11"地震海啸灾害中核电站的核泄漏辐射的点评。这个点评的重点是找出切尔诺贝利事故和日本福岛核泄漏污染的共性,以强调要以史为鉴,从经验教训中获得妥善解决今日之难的策略。

(二) 短评

以下选用了中央电视台新闻频道新闻评论员的短评。

例1

今天是重阳节,想了想等我老了以后会担心什么,我害怕三件事。

第一个,到了老的时候,手里的钱不够。

第二个,等老了还有精力的时候没有事情做,闲着。

第三个,到自己的晚年的时候,如果身体不允许了,那个时候没有依靠,没有人照顾。

这三个担心我想也是很多老年人、中年人甚至年轻人开始产生的担心。大家除了期待老有所养,还期待老有所乐、老有所依。这也正是老龄化的社会还没有做好准备的三个地方:我们需要自己手里有足够多的养老的钱;我们也需要在精力比较充沛的时候,让我们心情比较愉快地有事情做,忙忙碌碌地生活,能够让我们更长时间地保持身体的活力;最后一个阶段,也许我们每一个人都不可免除,我们都需要有人来照顾,到那个时候谁来照顾我们呢?

今天中午,我刚刚参加一对年轻人非常感人的婚礼,无论是娶媳妇的还是嫁闺女的,双方的四位老人,在婚礼上的讲话里,我看核心的意思是五个字:常回家看看。虽然子女常回家看看能解决一部分问题,但是今后我想不可能单靠子女来解决这些问题,还要靠我们整个社会为老龄化社会的到来做好更多的准备。

如何解决老龄化的难题,我们要做的事情还有很多,不过我想核心的事情有两方面。第一个,在我们大家现在非常关注的收入分配的改革当中,我们还要考虑"代际差距"。

我们现在一考虑收入分配的改革的时候,更多地考虑的是横向的差距,比如说东部地区跟中西部地区之间收入水平有差距,比如说不同行业之间、不同的文化阶层之间收入水平可能会有差距,这都是横向的差距。其实我们在生活当中,都会遇到一种所谓"代际差距":我们的父亲、我们的爷爷辈,他们挣的钱到他们退休之后,再增长的可能空间并不是很大,只是缓慢增长;而在我们这样一个快速发展的发展中国家当中,在职的中年人、年轻人的收入水平是快速增长的。这样相对来说,我们的父辈在老龄阶段的收入水平是在逐步地相对下降。这样的代际不公平、代际的差距,需要我们在收入分配的体制改革当中也考虑进来,做出更多相关的设计。

再有一个,我想更多的社会化的服务是针对老龄化社会必须做好的更多的准备,因为不能单靠自己家关起门来解决老年人的所有需求。社会化的服务是我们最主要的解决渠道,在这一方面目前我们还有比较多的门槛,还有比较多的限制。这些门槛和限制,希望正在讨论的"十二五"规划当中,能够看到一些尽快落实的解决方案。

来源:央视评论员杨禹,中央电视台新闻频道《东方时空》,2010年10月16日。

在独立成篇的短评中首先要确定观点,在打腹稿的阶段要明晰落实观点的"语点",上面这篇短评的语点就是"老有所养、老有所乐、老有所依",在解决问题的部分明晰了两个词"代际差距"和"社会化的服务"。其次,给短评定个基调。我国古典文化传统中有"老吾老以及人之老",这个话题可以是温情的,也可以是忧心忡忡甚至是抨击现实的。评论员选择了一种规劝、温馨和建设性的基调,号召每个社会成员要关怀老人,也敦促整个社会加强养老的社会化、系统化。再次,借近说远、以小见大的评论构思。开头评论员就从自己的心思想法出发,道出社会普遍存在的对养老问题的担忧,中间又用了一对普通夫妇的婚礼上父母的讲话表达了老年人对年轻人、家庭、社会的期待,听起来将心比心、入情入理。从现实生活中普通老百姓对待养老的态度引申到社会和政府对老龄化社会的规划和筹谋,使得评论既符合实际又站得高、看得远。最后,语气平和,娓娓道来,如述家常,具有口语的亲和力,但又不失简洁流畅。

值得注意的是,很多评论员的策略是"自我代入"。例如这篇短评的开头,评论员以自己的想法"推而广之"估测大众对养老的担忧,好处是平易近人,实在贴近,心同此理;危险是"代入"的自己不能太个体化,只代表自己的意见,不具有代表性,或者出现明显的偏颇或错误,使受众感觉评论员小气,不符合大众传播的公众性原则。

例2

工业和信息化部21号发出关于批评奇虎和腾讯的通报,责令两公司在通报发布五个工作日内向社会公开道歉,妥善做好用户善后处理事宜。

不管腾讯和360用什么样的道歉方式,我希望这种道歉来得越快越好,越安静越好,越低调越好,特别是不要把这次道歉变成一次自我辩护的活动,准确地说,不要把它再变成一次自我辩护的活动。几天以前,在工信部的严密督促下,两家公司总算对外宣称,要和对方和解,但都是不情不愿的,而且都通过媒体以及利用自己的互联网的优势做了大量详尽的解释,来说明这个问题上自己的责任到底在哪里。两家公司都进行了一番诉苦式的自我辩护,那么如果这一次的道歉还是沿着这个思路的话,我觉得这个道歉其实大可不必。对这样的道歉,我们没有什么好寄予希望的,因为问题不是这两家公司分别对对方做了什么,而是这两家公司共同对公众做了很不应该做的事情。道歉应该是从这一点开始,所以我希望他们的道歉能够尽快地画上一个句号,把互联网环境恢复到平时的状态。

我们需要互联网服务,是需要一种稳定的、干净的、安静的互联网服务,不管腾讯和360公司在互联网中提供了什么样的服务,这种服务应该是"润物细无声"的。我们常说最好的保镖,是不会让被保护人感受到的,那么同样,最好的清洁服务,我们也不能总是盯着保姆在那儿忙来忙去。

所以从这个角度来说,我们希望两家公司能够尽快地恢复常态。至于它们用什么样的方式道歉,或许不是我们关注的首要问题,我们需要的是不要再听到这两家公司在跟公众道歉的时候,说自己在这个问题上只应该承担多少责任。我认为,两家公司都应该承担百分之百的责任。

来源:央视评论员叶海林,中央电视台新闻频道《东方时空》,2010年11月22日。

这篇短评态度鲜明地直指问题的核心是"需要什么样的道歉",大张旗鼓地站在互联网用户的立场上对两家给网民带来极大不便和困扰的公司明确批评,将观点落实到不要再搞"自我辩护式的活动"上,因为"我们没有什么好寄予希望的,因为问题不是这两家公司分别对对方做了什么,而是这两家公司共同对公众做了很不应该做的事情"(标有着重号的语句鲜明地表达了评论员的观点)。接着评论员就以两个形象的比喻"保镖"和"保姆"来明确说明互联网用户对网络公司、网络安全公司的诉求和期待是什么。这篇短评以区区两分多钟的时间将"要道歉""不需要什么样的道歉""互联网服务不该甚嚣尘上""道歉的前提是要承担百分之百的责任"等观点、看法构思在一起,落脚点不只是批评,更多的是为互联网服务公司提供贴近用户、长足发展的思路。这样的短评看似严正激烈,但良药苦口。

(三)述评

述评,顾名思义,指叙述和评论有机结合,评论因事而发、因人而发,因此对事和人的叙述相对要详细些,让听众明白你的评论是有缘由的,不是空发议论。并且听众根据你的叙述也可以发发自己的感慨和议论,给听众更大的接受空间。

例1

　　12月1日是世界艾滋病日。中国广西山村的6岁孩子小龙，成了中国艾滋病感染人群的"代言人"。这个父母双双因患艾滋病离世、与一条黑狗相依为命的孩子，他的孤独与凄凉让无数人为之流泪。一个人的家、一个人的晚餐、一个人的未来，这是媒体所描述的小龙的现实生活。因是艾滋病病毒携带者，大家庭的温暖与他无缘，亲戚不接纳他，年迈的奶奶隔天过来为他做顿饭就走；因是艾滋病病毒携带者，他被当成异类，没有玩伴，医生甚至不敢处理他因做饭而烫伤的小手；因是艾滋病病毒携带者，社会隔断了他与外界的通路，学校对他关上了大门。这个孩子的未来，应该在这个社会每一个人的手中。我们知道国家预防艾滋病已经有整整23年了，我们很早就开始艾滋病防控和教育工作，但是从小龙的报道来看，重在一句话——他再也无法过上正常人的生活。这意味着实际上，歧视到今天为止仍然是中国艾滋病防控中非常重要的一个阻碍和困难。

　　就像民间防艾症者曾经说过的一样，他说他感觉到所有阻力都来自这个社会对艾滋病的歧视，那么怎么样能够让这些歧视真正融化在爱的阳光中？因为这些歧视带来孤独感，往往会使得这些艾滋病患者和携带者，走在一个没有光亮、没有阳光的环境当中。就像现在，可能很多家庭都已经亮起了晚餐的灯光，都已经开始团聚的晚饭，我很想知道，和小龙一起吃今天这顿晚饭的是谁，是不是还是他相依为命的那条大黑狗，他的好朋友？

　　在这个时候，怎么样去解决小龙的问题？我觉得我们可以远离艾滋病，我们可以阻断艾滋病的传播，但是我们永远不要远离小龙以及和小龙一样生活在这样一个环境中的人们。我知道很多地方包括广西壮族自治区都开启了对受艾滋病影响的儿童的救助工程，其实都非常明确地谈到，我们在给他们帮助的同时，也要给他们完整的受教育的权利。我们知道很多好心人给这些孩子提供吃穿，提供生活条件。但是，我们怎么样能够让这些孩子重新回到社会中，回到一个无差别的环境中间来，享受到社会的爱？我觉得每一种制度都不是与生俱来的，都是通过所有人共同的关注，真正给这些孩子提供爱，提供温暖。我想这个时候，我们用语言可能没有办法完整归纳我们自己的心态，但是我们用语言可以传达我们自己的感情，如果每个人都用语言凝成力量的话，这股力量会是消除艾滋病歧视最重要的力量。

　　来源：央视评论员周庆安，中央电视台新闻频道《共同关注》，2010年12月1日。

每年12月1日"世界艾滋病日",媒体都会重提防治艾滋病和艾滋病病毒携带者的生活境况。2010年主要媒体都报道了广西一名叫做小龙的艾滋病儿童患者,当受众为小龙唏嘘感慨甚至流下同情的眼泪的时候,不能仅此而已,必须要思考如何以己之力给"小龙们"一些切实的帮助。每当涉及儿童、社会弱势群体的话题,评论总是更倾向于"以情动人",说理性在感情的深海中自然而然地显露。这篇述评也不例外,切入的角度、开篇的容量都偏向于充满感情的"述",但这些抒情性的"述"并非无病呻吟、浮夸浅薄的招摇,而是紧密扣住这篇述评的中心论点:"歧视到今天为止仍然是中国艾滋病防控中非常重要的一个阻碍和困难"。并且,并不仅限于指出问题的症结,还通过一句饱含期待、催人泪下的过渡句"就像现在,可能很多家庭都已经亮起了晚餐的灯光,都已经开始团聚的晚饭,我很想知道,和小龙一起吃今天这顿晚饭的是谁,是不是还是他相依为命的那条大黑狗,他的好朋友?"转向理性的劝服:"我们怎么样能够让这些孩子重新回到社会中,回到一个无差别的环境中间来,享受到社会的爱?我觉得每一种制度都不是与生俱来的,都是通过所有人共同的关注,真正给这些孩子提供爱,提供温暖。我想这个时候,我们用语言可能没有办法完整归纳我们自己的心态,但是我们用语言可以传达我们自己的感情,如果每个人都用语言凝成力量的话,这股力量会是消除艾滋病歧视最重要的力量。"激发每个社会成员内心的善,并且"不以善小而不为",是这篇述评以情动人的力量。

例2

我们看到"北约"和"华约"里的学校,都是国内的一流大学。按理说,以往采取的自主招生的方式也能招来非常好的学生。应该说,这种合作的自主招生制度能够增进自主招生的公平,同时降低重合度,提高考生的效率。

自主招生这些年来发展之后,确实给全国各地的高考考生提供了更多的选拔机会,但是另一方面在这种自主招生过程中,我们也看到了一些问题。比如说自主招生的时候,因为各个学校有针对性地对各省的一些中学开展自主招生的活动,所以一个学校的考生要参加这场考试、那场考试,往往自主招生的考试非常多,面试的情况也非常多。而这种自主招生的合作加入之后,其实对于考生来说是一个利好的消息,给考生一个一次考试这样的平台。在这样的考试平台上,考生可以拿着自己的成绩,参加不同高校的面试;而不同的高校对于这样同一次的合作考试,其实都是认可的。这对于考生来说是一个好消息。

另一方面，对于学校来说，其实也有它的优势。我们看到在这些合作自主招生的学校里，不同的学校是有区别的。对于考试之后学分的认定程度，对于你希望进入的这个专业，考试分数在专业中占的权重，各个学校是可以有所差别的。在合作中又有一定的区别性，这就有效降低了重合度。

但是值得注意的是，这种合作自主招生制度在中国是 2011 年这场高考之前第一次使用。虽然这之前在国际上一些高等教育发达国家，比如说美国，是有这个惯例和传统的，但是对于中国来说，尤其对于中国的高校来说，这是第一次使用，一定会遇到一系列的问题，比如说在这个过程中，可能我们要解决地区教育发展差异不均衡的问题，不能只把自主招生的生源和倾向放在东部沿海的发达地区，要兼顾到中西部地区的考生的利益。

比如说在这个过程中，怎么协调不同高校之间对于优秀人才的选择和需求。我想在这个过程中间需要各个学校在 2011 年的高考上做出一个积极有效的尝试。但是，不管怎么说，有探索比没有探索是好的，多层次的高考人才选拔机制比"一考定终身"的方式为考生提供了更多的机会。这其实也迎合了《国家中长期教育改革和发展规划纲要》中谈到的，要通过多层次高考的方式来选拔人才，探索大学联考这样的制度。

对于外界所描述的所谓的"圈地运动"，尤其是清华等六校结成的合作自主招生的集体，然后北大等七所高校也结成了这样的集体，外界对于这两个团体之间的竞争，是会有一些放大的评论。其实，这些评论从某种意义上说是很正常的，在目前中国整体的高考生源当中，好的生源往往是任何一个学校都想要的，所以从这个意义上说，这种高校之间的竞争从来没有停止，而且也不会停止。

但是从另外一个角度来说，我觉得我们现在不应该放大学校之间对于优秀人才的这种倾向和对于人才的选拔，因为所有的高校之间人才选拔的竞争都基于一个理由——一定会选最好的那个学生，就是我们传统意义上说的状元。

我们看到这些学校所形成的所谓的常青藤，中国可能形成的常青藤，在这个藤上不会只结出这个状元的果子。其实从自主招生这个形式来看，我们看到不同的考试之后，还要加入面试点的环节，能够让优秀的生源在高考之前通过多层次多样化的选择跃入各个高校的视野，能够让各个高校进行多元化的人才选择，选择有特长、专长、素质好的学生，这本身就是降低在高考过程当中恶性竞争的做法。所以，在这样的环节上虽然有两个不同的合作群体，但是这两个不同的合作群体之间并不必然会形成零和性博弈。

值得注意的其实是另外一个问题,在这样的招生联盟中,基本上囊括了中国目前很好的一流的高校,其实它们不应该去垄断高考市场,因为在一轮又一轮选拔过程中,可能会有一些高校尤其是省属的或者普通高校担心,这些重点院校会掐尖,会把更好的学生一轮一轮地都收入网中,使得普通高校的生源素质出现下降。我想这应该引起我们注意。并且希望在这个过程中间,各个高校第一能够加强合作,第二能够有些更创新的教学模式、更创新的人才选拔模式。其实,通过不同的创新模式,就可以更有效地进行人才的均匀分配,而且高考的考生们也要根据在未来的兴趣、专业、方向到他们适合的领域去发展。我觉得因材施教说到底将是高考最有效的一个人才选拔的方式。

来源:央视评论员周庆安,中央电视台新闻频道《新闻直播间》,2010年11月23日。

这篇评论口语化特点突出,语言朴素易懂,从"自主招生的好处"入手,先从考生和学校两方面谈正面效应。接着用关联词"但是"将评论的重点转移到自主招生的问题上:"但是对于中国来说,尤其对于中国的高校来说,这是第一次使用,一定会遇到一系列的问题,比如说在这个过程中,可能我们要解决地区教育发展差异不均衡的问题,不能只把自主招生的生源和倾向放在东部沿海的发达地区,要兼顾到中西部地区的考生的利益。""比如说在这个过程中,怎么协调不同高校之间对于优秀人才的选择和需求""但是从另外一个角度来说""值得注意的其实是另外一个问题",用这样标志语鲜明的句子将问题条分缕析分析清楚,最后提出解决问题的思路。整体看起来这篇评论并没有语出惊人的华彩,但把高校第一次自主招生的现实、问题、解决思路都梳理清晰了,特别是强调自主招生不能成为"掐尖儿"的手段而必须成为"因材施教"的人才选拔方式,言之有理,在当前情势下需要反复重申。

例3

看过《战争之王》的朋友想必对影片中的主人公尤里奥洛夫都有印象,而影片中的原型今天再一次出现在我们的眼前——有"死亡贩子"之称的俄罗斯军火商维克托·布特。

现在布特被引渡到美国,关押在曼哈顿的监狱中。消息一公布,俄罗斯政府就提出强烈抗议。俄罗斯并不是从这次被引渡之后才开始对美国表示不满。其实从2008年3月布特被美国中情局以钓鱼的方式给扣起来,俄罗斯就非常急躁,一直在说"他做的都是合法的生意,把他还给我们",但是美国也是"公说公有理,婆说婆有理",也在争。

  为什么俄罗斯这么紧张呢?首先当然了,两国关系中有争执,俄罗斯不能比美国示弱特别多,这是一个重要原因。但是,更重要的是,布特干的是军火生意,并且据介绍他常年和俄罗斯的情报机构有合作,是非常了解俄罗斯以及其他独联体国家武器销售的一个知情人,他这样的身份美国人是相当关注的。俄罗斯的武器卖到哪里,苏联的武器都跑到哪里,这些重要情报对于美国发展自己的军事都有非常重要的价值。因此,这一次俄罗斯最焦灼的就是不要让自己国家的军事机密被美国给捞了去。

  这一次不仅是美国关心,还有一个国家泰国也被摆到了一个非常醒目的位置。其实布特在泰国被抓之后,泰国真是很难办。一边是美国说布特曾经要杀害很多美国人,必须把他引渡到美国,一边是俄罗斯,两个国家都很强大,泰国夹在中间非常地为难。所以,这次在最终决定把布特引渡到美国的过程中,泰国表现得非常低调,既没有通知布特在泰国的律师,也没有通知布特的家人,很多蒙面的警员和八个美国方面的高官一起悄悄地把布特送上了专机引渡到美国。

  根据从法新社和俄罗斯媒体得到的一些最新的消息,还有非常微妙的就是泰国总理阿披实突然取消了原定到俄罗斯圣彼得堡参加的一个关于保护老虎的峰会。虽然泰国政府的发言人马上就出来说,这跟布特被引渡没有关系,但是他说到这里反而会让我们想一想这是不是此地无银三百两呢,因为这个事一出俄罗斯方面就有舆论说了,泰国把俄罗斯放在了跟美国没法相提并论的位置上。这个风口浪尖上,如果阿披实来俄罗斯参加峰会会受到什么样的待遇,恐怕泰国在做出取消参加峰会的决定时,也考虑到了这一点。

  今年6月,俄美关系也出现了一件比较让人难办的事。当时是在梅德韦杰夫总统第一次访美之前,爆出了很久没有的一个非常大的事件——俄罗斯的十几个间谍在美国落网,其中有我们都还记得的美女间谍查普曼。当时大家就觉得俄美关系恐怕是要受到比较大的影响,结果怎么样呢?梅德韦杰夫总统第一次去美国,奥巴马以非常亲切、非常隆重的仪式接待了他。同时,俄罗斯方面也是比较冷静又比较快地跟美国完成了冷战之后最大的一次换谍事件。

  在前不久横滨举行的APEC峰会上,奥巴马和梅德韦杰夫也是合作得特别好。奥巴马表示,俄罗斯是一个非常出色的合作伙伴,他决定让国会快一点批准美俄之间新的削减进攻性战略武器的条约,并且他再一次强调要支持俄罗斯加入世贸组织,这对俄罗斯挺重要的。反过来,梅德韦杰夫也说,奥巴马的经济政策是很棒的。俄美关系现在总的来说很好,那么通过过去的事情,我们现在来看,这次围绕布特,俄美关系肯定会出现一些小的摩擦,现在口角已经发生了。但是,总的来说可以说是"茶壶里的风波",在茶壶里咕嘟咕嘟很热,但是能掀起多大的风浪呢?目前来判断,这对于俄美关系未来不会有重创的可能性。

来源:央视评论员吴学兰,中央电视台新闻频道《新闻直播间》,2010年11月18日。

大多数观众对国际时事政治的评论不太感兴趣,觉得难听懂。为了争取更多的受众、培养更多的人对国际新闻和时事政治产生兴趣,评论需要在有理有据的基础上做到生动有趣、深入浅出。俄罗斯军火商维克托·布特被引渡到美国是件大事,意味着什么呢?评论员先用电影《战争之王》激发观众的兴趣,并且用类比的手法让观众对维克托·布特有了感性、具体的认识,甚至熟悉这部电影的观众还会有恍然大悟的感觉。这个技巧是新闻评论常用常新的。评论员还讲述了另外一个"故事"——泰国在是否引渡军火贩子上有多么纠结,给这段评论增加了戏剧性色彩。最后,评论员运用形象化的手段把道理阐释得深入浅出。

(四) 辩论

辩论是一种语言交流的形式,也被广播电视媒体当做一种节目样态,从1993年开始,中央电视台转播两年一度的"国际大专辩论会",曾经掀起电视辩论的收视大潮。国内第一个电视辩论节目是齐鲁电视台的《开讲天下》节目,选题涉及社会与民主、政策与决策、焦点与热点,观众在直播中随时通过电话、短信、网络实现对节目的实时参与,采用电视CALL IN形式,拥有300条线路,每分钟可接入3000个电话,节目最高的观众投票量可达18万,具有一定的电视影响力。[①] 紧随其后,一些地方电视台也看好电视辩论节目,浙江电视台钱江都市频道有大型直播抗辩性节目《谁赞成谁反对》,南京教科频道有周播辩论节目《辩天下》,还有上视新闻综合频道的《撞击》、江苏卫视以辩论的形式谈论伦理与情感问题的节目《超级辩辩辩》(后改名为《超级调解》),中央电视台财经频道的《经济与法》节目也在2008年、2009年播出特别节目《经济与法辩辩辩》。辩论节目的方兴未艾一方面基于"真理越辩越明"的期待,另一方面多方观点、同台对峙的群口传播方式在中国电视荧屏上尚属少见,更重要的是辩论这种方

---

① 《齐鲁频道简介 中国电视"四小龙"之一》,来源:齐鲁网,http://www.iqilu.com/html/qltv/news/2009/1230/153194.html。

式促进言路广开,使思想风气愈加开明。

最新开办的全国范围内播出的是 2010 年 9 月 26 日 19 点 30 分开播的中央电视台财经频道的《对手》,这是一档 60 分钟高端财经辩论节目。节目以辩论体的方式呈现国内外重大经济事件,通过学术界、企业界、媒体界等社会各界精英的思想交锋,使观众了解涉及自身利益的经济事件,在思辨中参与商业话题,发现商业价值,推动商业文明。节目力图不拘泥于严肃的刻板方式,以活跃的氛围和开放的形式与观众共同热议经济事件。节目往往从一个当下正在发生的热点商业事件切入,由主持人抛出具有争议性的话题,观点对立的正反两方嘉宾展开一场唇枪舌剑。现场设定的三轮嘉宾分别是权威媒体人士、著名专家学者以及草根观点倡导者。除此之外,现场嘉宾还可以是事件当事人,通过事件当事人现场说法,节目将为观众还原话题的真实性和鲜活度。伴随话题的深入,通过事件相关者、现场道具、网络调查、场外采访等元素的引入,辩论不断升级。节目与中国主流财经媒体达成战略合作。《人民日报》《光明日报》、新华社、人民网、新华网、《经济观察报》、《财经》杂志、《中国企业家》杂志、和讯网、新浪财经、腾讯财经等主流媒体从选题共享到观点提供,与《对手》结成媒体联盟。在《对手》节目现场,还设有标志性媒体观察席,由十家权威媒体派出代表组成媒体观察团,就每期商业话题现场发表自身观点。设置媒体观察团,可以让观众在节目中听到不同的权威媒体的声音,开阔观众的商业视野。节目通过中国网络电视台图文直播、新浪微博、腾讯 QQ 群、人人社群等网络形式征集商业话题、寻找草根观点倡导者与现场观众。从节目内容到节目推广,互联网成为《对手》节目屏幕外有效的延伸。节目的重点不在于辩论结果的是与非,而是为观众真实地呈现出社会精英在重大经济事件中的思想碰撞与交锋,为观众搭建一个表达观点的电视平台。

请看《对手》节目的文稿,从中可以分析辩论的选题、切入角度、落脚点、逻辑、论辩技巧、观点交锋与说服。

第一轮嘉宾:红方:罗蔼轩　江苏卫视《非诚勿扰》栏目 3 号女嘉宾
　　　　　　蓝方:王牧笛　电视节目主持人
主持人王凯:观众朋友大家好,欢迎来到《对手》,我是王凯。
端午小长假就此开始,在端午小长假过程当中,《对手》栏目专门为大家制作了四期特别节目"幸福四重奏",在这四天当中,我们一起聊聊婚恋的问题,一起聊聊让我们的父母如何过好晚年,聊聊我们如何缓解工作压力,找到幸福感。今天是第一期,剩男剩女越来越多,不管网站还是电视台纷纷瞅准婚恋问题。

很多网友说这种网站我们爱看,这是一方观点;但是也有一方观点,认为这种方式就像吃快餐,我们的婚姻不能成为快餐。现在最火爆的是婚恋节目,很多朋友都爱看,我也爱看,尤其刚发现主持人的发型跟我一样的时候,我更爱看。爱看是爱看,但是收看或者参与这种婚恋节目,能否提高我们婚恋的成功率,这就是我们今天第一轮辩论话题。掌声请出红方第一位嘉宾,《非诚勿扰》栏目著名的三号女嘉宾罗蔼轩小姐,有请罗蔼轩!

2011年6月3日中央电视台财经频道《对手》节目截图

　　罗蔼轩:电视相亲使电视择偶率大幅度扩展、成功率提高。(一句话阐明论点,直接、鲜明。)

　　主持人:蓝方第一位嘉宾广东卫视主持人王牧笛,有请王牧笛!

　　王牧笛:电视相亲热需要媒体冷思考。(阐明观点,表述上给后面的详细论述留了一个宽口。与嘉宾罗蔼轩的表述方式截然不同。)

　　罗蔼轩:大家好!我们都知道任何事物首先必须要有机会,然后才存在着成功率,那么任何事物成功都需要积累,婚恋成功的基础在于沟通积累达到相互认同。电视相亲作为一个表达知识、自我的高端平台,通过积极的表达和沟通,使得那些情投意合、思想感情契合的人能够有的放矢,迅速提高相亲者的知名度,成功自然就水到渠成了。这就好像在大海里面捞鱼一样,如果只是在身边小范围撒网,机会很少,如果大网撒下去,网越大,收获越多。(用一个抽象的道理类比说明电视相亲的合理性、可信度。运用这种方法的前提是抽象的道理必须得到人们的普遍认同,否则论证基础薄弱,不足以讲清道理,甚至不攻自破。)以我来讲,我上节目之前,工作圈子很小,认识异性的机会很少,对于我这样保守的女孩子,找到另一半的机会非常渺茫,自从上了节目,广泛被人熟知,国内外一些志同道合者纷纷来相亲,成功率成倍增长,相亲成功了。很多音乐大师了解和发现我的功底好,用音乐做我的代言,让我的思想在歌声当中飞扬,这些台上台下的朋友成为利益渠道的媒人,这些机会都是相亲带来的。(例证的方法,以自己的经历现身说法。这种方法有利于以情动人,弊端是以偏概全,缺乏说服力。)这好像营养一样,如果缺乏营养需要苹果,我们不能因为不吃苹果,觉得苹果口感不好,就否认苹果能给我们的身体带来营养。正如我们不能只看到电视相亲节目上相亲成功率低,就否认电视的影响。(喻证的方法。这种方法使观众便于理解道理,但如果喻体和本体并没有本质联系或者逻辑关系不够紧密,会削弱说服力。)

王牧笛:罗蔼轩被网友奉为神物,我不敢恶意揣测这位女神参加《非诚勿扰》的目的。(撇开罗蔼轩的论述角度,打开自己的论述空间。)我认为《非诚勿扰》并不是以相亲的名义来做一档话题秀、娱乐秀、舞台剧,在这样的舞台更多地秀出自己很重要。而且,相亲节目有两个成功标准:第一,收视率高。《非诚勿扰》达到了。第二,促成多少对红男绿女执子之手走进婚姻的殿堂。《非诚勿扰》去年1月15日开播至今,一千余人在舞台亮相,一百多对牵手成功,最终只有一对成功,李扬、李锐领了结婚证。(从三个方面阐述自己的观点。第一个论据就是《非诚勿扰》中一千多名相亲嘉宾,只有一百多对牵手成功,最终只有一对结婚的事实,用来支持自己并没有旗帜鲜明地申明的观点,即《非诚勿扰》是成功的节目,但不是成功的"红娘"。)嘉宾诚意同样值得猜测,比如早出名几天的马诺最近接受媒体采访时说:"我参加节目,博得进军娱乐圈的机会。"乐嘉表示为了博眼球,这个平台上要把名人转化成更有名的名人,这就是罗蔼轩所谓个体利益的成功。个体利益的成功、出名,并不意味着婚恋成功、爱情幸福。(第二个论据是借马诺、罗蔼轩、乐嘉的说法来支持自己的观点:个体利益的成功、成名,并不意味着婚恋成功、爱情幸福。)电视相亲载体与爱情格格不入,爱情不是用眼睛看,而是用心灵看。我们所说的爱神丘比特被画成盲人模样,舞台上更多的是带着车子、镜子、票子看,这样爱情能成功吗?(第三个论据是嘉宾对获得成功爱情的途径的看法。)

罗蔼轩:我认为成功率是直线提高的,相亲者因为在节目上展示自我,加上高知名度和节目带来的很多机会,所以一些情投意合的人就能够熟知和示好,使相亲效率和成功率得到大大提高,不能只看节目上的牵手成功率,就否认相亲节目对相亲成功的积极影响。节目带来机会才是道理。(换了一种表述方式重申自己的观点:节目带来的机会是相亲成功率提高的硬道理。)

王牧笛:如果把爱情当做鱼,那么你的网有多大,收获就有多大。在小河沟捕鱼比在大海里捕鱼更容易,广撒网,未免网过大,小鱼全是漏网之鱼。《非诚勿扰》收视率很高,乐嘉和孟非也是我的朋友,他们并不否认这是相亲节目,到达率、成功率相当低。罗蔼轩有一个逻辑:在台上不成功,在台下很成功,在台上嘉宾也是精挑细选出来,罗蔼轩在台上没有给任何嘉宾留灯,全部灭掉,跟18位、19位嘉宾没有情投意合,怎么在台下找到情投意合的?迄今为止没有找到一个符合标准的。我请问,《非诚勿扰》的平台不可谓不高,在这样高标准的平台都找不到一个人,怎么在台下找到?难道仅靠三五千封电子邮件和加爆你的QQ吗?(这一回合中王牧笛直接针对罗蔼轩的观点进行反驳。但可惜的是,他的语言组织条理不够清晰。)

罗蔼轩:因为这个事情我特别重视,我很重视思想、重视精神,我认为这样才能找到真爱,我需要更多的时间,我就在其中找寻一些人来了解、相处。为什么台上没有?因为我不是一个冲动的人,我很理性,而且我早就有言在先,我只跟老公牵手,这对我来说是不能错的事情。我们不管什么时候都不能忽视和淡化范围概念,否则就会进入一个误区,我们可以称之为"身边找不到"误区,全球找,如果全球找不到,就从身边来找,显然不可能成功,因为全局总是大于部分,高于部分。(既反驳王牧笛,又用自己的意志来支撑观点,上节目才能获得更多机会,机会多是相亲成功的前提。)

主持人:再问问媒体人王牧笛,怎么看待现在相亲节目越来越火,火成这个样子,火到老大爷、老妈妈一起来想参加这个节目,为什么?怎么看待这个现象?(主持人用"相亲节目越来越火"的现象激发王牧笛进一步阐明自己的观点。从前面的节目内容看,王牧笛的阐述显然不够充分有力。主持人意欲使辩论双方的对抗性更强,激辩态势更加平衡,所以特意抛出一个问题,期望王牧笛拓展思路予以有力的反击。)

王牧笛:首先这是娱乐至死的时代。第一次人口普查男女比例为118:100,多出18。高房价导致婚恋很多痛苦的地方,地域差别、两地分居都构成了婚恋障碍。这种情况之下,我们在网络上、电视上寻求心灵慰藉或者爱情渴望,无可厚非。节目就是一场娱乐秀,我们要以看电视、舞台剧的方式看待《非诚勿扰》,罗蔼轩和马诺是演员,以这种方式看待,就是不要较真,真的来寻求真爱。罗蔼轩的逻辑一以贯之就是台上损失台下补,台上灭灯,台下广撒网,总能找到情投意合的。这个节目很出名,把你培养成为一个名人,名人在现实生活中选择很多,上《对手》可以成为名人,可以有很多选择,这些并不是《非诚勿扰》相亲节目带来的。所谓五千封、上万封邮件,看得过来吗?就算看得过来,与传统意义上的QQ交友、网聊,有什么区别?(进一步说明上相亲节目相亲和出名的目的不同,以此强调有些嘉宾上节目的"动机不纯",为出名而非爱情。)

罗藦轩:有很多人并不是奔着相亲目的去,每个人的心态都是不一样的,节目组其实尽量避免选择不是为了相亲目的而来的,这种嘉宾毕竟是少数。不管怎么样,情感和家庭幸福永远是人们奋斗的目标和人生的主旋律。(承认有些相亲节目嘉宾的"动机不纯",力图使自己的观点阐述得更周严。)

(以下内容省略。)

来源:中央电视台财经频道,《对手》栏目,"婚恋,成为快速消费品了吗?",2011年6月3日。分析语为笔者所加。

《时事辩论会》是凤凰卫视资讯台的一档语言类节目,以辩论形式评论时事,每天一个热点话题,聚集不同区域、不同行业、背景迥异的专家学者、社会名流,以深入探讨、小组辩论的形式,在时事辩论会中展开观点交锋。其创新之处在于主持人和现场嘉宾来一场火花四溅的争论,节目每次设定一个时事热点话题,来自内地、香港或海外的嘉宾名嘴进行激辩,形成热烈的争辩气氛。通过多角度的辩论,使观众洞悉事件的不同角度,对事件的真相和本质会有更透彻的了解,增强了对事情的多面性的了解。在场内激辩的同时,观众不再是冷眼的旁观者,可以通过现代传播手段如BBS留言、微博等随时加入"争战",增加了节目的互动性和可看性。节目宣传语"真理越辩越明,事实越辩越清"随着节目的成长广为流传。节目主持人是程鹤麟、黄海波、刘庆东,首播时间:周一至周五12:30—13:00,重播时间:周二至周六00:30—01:00。

下面概要分析一期《时事辩论会》节目的内容节选。

陈自创:富士康把员工当工具 管理缺少沟通

这次问题大部分是因为富士康的管理出了问题。第一,它缺乏沟通。我觉得富士康文化就是把底层员工当成机器。

史焕高:外来工第二代在城市中挫败感强烈

十一连跳员工大部分是介于18到24岁之间,入职时间都是少于一年,甚至才刚刚入职42天就自杀了。这里面有更深的社会性因素,这些外来工第二代很容易接受了我们国家城市化的价值观念,但是他们本身又不能像上一代父辈那样吃苦耐劳，并且他们受教育程度更高，对生活期望（包括物质和精神上）也比上一代明显提高。但是，社会上的配套设施目前对一个不具有城市户口的工作者来说，都是蛮大的挑战。这些政策性的障碍给这些外来工第二代造成了更大的挑战，在梦想和现实的挫折当中，很容易产生一种挫败感。

陈自创：中国产业利润低　给工人巨大压力

中国的企业既然要赢得利润，就要用挤占加工的方式。目前这种挤占加工的方式是唯一的生存之道，这是最近整个产业要思考的产业面临转型的问题。比如滑鼠现象，中国工厂有6000多个员工，每年生产3亿多个滑鼠给世界，一个滑鼠大概40美元。但是大部分的获利是在美国，在中国只留下3美元的获利。3美元的获利留给6000多个员工去分享，包括制造一大堆的污染。这就是中国现在所谓的廉价劳工、中国所谓的血汗工厂所造出来的一个产业形态。中国本身应该好好检讨，为什么我们只能做三流或四流的企业？

李炜：分析员工自杀原因　个人心理素质为主

据统计数字，中国每年有25万人死于自杀，等于每天有680个人以上自杀。分析得出，这些人大多数是弱势群体，大多数是来自农村的，大多数是年轻人，自杀的原因无外乎自身的心理有问题以及来自外界压力三类。如果按照富士康这11个人死的原因来分析，主要还是个人心理素质问题。

史焕高：代工企业工人替代性选择很有限

中国处在一个社会转型阶段，处在大规模的城市化和工业化高歌猛进的阶段。由于中国现在总体上是劳动供给大于需求，所以实际上是一个资方占主导的就业市场。这样一个社会背景和结构性因素，就对个人就业的流动性产生了很大的局限。不只是富士康，其他类似的代工企业甚至劳动条件要差过富士康很多，这个时候实际上工人的替代性选择是非常有限的。

凤凰网调查：超过70%的人认为富士康应负主要责任

凤凰网BBS上面的投票情况认为谁应该负主要责任呢？大多数我们的网友还是认为是富士康，自杀员工的责任占了7.1%，社会的责任占了比较大的一部分，18.9%，媒体的责任占3.2%。

陈自创：富士康缺人性化管理　员工少幸福感

其实富士康的薪资还有工作环境是相当好的，因为它有很好的配套措施。为什么会出现员工频繁跳楼这个问题？其实它就是没有所谓的人性化的管理，没有把所谓员工幸福成本加进去。

李炜：富士康员工自杀　个人问题是关键

如果说有社会责任、有企业责任、有文化责任,还有企业员工自杀者本人的责任。比较起来,还是个人是关键。

陈自创:富士康内外交困 是末代血汗工厂

我想强调一点,富士康是出去的比进来的还多。进来就很多,但是出去的更多,很多人是待不住的。很多人在外面排着队等着进去,但是也有很多人等着要出去,急着要被迫出去。富士康事实上是进入了末代血汗工厂的一个阶段。

(以下内容省略。)

来源:凤凰卫视资讯台,《时事辩论会》栏目,"富士康'十一连跳'谁负主要责任?",2010年月25日。

通过分析截取的这部分节目内容,希望读者从各位嘉宾的立论中学习立论的角度。几位嘉宾从不同的角度全面、深入地理解、分析和判断论题"富士康'十一连跳'谁负主要责任?"陈自创的角度瞄准企业的责任,认为富士康的管理出了问题:一是把底层员工当成机器,缺乏与之必要的感情沟通;二是企业以压榨廉价劳动力的方式获取利润,给工人施以工作压力;三是劳动力市场饱和,工人无法向条件更好的企业上升流动,令工人感到前途渺茫。嘉宾史焕高主要从工人自身的心理素质的角度,分析"十一连跳"的主要责任在哪里,认为外来务工人员第二代的现实生活境遇与期望值过高之间的矛盾,以及心理调节能力差,是员工自杀现象频发的关键原因。一般说来,解析一个社会现象或社会问题,首先要厘清矛盾关系,其次从各个矛盾方找根源,最后要分清主要矛盾和次要矛盾以及矛盾的主要方面和次要方面。读者也可以在节目嘉宾的观点的启发下,思考一下自己认为谁应该对富士康公司员工频频自杀的现象负责,为什么?

第三节　实　训　技　巧

(一) 连词成句(篇)

你可以先不计顺序,只要根据所给词语组织语言就好。继而,你可以要求自己必须按照词语排列顺序组织语言。你可以因材运用讲述故事、发表评论、抒发感情、描绘情景等表达方式。

(1) 父亲节、平凡、脊梁、童年、一封信
(2) 蚊子、皮肤、死亡、吸血、弹走
(3) 迟到、真性情、内心、集体、相信
(4) 迷信、市场、农民、真话、素质
(5) 外长、中国大饭店、戈壁、婉转、地广人稀
(6) 昆明、头等舱、经济舱、孩子、女士
(7) 媒体、社会化、免费、成本、收益
(8) 红色、演出服、行业、走俏、暴利
(9) 必胜客、尝鲜、西方、花样、若有所思
(10) 求助、演员、险恶、摧毁、越野车

(二) 看图说话

图2-1是九九重阳节老人们在养老院庆祝节日，请描述图片上的信息，并加以点评。

图2-1　2010年10月16日中央电视台《东方时空》节目截图

图2-2是美国电影《战争之王》的海报，请描述图中的信息，并联系时事作一番阐述。

图 2-2 美国电影《战争之王》海报

请根据图 2-3 中的信息,联系新闻事实组织一段评论。

图 2-3 2010 年 11 月 22 日中央电视台新闻频道《东方时空》节目截图

图2-4中的男孩子叫小龙,是广西一名艾滋病毒携带者。他远离人群,很孤独。请描述图片信息并发表你的想法。

图2-4　中央电视台新闻频道《共同关注》节目截图,2010年12月1日。

(三) 复述

复述的形式可以分为简单复述、详细复述、创造性复述。无论哪一种复述形式,都要求你试着自己组织语言,在尊重素材事实的基础上表达出自己的风格。

例1

美国哲学家乔治·桑塔亚那将要结束他在哈佛大学的教授生涯了。但他在哈佛大学礼堂要讲完最后一课的时候,突然飞来一只美丽的知更鸟,停在窗台上,不断地欢叫着。桑塔亚那出神地打量着小鸟。良久,他转向听众深情地说:"对不起,诸位,失陪了。我与春天有个约会。"说罢,他迈步走了出去。

一个充满诗意却不忧伤的告别语,给一堂深刻的哲学课画上了圆满的句号,不,不是句号,是省略号!你不难想象那些为哲学家的出神而疑惑的听众听到这出乎意外、闻所未闻的结束语会是什么样的反应,在他们的耳边会长久地回响这诗一般的话语,在他们的心中将永远为桑塔亚那保留一个位置。在你的节目结束时,你要对受众说些什么?你曾苦思冥想吗?曾别出心裁吗?曾令受众感动吗?如果没有,从现在开始让自己的思维活跃起来,让自己蛰伏的情趣苏醒,努力为受众多留些思念和遐想。节目结束语的类型通常有归纳总结、解疑释惑、抒情回味、反思警示、号召激发、引语转述、比兴修辞、表演展示、互动征询、预告续接等。主持人可以根据具体节目内容和节目定位、自己的理解和偏好等,运用恰当的方式。

例 2

一天,好莱坞为查理·卓别林举行了生日宴会。宴会结束前,卓别林用自己的抒情高音,演唱了一首意大利歌剧插曲。在座的一位朋友惊叹不已:"查理,我们相处多年也不知道你唱得这么好啊!"卓别林回答:"我根本不会唱歌,这只不过是模仿剧中人恩瑞柯·卡如索罢了。"

面对夸奖,如果别人这么说,你可能觉得矫揉造作,但卓别林是一位出色的伟大演员而且以善于模仿各种人物著称,他的回应让我们体会到个性化的谦逊和智慧。主持人因为做节目的关系和各行各业、各种层次的人物打交道,人际交往中的客套和彼此赞扬是必不可少的,但一定要注意自己和采访对象的定位,在把握好分寸的基础上要委婉巧妙,显示出良好的修养和风度。对待采访对象的赞扬态度要不卑不亢,应答最好不落俗套,这样通常会给采访对象和受众留下良好而深刻的印象。

例 3

1926 年,鲁迅先生在厦门大学任教授。一天,他去美丰银行领薪水,当鲁迅先生把 400 元薪水的支票递上柜台后,谁料,银行职员见他身穿旧灰布夹袍,脚穿一双方口布鞋,头发一根根竖着,顿时产生了疑心。那职员打着官腔说:"这张支票是你的吗?"鲁迅并不回答,吸了一口烟,那职员又说:"你是干什么差事的?"鲁迅仍不答话,看了那职员一眼,又吸了一口烟。"你每月有这么高的薪水?"职员第三次发问,鲁迅还是一言不发。他望着前方又吸了一口烟。结果,400 元的薪水支票就在这三口烟的沉默中兑现了。

这里对鲁迅先生的气度和幽默不加评论。鲁迅先生用止语回答了职员,止语是语言学的概念,就是不说话、停止说话、留白的意思。许多主持人就是不懂得止语的魅力,把饶舌当成伶牙俐齿,殊不知,在特定的语境下,不说话的信息量和力量才是巨大而有效的。不说话是应对的一种方式,代表一种态度,有时可能是强烈的不赞同,有时可能是善解人意,有时也可能是安慰,有时是激发和

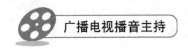

放任对方暴露自己的特点和状态……止语可以用沉默表示,也可以用表情、体态语等非声音语言传达。

例4

爱因斯坦的相对论问世后,一举成为世界著名的物理学家,要请他作报告的大学、团体纷至沓来,弄得他疲惫不堪。一天,专替他开车的理查风趣地对他说:"你实在太辛苦,也一定讲烦了,你的演讲内容我可以背下来,我想下次讲演时让我穿你的衣服,让我来代你讲演直到被发现为止,可以吗?"一个多么滑稽、多么美好的主意!同样富于风趣的爱因斯坦满口答应了:"妙啊,反正那里认得我的人也不多。"于是两人的地位交换了:由理查穿着爱因斯坦的衣服去演讲,由爱因斯坦穿着理查的衣服去开车。演讲中,理查将听了三十多场演讲中学到的一切说得头头是道,连爱因斯坦的动作、表情也模仿得惟妙惟肖,爱因斯坦也坐在角落里认真而高兴地听着。这场戏本来可以圆满地收场了。可收场时又高潮陡起:一个教授模样的人向假爱因斯坦提出了一连串的理论问题,真爱因斯坦在底下替他捏一把汗。可理查从容地说:"你的这些问题很简单,连我的司机也能回答……喂,理查,上来帮我做些说明吧!"理查的急智应对帮助两人巧渡难关。

主持人并不是万能的,在现场节目或者直播节目中难免碰到自己难以马上解决的棘手问题,尴尬地沉默或者讪讪地遮掩吗?似乎都有些煞风景,这时不妨巧妙地转接难题,把问题以四两拨千斤的巧劲抛给与之相关的其他人,机智和到位会令受众不但不介意你的转嫁甚至还会为之暗暗叫好。请大家思考一个问题:当你遇到能力所不及的难题时,采用什么方法化解更得人心?一般情况下,主持人这时的反应体现真实的素质和能力,那些平日里佯装专家或行家里手的人就会露馅了。当主持人身处困境时,他的人格魅力会得到充分的流露,修养的高低是掩藏不住的。若要在时常出现的窘境中体现令人喜爱和赞同的人格魅力,台下幕后的知识积累、语言功力的磨炼和思维的训练是必不可少的。

例5

在繁华的巴黎大街的路旁,站着一个衣衫褴褛、头发斑白、双目失明的老人。

他不像其他乞丐那样伸手向过路行人乞讨,而是在身旁立一块木牌,上面写着:"我什么也看不见!"不用说,他是为生活所迫才这样做的。街上过往的行人很多,那些穿着华丽的绅士、贵妇人,那些打扮漂亮的少男少女,看了木牌上的字都无动于衷,有的还淡淡一笑,便姗姗而去了。这天中午,法国著名诗人让·彼浩勒也经过这里。他看看木牌上的字,问盲老人:"老人家,今天上午有人给你钱吗?"

"唉!"那盲老人叹息着回答,"我,我什么也没有得到。"说着,脸上的神情非常悲伤。让·彼浩勒听了,拿起笔悄悄地在那行字的前面添上了"春天到了,可是"几个字,就匆匆地离去了。

晚上,让·彼浩勒又经过这里,问那个盲老人下午的收入情况,那盲人笑着对诗人说:"先生,不知为什么,下午给我钱的人多极了!"让·彼浩勒听了,也摸着胡子满意地笑了。

"春天到了,可是我什么也看不见!"这富有诗意的语言,产生这么大的作用,就在于它有非常浓厚的感情色彩。是的,春天是美好的,那蓝天白云,那绿树红花,那莺歌燕语,那流水人家,怎么不叫人陶醉呢?但这良辰美景,对于一个双目失明的人来说,只是一片漆黑。

这是多么令人心酸呀!当人们想到这个盲老人,一生里连万紫千红的春天都不曾看到,怎能不对他产生同情之心呢?

平铺直叙的表达为什么不能引起人们的关注?因为它缺乏感性的感染力和理性的说服力。前者启发我们展开联想和想象,运用各种修辞手段;后者警示我们加强思维能力,以表达中最严谨的逻辑和最本质的道理作为我们自我锻炼的目标。在训练复述的时候,不要丢失掉这段文章中诗意的表述和情怀。

(四)点评

请试着点评下面的几则新闻,注意切入角度和论点的阐明。

例1

新学期初,某大学爱心社联合十多所高校,推出了为期三天的"爱心大巴"免费接站活动,在北京站前接送同学。由于受到返校大学生的怀疑、猜测,乘客寥寥,而无偿提供的矿泉水和小点心也因无人问津成了摆设。学子们的爱心变成了伤心。

提示:论点的语点可以是"信任危机",还可以是什么?评论构思可以是:新生为什么不信任免费大巴?爱心社的反应会是怎样?爱心要不要接力?

例2

"中国纳税500强"出炉,这是国家税务总局第六次公布纳税百强,在纳税500强中,石油行业和烟草行业大放异彩,包揽纳税十强。在排行榜中,2005年石油采掘与石油化工类企业共有55家进入纳税百强,仍占据排行榜的半壁江山,其纳税总额为1397.87亿元,占到上市公司纳税总额的64.87%,户均纳税额25.42亿元。前10名中,有7家企业姓"油",三家企业姓"烟"(红云烟草(集团)有限责任公司、上海烟草(集团)公司、玉溪红塔烟草(集团)有限责任公司分列第6、7、8位)。

提示:评论的角度和亮点可以是"纳税十强 油烟呛人"。观点可以是:"巨额的税收,一方面来自垄断对民众的掠夺,另一方面来自对民众健康的侵犯。税收是一个国家的血脉。如果这血脉中流淌的,除了烟草就是石油,这个肌体难称健康。纳税榜那呛人的油烟味,理应引起高度关注和深刻反思。"你还可以开动脑筋,另辟蹊径。

例3

十年前在从拉萨飞回北京的飞机上,我的身边坐了一个50多岁的女人,她是30年前去援藏的,这是她第一次因为治病要离开拉萨。下了飞机,外面下着很大的雨,我把她送到了北京一个旅店里。过了一个星期,我去看她,她说她的病已经确诊了,是胃癌晚期,然后她指了一下床头有一个箱子,她说:"如果我回不去的话,你帮我保存这个。"这是她30年当中走遍西藏各地和各种人——官员、汉族人、喇嘛等交谈的记录。她没有任何职业身份,也知道这些东西不能发表。她只是说,一百年之后,如果有人看到的话,会知道今天的西藏发生了什么。这个人姓雒,拉萨一中的女教师。

五年前,我采访了一个人,这个人在火车上买了一瓶1.5元的水,然后他问列车员要发票,列车员乐了,说:"我们火车上自古就没有发票。"这个人就把铁道部告上了法庭。他说:"人们在强大的力量面前总是选择服从,但是今天如果我们放弃了1.5元的发票,明天我们就可能被迫放弃我们的土地权、财产权和生命的安全。权利如果不用来争取的话,就只是一张纸。"他后来赢了这场官司,我以为他会和铁道部结下"梁子",结果他上了火车之后,在餐车要了一份饭,列车长亲自把饭菜端到他面前说:"你是现在要发票,还是吃完以后我再给你送过来?"我问他:"你靠什么赢得尊重?"他说:"我靠为我的权利所做的斗争。"这个人叫郝劲松,34岁的律师。

去年我认识一个人,我们在一起吃饭,这个60多岁的男人说起丰台区一所民工小学被拆迁的事,他说所有的孩子靠在墙上哭。说到这儿的时候,他也动感情了,他从裤兜里面掏出一块皱皱巴巴的蓝布手绢,擦擦眼鼻。这个人18岁的时候当大队的出纳,后来当教授,当官员,他说他做这些事的目的只是为了给农民做一点事。他在我的采访中说到,征地问题给农民的不是价格,只是补偿,这个分配机制极不合理,这个问题的根源不仅出在土地管理法,还出在1982年的宪法修正案。在审这个节目的时候,我的领导说了一句话:"这个人就是说得再尖锐,我们也能播。"我问:"为什么?"他说:"因为他特别真诚。"这个人叫陈锡文,中央财经领导小组办公室主任。

七年前,我问过一个老人,我说:"你的一生已经有过很多挫折,你靠什么保持你年轻时候的情怀?"他跟我讲有一年他去河北视察,没有走当地安排的路线,在路边发现了一个老农民,旁边放着一副棺材,他下车去看,那个老农民说因为太穷了,没钱治病,就把自己的棺材板拿出来卖,这个老人就给了他500块钱拿回家。他说:"我讲这个故事给你听,是要告诉你,中国大地上的事情是无穷无尽的,不要在乎一时的得失,要执着。"这个人叫温家宝,中华人民共和国总理。

一个国家是由一个个具体的人构成的,它由这些人创造并且决定。只有一个国家能够拥有那些寻求真理的人,能够独立思考的人,能够记录真实的人,能够不计利害为这片土地付出的人,能够捍卫自己宪法权利的人,能够知道世界并不完美但仍然不言乏力、不言放弃的人,只有一个国家拥有这样的头脑和灵魂,我们才能说我们为祖国骄傲;只有一个国家能够尊重这样的头脑和灵魂,我们才能说,我们有信心让明天更好。谢谢各位!

提示:这是中央电视台记者、主持人柴静在"庆祝中华人民共和国六十华诞 为女性骄傲 为女性喝彩"首都女记协演讲比赛中的演讲词,她讲述了四个人的故事。请分别针对四个故事进行点评,尽量避开演讲词最后一段中的观点,发掘其他的角度阐述自己的观点。

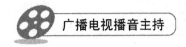

思考题

1. 无稿表达的思维方式有什么特点?
2. 无稿表达的基本要求有什么?
3. 自拟选题,制作一档三人参与的广播评论节目,一人为主持人,其他二人为评论嘉宾,时长为10分钟。要求采用音响、采访与谈话相结合的节目形态。

第三章 有稿表达的技巧

本章要点

1. 有稿播音的备稿。
2. 有稿播音的感情调动方法(表达的内部技巧)。
3. 有稿播音的感情表达方法(表达的外部技巧)。
4. 关于内部技巧、外部技巧的进一步思考。

第一节 有稿播音前的准备

在有稿播音中,我们通常粗略地划分三个工作流程:播音前的备稿、播音中的表达、播音后的反馈。

准备稿件,就是备稿,不是背诵稿件。这音同意异的两个词对很多初学者的影响是很大的。如果有误读,难免会造成流利地"念稿子",甚至磕磕巴巴"背稿子"的现象,完全不顾对象感和表达目的。

备稿通常分为广义备稿和狭义备稿。广义备稿不仅发生在工作时间内,更主要是渗透在播音员、主持人的业务生活中。这个问题说起来比较复杂,推后再论。这里先谈拿到稿件之后的狭义备稿。准备稿件是有一定之规的。

一、狭义备稿

初学播音的学生经常会问:"有经验的播音员好像不用备稿,拿到稿件后只

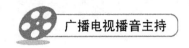

看一看,播得不出错,还特别棒!这里有什么窍门吗?"

电台和电视台的工作流程有规律性和节奏快两大特点。录播的节目,各部门、各工种先做好一段时间的工作计划,然后基本按照计划行事:报选题、开策划会、前期采访、后期编辑制作、录制播出、收集反馈。所以,播音员、主持人每天的工作是安排有序的。而一般直播节目中(进入21世纪,电台大部分节目实现直播,有的电台把录播节目安排在晚间或者深夜;电视台的新闻节目、综艺娱乐节目部分实现直播),节目制作流程不允许播音员、主持人一字一句地"咀嚼稿件",有时刚拿到稿件就要播出。一般的做法是:先快速"扫"一遍稿件,看看稿件中有没有生字生词、不懂的句子、不懂的专业术语和成语典故等,如果有,以最简捷的方法弄明白,查词典、上网查询或请教别人。然后看全文说了几个方面的内容;重点内容是什么,在哪个段落;稿件总的感情状态、色彩和分寸是什么。如果还有时间,则挖掘为什么要播这篇稿件,主要是对谁播的;找寻这篇稿件的特点或者新鲜点;它的深层次含义和影响是什么;自己在这方面了解多少,是不是对稿件的内容有独立或独到的理解……有经验的播音员、主持人用几分钟时间就能把握稿件的内容,把重点和目的表达得很清楚。这是通过长时间的积累和实践得出的方法和经验,播音主持的功力也是经过这样持之以恒的实践磨炼而成。

播音前辈总结出符合广播电视传播规律、实用性强的备稿方法,简单地归纳为几句话:划分层次、概括主题、联系背景、明确目的、分清主次、把握基调。在实际操作中,划分层次、明确目的、分清主次、把握基调是尤为重要的几项工作。

在播音实践中,不一定遵循上述顺序,有时备稿六步是同时进行的。另外,根据播音员、主持人自己的偏好和能力,以及稿件的具体情况,在时间和精力的分配上,也不是平均用力的,是"十根手指弹钢琴"的感觉。

(一)划分层次

划分层次里有两层含义:一层是归并;一层是划分。

简单地说,归并就是将全稿的自然段按照内容和文气归并成几个有逻辑关系的大层次;划分就是将大层次划分成细致的小层次,或者在一个大自然段中划分出几个意群。

跟语文课上划分层次的意义不同,在播音上,划分层次便于播音员通篇把握稿件的格局,迅速确定重点部分,并为层次转换的技巧提供思想和创作上的支持。

我们以下面这篇文稿为例,讲解如何准备稿件。这篇稿件中的故事被很多媒体转播(在2009年7月底和8月初,中央电视台、中央人民广播电台和很多地方台的新闻类节目中播出),有的是口播新闻,有的电视新闻还配有画面。在播这篇稿件之前,仔细阅读之后,试着回答以下一些问题:

(1) 用一句话概括这篇稿件讲了什么事情。
(2) 整篇稿件说了几层意思?(按照一定原则,可以归并为几个层次?)
(3) 节目播出这个故事想说明什么?
(4) 这篇稿件的重点内容在哪一部分?
(5) 我们在播读这篇文章时的情绪是怎样的?

① 据英国《每日电讯报》7月30日报道,卡斯柏是只12岁的公猫,它和65岁的主人苏珊·芬登生活在英国德文郡普利茅斯市。每天上午10点55分,卡斯柏都会准时跳上3路公交车开始它的旅行,一路上它会经过古老的造船厂、海军基地、市中心、几个郊区甚至还有该市的"红灯区"。旅行全程共11英里,卡斯柏每天乘车旅行约一个小时后再"心满意足"地返回家中。尤其难得的是,卡斯柏非常有"恒心",它的这一爱好一坚持就是四年。据估计,截至目前卡斯柏已经旅行了2万英里。‖

② 从事护理工作的芬登说:"卡斯柏总是在同一时间消失个把小时,但是我从来不知道它去了哪里。我给它起名卡斯柏是因为它像幽灵似的有消失的习惯。"据芬登讲,后来一些公交车司机告诉她,卡斯柏一直在乘公交车旅行。起初芬登并不相信,但是卡斯柏用行动证明了一切。

③ 芬登说,卡斯柏喜欢人类,而且正好她家门口有一个公交车站,这为卡斯柏发展这一爱好提供了便利条件。"我过去也乘坐这条线路的公交车,可能它看到后十分好奇我在做什么,于是就开始跟着车站的人们上了车。"芬登说。|此外,按照卡斯柏的年龄来说,它的身手还是非常矫健的,每次它都能在车门即将关闭前跳上车去。据3路公交线路的司机们讲,尽管卡斯柏从不掏车钱,但它是个非常讨人喜欢的"乘客",上车后就跑到车后部静静地待着。

④ 司机罗布·斯通豪斯说:"它通常只是蜷起身子待在车后部,有时也趴在人们的腿之间,从来没有引起任何麻烦。"|但是芬登说,卡斯柏也许是越来越老了,"记忆力"已大不如前,有时候会忘了在家门口的车站下车。为此,英国FIRST巴士公司的一位女发言人说,公司已经在办公室贴出通

知,要求司机们都要对这个"不掏车钱的"铁杆乘客给予特殊关照,确保它在正确的车站及时下车。‖

⑤然而,卡斯柏并不是英国唯一迷恋乘公交车旅行的动物。据英国媒体2007年报道,曾有一只全身雪白、长着一双漂亮大眼睛的猫非常喜欢坐公交车。在无人陪伴的情况下,它每周都要独自乘坐三四次331路公交车,但它这样做的原因却没有人知道。另外,英国还曾有一只名叫罗格的小猎犬也经常独自乘坐公交车。

在备稿中,我们需要"强迫"自己用一句话概括稿件的主要内容,这种方法很有意义。首先,这可以锻炼我们迅捷的思维能力,以保证实现语言表达的简洁严谨逻辑;其次,避免使有稿播音变成"眼口"之间的条件反射,而是通过思维活动和感受活动,使有稿播音切切实实地成为"眼—脑—心—口"之间的一次智力、感情和语言表达的创造性活动;最后,用扼要准确的话概括稿件,能够提升播读时的自信心,在坚强、稳定的心理状态下应对可能突发的一些不利情况,比如,出现口误之后的慌张,提词器出现故障,在强记稿件时出现"卡壳",等等。

假如用一句话概括这篇稿件的内容,可以这样说:英国普利茅斯市的一只小猫有每天乘坐公交车"旅行"的爱好,已经坚持了四年之久。当然,读者可能有更精彩的答案。之所以很多媒体和节目都选用了英国《每日电讯报》的这个报道,是因为这个故事新鲜而有趣,但不是无聊的集怪猎奇。它不仅让人类看到动物"聪明懂事"的有智能、有情感的一面,还能加深人与动物的感情,促使人们更加喜爱和爱护小动物。报道的重点部分在第一层次,但是在第二层次中有几句话还是比较重要的。比如,"据3路公交线路的司机们讲,尽管卡斯柏从不掏车钱,但它是个非常讨人喜欢的'乘客',上车后就跑到车后部静静地待着。"播音员要注意转述的语气,体现出对小猫卡斯柏乖巧表现的喜爱之情;"英国FIRST巴士公司的一位女发言人说,公司已经在办公室贴出通知,要求司机们都要对这个'不掏车钱的'铁杆乘客给予特殊关照,确保它在正确的车站及时下车。"这是人类对动物朋友的尊重和爱护,播音员要注意语气表现出趣味和体贴。这是一条社会新闻,虽不具有政经新闻的重要性和显著性,但是却有极浓厚的趣味性和情感性,也同时具有一定的新鲜感。它给受众提供茶余饭后的谈资,不是灰暗、琐屑、无聊的,而是充满趣味和温情的。不但小朋友会感兴趣,就是成年人也会被这可爱的小猫打动,同时也会为英国普利茅斯市的市民的爱心所感动。

1. 归并层次

前文提过,播音上的归并和划分层次与语文课上的目的不同,我们是为了快捷地把握稿件的主要框架、内容,做到心中有数;同时确定层次与层次之间转换所需要的技巧,比如转换时停顿的时间、转换中前后句连接的方式、转换句子的语调和波形的设计,等等。因此,我希望读者在看到这里时能够出声地复述并对稿件的结构进行梳理和概括。

例如:这篇稿件共有五个自然段,第一自然段说的是地点、主人公、事情(经过和细节),也就是这个报道的主要内容(新闻五要素,即五个 W——WHO 何人,WHEN 何时,WHERE 何地,WHAT 何事,WHY 为何),即在英国的普利茅斯市,有一只叫卡斯柏的小猫每天10:55乘坐3路公交车在城里"旅行",约一个小时后回到家中,这个爱好持续了四年之久。第二自然段追溯小猫乘车旅行的由头,引用了猫主人芬登的话。第三自然段还是通过猫主人芬登和公交车司机的讲述,让受众了解小猫卡斯柏是怎样旅行的。第四自然段借公交车司机和公交公司发言人之口,让受众了解旅行小猫和乘客之间的关系是怎样的。第五自然段提供了补充的趣闻,迷恋公交车旅行的小动物不仅有卡斯柏,还有其他小猫小狗。

通过这样的复述和概括,我们马上可以很清晰地了解,全篇新闻稿件说了三层意思(请见上文的"‖"标记):第一层意思是扼要地介绍了英国一只喜欢坐公交车旅行的猫,也就是第一自然段;第二层是借猫的主人和公交车司机之口详细讲述小猫卡斯柏每天乘车旅行的情况,也就是第二、三、四自然段;第三层增加了一些相关信息,迷恋乘坐公交车旅行的动物不止卡斯柏一个,还有另外一些小猫小狗,即第五自然段。

2. 划分层次

我们发现这篇稿件的特点是自然段少,其中第二层包含的自然段稍多些,我们就按照意思将它进行划分,重新梳理我们播读的层次,做到条分缕析、心中有数。

我们可以把第二、三、四自然段又划分成三层意思(请见上文的"|"标记):第一层意思说小猫卡斯柏是怎样开始旅行的;第二层说小猫卡斯柏和人类的关系亲切并且不相互干扰;第三层说人们为上了年纪的卡斯柏提供一些便利。

当然,不同的稿件在谋篇布局上各有特点,如果稿件本身篇幅短、内容单一,就不需再划分成小层次,具体情况具体操作。

在广播电视节目中,稿件的语体特点丰富,但是通常是叙述性的和议论性的。碰到叙述性的内容，我们通常按照叙述的方式、事件的过程划分层次；而议论性的稿件，我们一般以提出问题、分析问题、解决问题为归并和划分的依据。也就是说，在广播电视节目中，我们会遇到各种各样的语体，每种语体的特点都可以作为我们归并和划分层次的依据。比如有关人物、事件的故事，可以依据事情的发生、发展、高潮、结果的时间和逻辑顺序或者情感的变化线索进行划分；新闻类语体中层次划分和归并的根据一般是导语、主体、背景的结构特点；知识类、服务类语体一般是围绕一件事的几个方面或围绕同一主题的几件事展开话题，通常可以依据引入话题、说明情况、解释问题、提供建议的顺序进行划分和归并。

3. 理清层次之间的关系

归并和划分完层次就掌握了稿件的脉络了吗？打个比方，层次的位置清楚了，就像是把牵线木偶身体的各个部位摆好了，要让木偶动起来，还要找准把各部分连接起来的方式。这个方式就是层次与层次之间的关系。是并列、转折、承接、递进、因果、总分，还是分总？找出逻辑关系并不是最重要的，关键是如何运用停连、重音、语气、节奏的技巧来表现这些关系，使受众听得清晰明白、不费力气。例如，例稿的第二层开始"从事护理工作的芬登说……"，这是这篇稿件第二次提到"芬登"这个人，因此要注意体现照应关系，即用语气暗示"就是前面我们提到的小猫的主人芬登"；通过备稿，你知道下面芬登要说的是具体的有趣的情节了，与导语中概括的叙述不同，要换一种语气，来表示"事情原来是这样的……"

又比如，"司机罗布·斯通豪斯说：'它通常只是蜷起身子待在车后部，有时也趴在人们的腿之间，从来没有引起任何麻烦。'丨但是芬登说，卡斯柏也许是越来越老了，'记忆力'已大不如前，有时候会忘了在家门口的车站下车。"在"丨"处，我们看到一个转折连词"但是"，就知道意思要转折了，但是不能仅仅知道"要转折"了，还要从受众收听的角度考虑，如何让受众知道：卡斯柏的旅行有了麻烦，不再是一帆风顺的了。因此，在播"但是芬登说"这句话时，要注意用语气暗示出"有麻烦事情发生了"。

不厌其烦地摆出这么多"关系"，只是想引起大家对稿件局部与局部、局部与整体之间的关系的重视，采取恰当的表达技巧使稿件融会贯通为一个流畅的整体，而不是一句一句话的串联。这就是我们常说的俗语播读要"抱团儿"，这样才能使受众听到的是条理清楚、浑然一体、有声有色的事实。

以上就是要说的备稿第一步——划分层次，主要目的是让播音员、主持人理清稿件的脉络,做到心中有数,并在掌握稿件内容的前提下,恰当运用让受众迅速理解、感受内容的技巧,避免听感是模糊混乱的一片,影响节目传播的效果。

(二) 概括主题

看到这个题目,你是不是想到"通过……,歌颂(批判、揭露、鞭挞……)了……"这样的句型,这正是我们中学语文课上总结中心思想时的套话。这里所说的主题就是一篇稿件的中心思想。如果说层次是稿件的四肢,那么,中心思想就是稿件的心脏。我们在各种场合对他人说话,哪怕是只言片语,都是想表达一个思想,否则你可能认为说话是没有必要的事。这个思想就是这段话的主题。凡广播电视节目都是通过有声语言的形式传播一定的思想,播音员、主持人拿到稿件时,通常在归并、划分层次的同时已经自觉地思考"中心思想是什么"的问题了。上面那个常见的句型是引领我们思考的大方向,但绝不是规定的、僵死的模式。我们备稿所讲究的概括主题不是怎样完善这个句型,而是利用主题激发自己相应的强烈愿望,心甘情愿、心悦诚服地通过一定的方式方法把这个主题表现出来。为什么要概括主题呢? 是为了让我们在读完稿件之后,使大脑中感性、模糊的想法清晰、明确起来。清晰就是不空洞泛泛或拉杂繁乱,明确就是权重分明、核心突出。每篇稿件的主题是具体、鲜明、集中的,这一篇稿件和那一篇稿件的主题即使看起来相似,也绝对不能混淆。即便是内容相近,这一篇和那一篇在中心思想上的侧重也会不同,不能流于笼统和片面。

有些人认为稿件的主题是明确的,就像一个标准答案,播音员、主持人的概括必须和它一致。这也错了。这就是典型的失之于僵化、冷漠。比如,"通过记叙某某的先进事迹,赞扬了他崇高的精神"。在这句空洞的话语中,我们抓不到"什么事迹""怎样的崇高精神"这样的信息,所以即使貌似对主题进行了提炼和概括,似乎也找不出错误,却流于冷漠、僵化。因为认识水平和感受力的不同,播音员、主持人在对主题的表述上一定是有差异的,如果强求主题表述的唯一性,很容易使播音员、主持人原本细腻、独特的感受变得大而化之,播音时内心茫然一片,听众也不知所以然。

有些人对概括主题全然不在乎,认为是唱高调,对播音起不到实际的作用。这是大错特错了。如果问起这篇稿件的主题是什么,播音员只能回答"不知道什么主题,反正就说了这么件事",这是创作思想和创作态度的错误。为什么有的播音员、主持人被称为"念稿机器",表现为播音内容不深刻、态度不鲜明、个性苍白单薄，就是对主题把握的不具体、不明确。更有甚者出现是非观念问题、立场问题，对主题完全陌生，这样造成的传播效果是极为恶劣的。

来看例稿的主题，通过报道一只有乘坐公交车爱好的小猫的快乐和麻烦，提醒受众注意到生活中有趣的现象或者事物，并希望人类能更加欣赏动物、爱护动物，与它们友好相处。从这个概括中我们可以看出，主题不需长篇大论，也不需要"拔高"，只一两句话，言简意赅。从主题中我们感受到鲜明的感情色彩和明确的态度分寸，利用这个第一感受激发自己的思想感情运动起来，这就是我们概括主题的目的。

（三）联系背景

什么叫做背景？在《现代汉语词典》中，背景被解释为"对人物、事件起作用的历史情况或现实环境"。对于广播电视节目稿件，我们可以进一步细分为稿件事实的历史背景、作者写稿时的写作背景和播音员、主持人播音时的播出背景。广播电视播音主持的稿件中大部分是时效性较强的，所以我们常说的背景一般指播出背景，就是播音员、主持人是在怎样的历史情况或现实环境下播音的。历史题材或文艺欣赏类的稿件涉及的历史背景和写作背景比较复杂，需要播音员、主持人拿到稿件迅速地"补课充电"。好在现在的网络共享资源丰富，为备稿时理解体会背景提供了方便，就此不复赘述。

怎样联系播出背景呢？主要从上情和下情两方面考虑。上情指的是党和国家的路线、方针、政策以及当前国际形势等。作为"喉舌"的大众传播者，播音员、主持人要时刻牢记站在党和人民的立场上，把握好舆论导向和宣传的力度、分寸。下情指的是在国际、国内形势下，我们社会生活的现实情况。要真正投入到火热的生活中去，了解当前的时代潮流和社会现实，仔细揣摩人民群众的心理，体察老百姓的呼声和疾苦。在下情中又有主流和支流，主流就是现实情况及其发展变化的好的、积极的方面，支流就是现实情况及其发展变化的不好的、消极的方面。把上情和下情的主流、支流分析清楚了，才能保证播音的方向正确，有较强的针对性。

有人可能认为上情、下情很空洞、泛泛，和稿件的关系不大。这正是有些播音缺乏针对性和深刻内涵的原因。把上情分析得具体、贴切、紧扣稿件，需要我们密切关注时事和国家政策，不仅限于知道内容的程度，还要挖掘时事和政策背后深层次的意义和它的影响。另外，要深入到生活和实际当中去。有人说我们每天都在生活，还要怎么深入？这里所说的"深入"是指不局限于自己和家人生活的小圈子,仔细观察和体味大众的生活是怎样的。这是需要相当的细心和耐心的,还必须动脑筋,思考出多种多样的方法,利用多种多样的途径,在了解表面现象的基础上参透其内涵。

下情像一个小包围圈,更加具体,更加贴近稿件。对批驳性稿件和主旋律的稿件,要特别注意到主流和支流的问题。如果忽视主流,就很容易被一时的长短蒙蔽了眼睛,陷入消极、迷茫的境地,使大众传媒宣传的力度和坚定性大打折扣。播读正面报道或歌颂性的稿件时,我们要注意不要只看到主流而忽视支流。否则,就变成了"好好先生",满眼是天下太平,没主张,欠深刻,影响到宣传的针对性。如果播音员、主持人的播音欠缺针对性,闭门造车,给受众的就是一团乱麻,不合时宜,不知所云。

来看上面例稿的播出背景,首先这是一条国际新闻,对于国际新闻的态度通常是客观的、拉开些距离地报道;其次,这是一条趣闻,给受众的日常生活增加些茶余饭后的谈资;再次,通过传播这条新闻,给受众一些提示:我们身边的小动物跟人类社会的生活息息相关,多给它们一些关系和方便,能够使我们的生活多一些温情;最后,这类新闻毕竟无关乎国计民生和世界大同,所以在分寸的把握上注意轻松、亲切。

在联系背景时切记紧密贴近稿件,具体可感;不要天马行空或牵强附会;不要僵死地看待背景,背景所关联的社会实际是发展的,不要"一棍子打死"。

(四) 明确目的

为什么我们要强调明确广播电视播音的目的呢?人们的言语活动总是有一定的目的,或传递信息,或解释缘由,或消除误解,或宣泄感情,或传达命令,或沟通思想……即便是打发时光的闲聊,也有目的。大众传播的功能决定它的目的性尤为突出。播音员、主持人通过对节目内容的驾驭和传达把传播目的具体化,但具体化不是就事论事、就内容论内容,是稿件意图的升华。这样可以避免陷入狭隘的一己之见。

明确节目的传播目的实际上就是明确播音员的播讲目的。大家要注意处理好两个关系:一是语句目的和全篇目的,二是稿件目的和传播目的。我们在分析稿件时发现作者写下的每一句话都是有一定意图的,我们播音时极力想把这个意图表现出来,这时切记这一句或那一句的意图必须服从全篇的目的。比如,例稿中的这句"但是芬登说,卡斯柏也许是越来越老了,'记忆力'已大不如前,有时候会忘了在家门口的车站下车",目的并不只是说卡斯柏会忘事,而是想进而表达当地居民是如何对待爱忘事的小猫的,后面接着说道:"为此,英国 FIRST 巴士公司的一位女发言人说,公司已经在办公室贴出通知,要求司机们都要对这个'不掏车钱的'铁杆乘客给予特殊关照,确保它在正确的车站及时下车。"因此,要把一句话的目的拿到全篇中去考虑。我们需要处理好的另一个关系是稿件目的与传播目的之间的关系。英国《每日电讯报》的记者写稿件的目的与中国的媒体播送这个稿件的目的大致相同,但略有差别。稿件的目的一是挖掘了这样一个有趣的消息,二是报道当地巴士公司对小猫的爱心可嘉。而我们的传播目的更偏向于"看外国趣闻"和英国人的宠物文化——英国人通常像对待家人一样对待宠物,并且这种意识非常普遍、广泛。

我们播音时就要从这个目的出发,带着强烈的播讲愿望,把握稿件的重点,突出这一篇的独特的感染力。请特别关注"播讲愿望"这个概念,不仅因为它在播音主持中是一个重要的术语,关键是播讲愿望是否强烈、是否具体、是否正确直接影响播音是否到位。有人播音靠兴趣,碰到他不感兴趣的稿件,就没有强烈的播讲愿望,所以播音的状态平平淡淡、无精打采、不动感情、应付了事,受众听起来则昏昏欲睡,注意力无法集中。播讲愿望如果不具体,播音员容易陷入乱动感情的误区,给人的印象是虚张声势、矫揉造作。播讲愿望不正确主要体现为过分关注稿件以外的东西,比如追求技巧的娴熟、声音的优美或播音员、主持人个人形象的塑造,这是极其错误的。强烈、具体、正确的播讲愿望从哪里来,除了深刻细致地了解和把握稿件的播讲目的,还必须有一双善于观察的眼睛、一双耐心聆听的耳朵、一颗充满好奇和热爱的童心以及传播知识、宣传进步、提升精神境界的历史和社会责任感。

(五) 分清主次

重点是体现和落实传播目的的部分,包括重点语句和段落。简单地说,目的是通过重点具体体现的。重点是什么?是稿件的作者下力气最大的部分,是最详细、最生动、最深刻的部分,是作者极力让受众理解和接受的部分。目的落实靠重点,从大的方面来讲,要靠重点部分、重点层次和重点段落;从小的方面来讲,要靠重点小层次、重点句子,我们不能只抓一方面而偏废了另一方面。

从大量的稿件中我们总结出,重点的分布基本上有两种情况:集中或分散。集中指的是重点集中在一两个部分、层次、段落,其他部分、层次、段落都是非重点。分散指的是重点分散在各部分、层次、段落中。大家看待集中和分散要灵活,不一定重点的小单位一定就存在于重点的大单位中,也不一定分散的重点都分布得很均匀,可能有的重点部分中没有重点层次,有的重点段落中没有重点句子,也有可能有的重点层次中有几个重点段落。不必过于严格地对号入座,要根据稿件的实际情况,围绕目的确定重点。上文的例稿中,下面有着重号的句子是重点句子,第一、四自然段为重点小层次,大家可对照查看。

初学者最容易出现的毛病是看哪一部分都重要,哪一句都是重点,每一句、每一个词都不敢轻易放过,于是真正的重点被"均衡用力"淹没了。克服这个毛病,要靠分清主次。给稿件的内容按照重要程度排序,主要的就是重点,次要的就是非重点。主要的部分要格外留心,将其突出出来;次要的部分也要格外注意,将其轻轻带过,不抢重点的风头,同时也避免囫囵吞枣。

同时,大家要注意处理好重点的大单位和重点的小单位之间的关系。只注意大单位,受众感到笼统空泛,难以留下对细节的深刻记忆。只注意小单位,又会给人支离破碎的感觉,缺乏清晰的条理性和框架性。所以,一定要记住从重点的大单位着眼,从重点的小单位入手。

(六)把握基调

我们在欣赏色彩斑斓的油画时会产生一个强烈的印象和感觉,这来自于画家通过画面表达的情感。在表达这种情感的色彩或构图上,画家倾注了大量的设计,所以给人的印象和感受才鲜明、强烈。这正如同我们播读的稿件都有一定的感情色彩和分量,有的热情昂扬,有的坚定有力,有的壮怀悲愤,有的清新浪漫,有的倾力歌颂,有的委婉批评,这就是我们所说的基调。如果给它下个定义,就是"稿件总的感情色彩和分量"。

什么是"总的"感情色彩和分量?就是说把握好一篇稿件的基调关键在于把着眼点放在稿件的全篇上,寻找整体上的感情的色彩和分量,而不是仅盯住一句话、一个小层次、一个段落不放,因为每个句子、小层次或段落的感情色彩和分量不一定相同,也不一定完全与稿件总的色彩和分量一致。我们在确定全篇稿件的基调时,有必要忽略个别句子或段落在感情色彩和分量上与整体的差异。

确定基调,不仅要考虑感情的色彩,还要特别注意感情的分量。打个比方,找准了基调就像海上航行的巨轮找准了航道,这条航道一定是方向正确,并且适合这艘巨轮的吨位。有时用不同分量的词表达同样的感情色彩,效果大相径庭。例如,同样是喜的色彩,窃喜、欣喜、喜出望外、狂喜,它们的分量不同,喜的程度相差很远。基调确定得越准确、越细腻,有声语言表达的效果就越鲜明。

因此，贴切、鲜明是确定基调的原则。

我们在确定稿件的基调时，一定要抓住通读全篇之后的第一感觉和整体感受，用最简练的语言加以概括。基调的表述不一定限制在某种固定的格式中，但一般用形容词+动词，形容词+形容词，或表示程度的副词+形容词，少用句子，多用词组。例稿的基调我们可以这样表述：轻松而有趣地告知。

我们在分析例稿时会发现，有些段落和句子的感情色彩和分量与整体基调有差异。比如，第一段的感情色彩比较平实，清晰扼要地介绍一个趣闻；第二段的个别句子表现出疑惑的色彩，如："卡斯柏总是在同一时间消失个把小时，但是我从来不知道它去了哪里。"第四段中，"它通常只是蜷起身子待在车后部，有时也趴在人们的腿之间，从来没有引是起任何麻烦"，这句话的感情色彩是喜爱、爱怜的；"但是芬登说，卡斯柏也许是越来越老了，'记忆力'已大不如前，有时候会忘了在家门口的车站下车"，这一句表现出一丝遗憾和小小的担忧色彩；"为此，英国FIRST巴士公司的一位女发言人说，公司已经在办公室贴出通知，要求司机们都要对这个'不掏车钱的'铁杆乘客给予特殊关照，确保它在正确的车站及时下车"，这一句要表达出的是一丝风趣、一点体贴、一份关怀。我们拿出个别句子作为例子说明基调是在统一中有变化的。读者可以做一个自我测试，看看段落和层次在推进和转承的过程中基调是怎样变化的。

分析稿件的基调，是说明确定基调不是为了形之于文字，目的是形之于声音。归根结底，我们要通过有声语言把这样的基调表现出来，感染受众。体现基调时要鲜明，注意统一中的变化，把握好分寸。仔细体会感情色彩上类的差别，揣摩分量上轻重缓急的差异，大而化之或"差不多就行了"的念头是绝不能有的。

初学者看到有经验的播音员、主持人浏览一遍稿件就能保证播音的效果，艳羡不已。殊不知那些"神奇"的播音员也走过了相当长踏踏实实、一字一句分析稿件、写备稿笔记的路程，否则根本达不到娴熟和游刃有余的上稿就播的功力。

写备稿笔记对于很多人来说并非难事，但有人反映写好备稿笔记对上口播似乎没有起到显著的改善作用，于是觉得备稿很麻烦，对播音能力的提升似乎作用不大。实际上，只要坚持一下，度过心理上的障碍阶段，就会觉察到备稿的速度越来越快、越来越准确，对稿件的理解和感受能力胜人一筹，更加自信，敢于尝试新鲜的内容，敢于接受艰巨的任务，在表达技巧的运用上也更加自如。

在写备稿笔记的时候，应注意这样几点：按照六步的顺序，一步一步走；真正动脑筋,不走过场,写出的每一句话都有"这一篇"稿件的特点;写作忌讳"八股文",文字灵动一些,个人色彩浓一些(必须是贴合稿件的);达到一定功力后,可以"六步并作一步",但不是敷衍了事。

二、广义备稿

有的播音员播得从容流畅、声情并茂,叙事处清楚明晰、详略得当,议论处鞭辟入里、成竹在胸,抒情处细腻真挚、酣畅淋漓。而有些播音员播得生涩呆板、苍白无力,更有甚者磕磕绊绊、漏洞百出,令人不忍卒听,生动的题材、深刻的内涵、深远的意义均被拆解得支离破碎。播音效果、水平的差异源于播音员、主持人的"广义备稿"。作为播音员、主持人,平时多方向、多层面地积累知识尤为重要。寄希望于上播音台之前的点滴时间或寄希望于他人的"及时"帮助是无济于事的。"临时抱佛脚"固然可解燃眉之急,其内在的空虚却是难以掩饰的。通过节目本身的播音质量,我们便可以探察这个播音员、主持人是否积累了大量的知识。中央人民广播电台著名播音员方明播讲《阅读与欣赏》,讲解唐诗宋词时,具体、贴切、生动、细腻,有景致,有文采,有韵味,有意境,意味深长,美不胜收。这得益于方明对唐诗宋词喜爱有加,并且颇有研究,对著名诗人、词人的生平、作品、风格、思想了若指掌,言谈话语之间旁征博引、信手拈来。这不是一朝一夕的工夫,靠的就是日积月累的恒心、耐心和决心。

播音员、主持人每天接触和播出涉及国际国内、新闻事件、社会生活、各行各业、思想领域、文化艺术、医学科技等方方面面的内容,虽然不必门门精通,成为专家,但应该有一个比较合理的结构将需要掌握的知识架构起来,并且不断地学习、吸收、积累,我们称之为"广义备稿"。下面给读者提供一些广义备稿的方向。

(一) 具备政治觉悟

如果政治意识薄弱,很可能在日常工作中会出大问题。播音员、主持人是党的喉舌,要以正确的舆论引导人,不能把政治把关搁置一旁,不能把国家的舆论监督机关当成自家的客厅,信口开河,随心所欲。作为"把关人",播音员、主持人要知道在节目中什么能说,什么不能说,什么时候能说,什么时候不能说,有些内容应该把握怎样的分寸,以什么方式说。这是喉舌意识的体现。根本原则是要与党和国家的基本路线、方针政策、舆论导向保持一致,和社会主义道德

文化、人生观、价值观、世界观保持一致，和阶段性的宣传重点保持一致，和所在媒体的地位、形象保持一致。

（二）提升理论素养

批判性地吸收西方大众传播理论。

由于播音员、主持人在工作形式上与演员有些相似性，都是公众人物，比较讲究外在形象，对普通民众来说，播音员、主持人的工作环境和工作性质具有特殊性和陌生化的特点，因此播音员、主持人特别是综艺节目主持人经常被误认为是文艺工作者，是影视圈里的一分子。在大多数情况下，播音员、主持人是大众传播者，是新闻工作者，要具有强烈的新闻意识，具备丰厚的新闻理论素养和新闻业务知识。

播音员、主持人需要研读马克思主义新闻理论，应注意以下几个问题：新闻的本源与新闻的真实性原则的关系；新闻的客观性和报道立场的关系；新闻和社会舆论的关系；新闻报道者与新闻报道的关系；新闻的职能等。本书重点是在技巧领域探讨问题，理论方面的内容留待大家通过其他途径积累。

（三）密切关注国家政策的出台、有关法律的制定和规章制度的实施

了解和学习政策法规可以采取一些有趣的方式，比如：

和熟知国家政策的人聊天，这些人可能是政府公务员、律师、教师、记者、单位的宣传干部、居委会的工作人员等；

关注媒体新闻或专题报道，特别是有权威性的网站发布的新闻，它们通常采用很有趣的形式制作新闻网页，容易记忆深刻；

在特殊的日子学习，比如政策出台的时候，只要你注意媒体，会有大量的信息向你袭来，又比如有政治意义的节日、纪念日和每年的"3·15 消费者权益保护日""禁毒日""环境保护日"等；

留意文学作品、艺术作品中涉及的相关内容；

从日常生活中发现，街头巷尾的议论、室外的广告、城市或乡村的变化、自己家庭的变化都与国家政策息息相关……

上述只是一些学习方式，但其中蕴含着很重要的能力，即见微知著的观察力、分析力和思考力。善于和勤于使用这些技巧，能力在不知不觉中会得到提高。

(四) 关心重大新闻事件并从中分析国内外形势、事件的意义及影响等

新闻播音员、主持人的播音稿件涉及的领域很广,无论是政治新闻、经济新闻、军事新闻还是教育新闻、体育新闻、娱乐新闻,都要准确及时、条理清楚地传达给受众。尤其是当国际、国内发生大事或者某一事件牵连广泛、延续不断的时候,新闻事件的复杂性、联系性、深刻性、全局性都要求播音员、主持人平时有丰富的知识积累,不能够只是"见字出声",把编辑、记者的文字稿件转化成声音而已。如果仅仅做到这一点,受众会感觉到他们听不明白播音员在说什么,甚至比较清楚的事情被说得越来越糊涂,这样的播音员、主持人就是我们常说的"念字机器"。为了避免这种难堪的情况,平时对新闻事件的背景、进展、影响掌握得多一些,对国际政治、经济、军事关系多关心一些,你就可以原委清楚地历数国内外大事。最好根据积累的知识试着自己做出独立的分析和评论。有朝一日,即使拿到"急稿"也能做到胸有成竹,播得头头是道。

(五) 深入社会基层,增加人生阅历,细化生活体验

工作、家庭、社会地位、朋友圈子、阅读习惯等因素往往决定了生活的常态、思维的定势和人生的轨迹,我们难以有机会、时间和精力体味不同的人生。这对播音员、主持人的发展是一大忌。我们不是没有见过这样的主持人:他们安于每天播编辑、记者采写的稿件,不动笔、不动脑,满足于完成规定的任务,完事大吉,别人的生活和感受与己无关,甚至怠于品味和感悟自己的人生;他们利用职业的便利提早过上"小康"生活,出入开汽车,进出高档娱乐场所,结交和关注所谓的"高层次"人士,对最广大的普通老百姓视而不见,根本不关心他们的思想和声音;当然,也有些人有投身广阔社会的愿望,但苦于缺乏勇气和决心。然而无论是何种现实情况和心态,我们必须明确,大众传播者的身份和工作性质决定了只有真切地了解和感悟不同职业、地域、身份、地位的人的生活意义,才能与老百姓休戚与共,真实细腻地反映他们的疾苦,满足他们的需要,附加的收获是受到受众真心的欢迎,拓展自己事业的空间,走得更远、更好。

(六) 自觉地接受各种艺术形式的熏陶,并在审美层面将其打通,达到"通悟"的境界

从音乐和舞蹈中体会节奏、韵律和动感,从绘画、书法中体会布局、韵味、分寸感,从电影、戏剧中体会语言的生动和精练。交响乐能激发我们产生复杂、强

烈、细腻、丰富的情感;中国画的"留白"能让我们感知艺术的分寸、格局和境界。

欣赏艺术,长期接受艺术熏陶,利于我们发现艺术形式之间天然的、深层的联系,以达到"通悟"境界,最终是为我所用,收到"他山之石,可以攻玉"的效果。

广义备稿实质上是关乎播音员、主持人的人生修养和创作观念的问题,决定着一位播音员、主持人能走多远,忽视和轻视广义备稿的意义和作用无异于釜底抽薪。

广义备稿的方式、方法因人而异。许多主持人常说的一句话就是"回到校园去充电",充实自己的知识储备。其实方式大可不必如此单一,生活和社会就是最大、最好的学校,关键在于如何学习和学习什么。主持人崔永元曾经说过充电不一定就是回校园读书,和有学问的人聊天也是充电。摸索"充电"的方式本身就是学习的过程、有意义的过程,是广义备稿的一个组成部分。

第二节 对 象 感

一、理论阐释

(一) 对象感的概念

对象感是播音员、主持人必须设想到对象的存在和对象的反应,必须从感觉上意识到听众的心理:要求、愿望、情绪等,并由此调动自己的思想感情,使之处于运动状态。[①] 由对象感的概念我们知道,对象感是一种想象、联想的心理感觉。播音员、主持人的联想和想象建立在对稿件内容的认识、理解、感受上,对目标受众的设想、交流、反馈上,以及对节目内容所反映的客观现实的积累、分析、取舍上。也就是说,对象感不是虚无缥缈、凭空幻想的,虚来源于实,服务于实,所以获得对象感的过程是"目中无人,心中有人"的化虚为实的过程。

---

① 张颂:《播音创作基础》,北京广播学院出版社1990年版,第62页。

（二）对象感的基本类型

目前广播电视节目的录制或直播现场通常分有现场观众和无现场观众两种。这也就规定了播音员、主持人的交流方式分为两种：一种是与现场观众交流，兼顾电视机前、收音机前的受众；另一种是通过话筒、镜头与电视机前、收音机前的受众交流。与现场观众交流的情况也大致分两种：一种是"一对一"的交流，比如在访谈节目的现场，主持人经常与现场观众一对一交流；另一种是播音员、主持人"一对众"的交流，比如在大型外景现场、大型"真人秀"节目现场，主持人面对的是几十、几百或几千人的现场，交流对象是现场集体观众。

不同的交流方式下，播音员、主持人获得对象感的过程不尽相同。

1. 面对面交流中的对象感

与现场观众的交流是现实的，也需要对象"感"吗？对象感能为面对面的交流提高效率、加强效果。在面对现场观众时，主持人并不一定了解观众的具体情况，主持人需要借助基本的"对象感"处理与观众的交流，随着对话的推进，进一步估测和确定观众的心理，并据此调整自己的交流状态和方式。在交流前，主持人要充分地准备资料和问题，要尽量多地估测突发性事件，以备在现场能及时反应，做到心中有数，沉着应对。主持新人在这个过程中会出现应对不力的情况。比如，面部表情容易单一、僵持，甚至紧张得难以控制；经常把注意力集中在自己准备好的问题或说法上，忽视交流对象的话语内容、内涵和表情。他们看着交流对象的眼睛，但实际上并没有听懂对象的话，更不必说能够察言观色、及时捕捉对象的"有意味的话语"或具体的心理活动，这种现象被称为"眼前有人，目中无人"。这时主持人应该放松心理状态，不要固执于自己的想法，要集中注意力听清交流对象所表达的意思，感受他的语气，听懂他的话语目的，观察对象的表情、体态语，合情合理地揣测和预设他的情绪和感情的变化。因此，要想获得平等、自然、活跃的面对面的交流，善于倾听是重要的前提。同时，缺乏经验的主持人平时应多注意观察生活，体味人与人交往时的气氛、情绪、态度、表现的变化，增强见识，把握"人同此心，心同此理"的实质和实践中的分寸感。这种生活中的积累对获得真切、具体的对象感有直接帮助。

2. "类交流"中的对象感

广播电视播音主持最终还是为收音机前和电视机前的受众服务的，播音员、主持人与受众共一时空的交流是具有虚拟性的。播音员、主持人面对话筒或摄像机镜头的播音主持，令受众直观地感受到眼神、语气的接触和交流。受

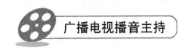

众也希望感受到播音员、主持人准确、具体、鲜活的眼神、表情等的变化,如同与他们面对面地交流。播音员、主持人在"目中无人"的情况下要做到"心中有人",并且设想特定的"这一类"受众对他们所传达的内容会产生怎样具体、鲜明的心理反应,继而对这种心理反应做出回应,并推动内容进行下去。

（三）设想受众

只有受到播音员、主持人的"高度重视",受众才会被其播讲的内容瞬间吸引,并集中注意力收听、收看节目,或产生共感、共鸣,通过有效媒介平台与播音员、主持人产生互动,一个完整、顺畅的节目传播过程才得以完成。因此,播音员、主持人必须明确自己在对谁说话,应该怎么说话。设想特定的、具体的观众是产生对象感的重要前提。具体、灵动地设想目标受众的情况需要从主客观两方面入手。客观方面,是指相对稳定的质素,如目标受众的年龄、职业、性别、受教育程度、消费水平等。比如,受教育程度较高的中高等消费水平的中青年人能够接受和理解财经、收藏、汽车、电子产品等专业化较强的节目内容。主观方面,是指处于动态的质素,如目标受众的兴趣偏好、收听、收视动机、理解能力、思维特点、注意力的强度和持久度等。比如,老年受众的理解能力下降、思维的速度减慢,面向老年受众的主持就要运用简单的逻辑,语速和节奏放慢。这就是常说的"目中无人,心中有人"。

在设想特定、具体对象之前有一个基本的前提,受众是与播音员、主持人平等、亲切、真诚相待的熟人。

（四）获得对象感

做到"心中有人"并不是获得对象感的终点,播音员、主持人必须结合对特定受众的设想和对节目内容的具体理解、感受,调动自己的思想感情,并诉诸有声语言表达的技巧,加强节目传播的效果。

1. 抓住三个关键

第一,媒介特点。在广播节目中,听众"只闻其声,不见其人",对只诉诸声音的语言进行理解和感受需要调动联想和想象,因此播音员、主持人的有声语言表达必须给听众提供更多的联想和想象的"线索",比如亲和切近的用声状态、具体细腻的语气、符合听觉认知的语言逻辑、贴合听觉心理的话语节奏,等等。电视节目"声形俱备",播音员、主持人的语言表达与眼神、表情、体态语言要"形神合一",协调自然,富于变化。千万不能眼神呆滞、表情刻板、语气僵冷或者眉飞色舞、言不由衷。

第二，节目风格。在广播电视中，有些受众广泛的节目，比如，新闻消息类节目、社教专题类节目、经济生活类节目等，受众涉及男女老少，各种职业、各种身份、各种兴趣爱好的人。但在这些类型中，对象细化、市场分化、定位窄化的趋势显著，比如，同样是经济生活服务类节目，有的人喜欢看《商界名家》，有的人追随《生活面对面》，有的人是《鉴宝》的忠实观众。有的观众爱看多种类型的节目，只是收看的心理状态有所区别。因此，播音员、主持人要通过塑造、维护节目特点和风格，发挥主体性，以节目风格和主持特点吸引受众的注意和偏好。当然，主持人的声音、形象、个性、气质、素养要与节目风格的具体要求相吻合。

第三，传受关系。播音员、主持人和受众在大众传播过程中的关系基本上是主动和被动的关系。受众有选择媒介、频率、节目的权利和自由，但一旦选择就处于接收信息的地位。受众的"有限选择权"赋予播音员、主持人主动的传播地位。因此，播音员、主持人处理与受众的关系时，需要把握两个基本原则。首先，不能有"受众喜欢什么我就传播什么"的迎合思想。广播电视节目低智化、庸俗化的倾向，与"媚俗""媚众"的传播误区不无关系。其次，不能滥用话语权。如果认为媒介的权利掌握在自己手里，想说什么就说什么，想怎么说就怎么说，那也是大错特错了。错在两点：一是轻慢传播者的责任和职能；二是轻视受众的选择权。播音员、主持人和受众的关系是朋友式的，或挚友，或诤友，或良友。

2. 调动思想感情，处于运动状态

播音主持的基本状态要专注、积极、灵活。

获得对象感的关键是使自己的思想感情动起来，如果播音员、主持人的表达是刻板、僵持、做作、空洞的，就不能牢牢地抓住受众。但如果存在"我要播得像……"或者"我要播成……的效果"的功利目标，就会产生杂念，使表达的过程缺乏具体细腻的变化。播音主持首先强调"我要说的是什么"；其次，在播音主持过程中，一方面推动内容的进展，另一方面凭借对内容与受众心理反应的基本对应关系的积累，调整自己的表达技巧。借鉴表演的"真看、真听、真反应"的基本技巧，播音员、主持人要能够确保对自己所说的内容和受众的心理反应做出及时、准确、具体的反馈，体现在眼神、表情、体态语、语气、节奏等表达方式上，实现"怎么说"的表达效率和审美效果。

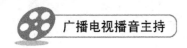

3. 运用"印象管理"①，实现传播目的

播音员、主持人运用对象感向受众传情达意的同时，受众也在观察和感受播音员、主持人的"主持面貌"。由声音、表情、态度、语势、体态语等综合形成的播音员、主持人在受众心目中的印象，是体现对象感的直接现实。播音员、主持人的表现也会被受众误读，比如，某种语气令受众感到不舒服，某些表情可能让观众看起来不够笃定或者故作热情……播音员、主持人在表达时要注重"表里如一""心口合一"。通过"自我认知"，对自己进行有效、有目标的印象管理尤为重要。第一，播音员、主持人可以进行自我观察。一方面，观察自己说话时的表情、声音特点、体态语言，确认是否"表里如一"；另一方面，调检自己说话时思想感情的色彩和分寸，做到"心口合一"。第二，分析自己的表达特点与节目内容、风格要求的和谐程度。第三，观察其他播音主持方式在同样类型的节目或者相似题材表达中的效果，分析怎样的表现方式更接近受众的期待。第四，自我披露。在节目中暴露个人色彩浓厚的生活、观点，以期与受众建立"熟人"关系。第五，"自我蒙骗"。在认知心理学中，个体为了对自己有一个满意的印象，会采取自我蒙骗的方式给自己找借口或者撒谎。在播音主持创作中，当然不倡导得过且过或故步自封，播音员、主持人当然更不能陷入自我欣赏、盲目"自恋"的误区。这里所说的"自我蒙骗"，是指不要对自己的不足甚至错误的后果过度在意，不要形成巨大的心理压力，避免形成气馁、悲观的负面情绪。面对不足或错误时，一方面采取"自我蒙骗"的方式安抚自己，另一方面要从策略和技术上思考、探索提高专业水平、改善自我的方法和思路，脚踏实地地解决问题。

建立科学、正确、全面的自我认知，才能在具体灵活的对象感的指导下，塑造符合节目要求、受众关注并喜爱的主持面貌。

二、延伸思考

（一）对象感与"演主持"

录制环境、节目时长和内容的限定、传播目标和效果的强调，决定了播音主

---

① 印象管理（impression management）是指人们试图管理和控制他人对自己所形成的印象的过程。通常，人们总是倾向于以一种与当前的社会情境或人际背景相吻合的形象来展示自己，以确保他人对自己做出愉快的评价。参见〔美〕欧文·戈夫曼：《日常生活中的自我呈现》（冯钢译），北京大学出版社2008版；金盛华、张杰：《当代社会学导论》，北京师范大学出版社1995年版。

持这种"说话"方式与人际传播语境中的话语交往迥然不同。在"目中无人"的广播电视传播语境中，初学者自觉走向"人际表达"的对面，甚至刻意修正自己惯常的表达情态，自觉进入自己所设想的所谓"职业状态"中，扮演自认为能够满足节目传播和受众需要的角色，佐之以一整套相配合的用声状态、语气、节奏和眼神、表情、体态语。常见的现象是表演过度的抑扬顿挫，一板一眼、一字一句地念稿，异常性亢奋或隐藏实际情感、拘谨克制等。这是对播音员、主持人这种职业角色认识得不够全面深刻的表现。社会心理学的研究表明，人们在非个人场合下通常都会戴一张面具，以适应自己所处的职业环境和社会环境，但这副面具必须与受众期待相吻合，否则不能获得满意，即"演得不真实"。但是，"职业面具"与"真正的自我"是什么关系呢？

(二) 对象感与播音主持个性

目前普遍存在的"主持面具"有"播音腔""主持调""港台腔"等，主要是由播音员、主持人不从特定的节目内容出发，不以具体真实的对象感为依据，简单、机械地模仿他人造成的，是缺乏专业素养、个性表达能力不高的表现。这种现象的最大危害是导致播音主持面貌趋同，扼杀语言表达的创造力，消磨受众的媒介审美自觉，伤害广播电视节目传播的多样性。更进一步地，节目主持人类型化刻板现象严重。比如，少儿节目主持人多是"姐姐型""哥哥型"，清纯甜美，亲切活泼，模仿儿童的音色、说话的语调、语气，以复制儿童特点的方式实现对象感，这种思维是相当僵化的。孙敬修爷爷宽厚慈爱、循循善诱、娓娓道来的讲故事方式深受几代少年儿童的喜爱和缅怀，而现在却有年轻男主持人带上白色假发和胡子"冒充"老爷爷。新闻主播从板起面孔、拿腔拿调地塑造权威形象到家长里短、插科打诨地扮演"街道大哥"，虽然显现了多元化受众观，但"一窝蜂"追风赶潮的现象依然严重。有个性的播音主持强调服务和引导受众的基本理念，更要落实在具体鲜活的对象感上，特别是巩固播音员、主持人对专业教育的个人内化，发挥符合职业语境要求的个性，避免微不足道、漫不经心、不合时宜的"无意姿态"。

三、实例剖析

任何类型的内容都需要把握对象感，并不是像有人认为的播社论不需要对象感，而生活服务类、谈心类节目的对象感就要强一些。无论哪种语体，把握好对象感才能"有的放矢"地送到受众耳朵里,说到受众心里。当然,生活服务类、谈心类节目惯用第一人称和第二人称指代方式,叙事、摹人、抒情,口语化特点突出,风格亲切平易,易于激发播音员、主持人的对象感,多数情况下以这两类节目为训练对象感技巧的入门篇。

  本书将生活服务类稿件放到实训技巧部分,在实例剖析部分选择讲解稍有难度的节目类型和节目,帮助读者体会如何获得、把握对象感的思维路径。例稿来自于中央人民广播电台文艺之声的《品味书香》节目中的板块《长书短读》。这是一档文化类节目,其中一个板块是为听众介绍、点评一本书,并播讲其中精彩的部分。主持这个节目的难度在于:第一,读书类节目在当下是小众节目,听众通常是文学爱好者,文学素养比较好,审美水平比较高,吸引他们的关注和好评需要创新能力;第二,文学类节目的主持要兼具文质彬彬和晓畅通达,需要较高的语言表达能力;第三,这是一档晚间节目,需要营造一种令人心绪沉静、想象活跃的氛围和意境。剖析的重点主要是针对以上三个难点来说明如何把握对象感。

  男:有限的时间聆听动人的故事。
  女:浩瀚的书海找寻精彩的篇章。
  男:听众朋友,这里是《长书短读》节目,我是主持人××。
  女:我是××。我们的节目来自于中央人民广播电台文艺之声,FM106.6,AM747,欢迎你的收听。
  男:我们节目的播出时间是晚间22:00首播,第二天中午的13:00重播,欢迎大家准时收听。我们本周为大家选读的是由人民文学出版社出版的爱尔兰惊悚大师约翰·康纳利的成人童话《失物之书》。"失物"就是失去的失,物品的物。

  (报栏目头和节目头是主持节目的必要程序,很多主持人在多次重复之后就难免感到失去新鲜感,于是敷衍了事。实际上,每次节目对听众来说都是新的。主持人要设想"今天有些听众是新的""他们对我的节目很好奇"。预告当期节目的主要内容时,通常采用的方式不同,有渐入法,比如用讲故事、幽默聊天;有悬念法,比如用设问、猜谜等方法引出主题;有开门见山法,本次节目用的就是这种方法。开门见山的方式比较简捷,但不等于简单粗陋,报《失物之书》的书名时,主持人很体贴地详解了一下,这是广播节目对象感的体现,为避免听众"只闻其声,不见其字"的疑惑和猜测。这里用了一个长句:"我们本周为大家选读的是由人民文学出版社出版的爱尔兰惊悚大师约翰·康纳利的成人童话《失物之书》。"主持人要用停顿和语势的变化"拆解"这个句子,以便听众能记住关键信息,这也是在明晰的对象感的支配下才能表现出来的。)

女:这本书讲述了二战时,男孩戴维的妈妈得了重病,尽管他小心翼翼,可妈妈还是弃他而去。丧母的悲伤和痛楚,父亲再婚所带来的惊愕和冲击,对继母及新生儿弟弟的嫉妒与憎恶,使戴维不能自已。深深的幽怨在戴维的身边织就了一个幻灵的诡境,他听见了书在说话。黑夜里,丛林召唤戴维,呼唤他进入一个充满残酷、血腥、征伐的险境。小戴维发现从小就和妈妈一起阅读的童话故事发生了恐怖的变化,这里到处都和我们所知道的纯美童话相反,白雪公主、小红帽、骑士罗兰……所有的童话人物都不再美好。在那里,一切如同真实的人生道路,充满了险恶和重重难关。唯有找到神奇国度里那本被遗忘的《失物之书》,戴维才能得到新生。

男:糅合童话、惊悚、恐怖元素、寓言体例和成长故事,这部阴森、残酷、华丽、惊心动魄的成人童话带我们一起思考了爱与嫉妒、恐惧和勇气的微妙关系,以及如何有尊严地面对我们的人生。作者约翰·康纳利,1999年以《夺命旅人》出道。这本惊悚小说创下了英美版权史上第二高价的新人预付版税纪录,令康诺利成为"夏姆斯奖"首位非美籍得奖者,并奠定其"爱尔兰惊悚大师"之地位,《失物之书》是其出道至今的巅峰杰作。

女:今天我们会看到,小戴维失去了自己的母亲,父亲很爱戴维,但他的关心对年幼丧母的戴维来说显然是远远不够的。小戴维开始沉溺在母亲留下的那些书中,这些曾经承载了戴维和母亲美好回忆的书也开始变得伤心起来。不仅如此,现实中的噩梦还没有完结,属于小戴维的痛苦还没有结束呢。

(节目头之后主持人开始介绍该书的内容、趣味和价值。我们知道,听众能否持续收听节目,取决于三个要素:第一是他的收听习惯,例如他是否是该频率或该节目的忠实听众;第二是他的知识背景和审美趣味,通过对节目内容的题材和主持人特点的初步印象,判断是否有兴趣;第三,对节目内容的好奇、喜爱和认同会决定他是否停驻在这次节目上。这三点中有魅力的语言表达起到锦上添花的作用。为了吸引听众,主持人要善于制造冲突和悬念,除了叙事上掌握节奏和逻辑,语言表达上的语气和节奏的变化也很重要。比如:"丧母的悲伤和痛楚,父亲再婚所带来的惊愕和冲击,对继母及新生儿弟弟的嫉妒与憎恶,使戴维不能自已。深深的幽怨在戴维的身边织就了一个幻灵的诡境,他听见了书在说话。"第一句用悲悯的语气为听众交代一个可怜男孩的内心处境,第二句就要改变语气和节奏,用悬念营造一种奇幻的氛围,并且注意这两句要衔接自然。女主持人播讲的小说内容的部分要引人入胜,接着男主持人播讲的部分要回到对这本小说的推介,语气要转换到现实世界的真实客观感上。)

  男:我们今天的互动话题是"我最喜欢的一个童话",《失物之书》是一本惊悚甚至有些血腥的成人童话,应该说很不适合用这本书哄小朋友睡觉。而我们的童年大都有温馨可爱的童话陪伴,那些美丽的故事承载着年幼时候的幻梦、父亲的笑容、母亲的晚安亲吻。你最喜欢的童话故事是哪一个呢?还记得最初看时自己几岁吗?欢迎你参与我们今天的话题讨论。另外,听了我们今天的阅读,也可以谈谈你对这本小说的看法。

  女:我们将在节目最后,从发送短信的朋友当中抽取一位幸运听众,他将获得由人民文学出版社出版的爱尔兰惊悚大师约翰·康纳利的成人童话《失物之书》。

  男:我们的短信平台大家记好,手机用户编写"LY+内容"发送到106620089,目前我们短信平台免费为大家开放。

  女:马上就进入我们今天的阅读吧。

(全媒体时代大众传播注重显性互动,用短信互动、网络即时互动、电话互动、现场互动等方式收集和反馈受众的想法。当主持人提出跟听众互动的话题时,一定要清晰、明确,甚至可以重复,真正让听众理解你的意图和目标。话题提出的目的,不仅追求信息的共享、观点的沟通,也有感情的交流,所以主持人要注意感情的变化和贴切。比如:"我们的童年大都有温馨可爱的童话陪伴,那些美丽的故事承载着年幼时候的幻梦、父亲的笑容、母亲的晚安亲吻。你最喜欢的童话故事是哪一个呢?还记得最初看时自己几岁吗?"这恬淡的话语轻轻地拨动听众的回忆,也许听众不会拿起手机回短信,但是也可能情不自禁地想到一些温馨的画面,同时对节目产生亲近感和认同感。)

从上述分析可以看出,在实践中,设想具体受众的特性,明确传播目的,调动思想感情,塑造有个性的主持面貌,调整状态以贴近受众期待,是获得、把握和运用对象感技巧的关键。同时要注意,三个表达的内部技巧和四个表达的外部技巧是相辅相成、融会贯通的,训练时不能割裂对待,攻其一点不及其余。

四、实训技巧

实践中容易出现两个主要问题：一是没有对象感，播音主持变成了"自言自语""自说自话"，不顾及"谁在听""我要给谁播""你听明白了吗""你说有趣吧"这些重要的沟通和交流；二是貌似有对象感，音色亲切甜美，发"暖声"，但对象感模糊空洞，让受众感到播音员、主持人是在"自我表现""自娱自乐"，不顾节目的内容、色彩和意义。

例1

给烟民的三款健肺保健汤
（节选）

医学认为肺为娇贵的脏器，不耐寒热，最喜清气熏蒸，最恶燥气炎逼。而香烟为热毒燥邪，长期吸烟，最易伤肺，燥热侵袭肺脏，致肺气郁闭，火毒上熏，灼液成痰，最终引起多种症状。在治疗方面，针对肺的生理功能和烟毒的病理特性，多以清热化痰、养阴润肺为法。在这里，我们介绍几条食疗方法，以期能通过"食疗"来预防烟源性疾病，减少吸烟的危害。

第一个就是川贝雪梨猪肺汤。取猪肺120克，洗净切片，放开水中煮5分钟，再用冷水洗净。将川贝母9克洗净打碎。雪梨连皮洗净，去蒂和梨心，梨肉连皮切小块。各物料全部放入沸水锅内，文火煮2小时，调味后随量饮用。

还有一款是仁雪梨山药糊。取杏仁10克，雪梨1个，山药、淮山米粉、白糖适量。先将杏仁用开水浸，去衣，洗净；雪梨去皮，洗净，取肉切粒。然后把杏仁、雪梨粒放搅拌机内，搅拌成泥状。用清水适量，把杏仁泥、梨泥、山药、淮山米粉、白糖调成糊状，倒入沸水锅内（沸水约100毫升），不断搅拌，煮熟即可。随量食用。

思考：

《中华医药》栏目于1998年6月1日在中央电视台中文国际频道开播，每周首播一次，时长50分钟，是中国电视媒体中唯一一档向海内外传播中国传统医药文化的大型电视健康栏目。

作为专题类的健康服务节目，要求主持人传播健康养生知识，树立科学的健康观和东方养生的文化观，为观众答疑解惑，教给观众具体方法。有人认为生活服务类节目要做得亲切，须慢条斯理，一句一个"你说是不是""你看是这样的"，或者多次重复内容，唯恐受众听不明白。关切的初衷是对的，但在表现技巧上要注意"度"的把握，不是"为亲切而亲切"，也不能因重复过多而啰唆，逻辑不清或者逻辑松散不但不能加强理解，反而会让观众越听越乱、内心焦躁。碰到术语、烦琐的步骤、陌生的内容、重要的提示等，播音员、主持人要用停连、重音或者调整节奏等技巧解释清楚，而那些过渡性话语、常识性铺垫就可以清楚流畅地带过。另外，口语不等于简单地运用单句或短句、大量口头语和"大白话"，有些简洁的句子、精练的词语反而能加深印象。在播讲时，要注意使用易于听懂、便于记忆的表达技巧，这叫做"口语表达"。

例稿偏书面化，"最喜清气熏蒸，最恶燥气炎逼""燥热侵袭肺脏，致肺气郁闭，火毒上熏，灼液成痰""先将杏仁用开水浸，去衣，洗净"等，如果对象感不明晰，很难将这些内容送进观众的耳朵，让他们一听就懂。有人说可以"稀释"上述说法，这当然是一种解决的方法，但有声语言表达的技巧是可以在原文一字不改的情况下使内容"口语化"的。

例2

夕阳红·家有妙招
（节选）

张悦：大家好，今天给大家介绍一个保护手的招儿，就是切菜的时候防止把手切着。

黄薇：哎呀，快说说，这样的招儿真是多多益善。

张：噢，你切着过？

黄：唉，一共是两次，一次是切土豆丝，还有一次是切冻肉。

张：切冻肉，那可得小心点儿，那刀太容易打滑了。

黄：没错，就是这个原因。

张：那切土豆丝也是这个原因呐？

黄：啊，不是，那当时因为是"当当当"动作快了点儿。

张：那现在切菜有没有采取什么措施啊？

黄：措施?! 你看看这几个算吗？

（小片省略）

张：我觉得啊，扶菜这个动作呢，应该用手做好使。得把菜都聚拢到一块儿，并且还得边切边整理不是？

黄:哎呀,这谁不知道啊? 不是怕切着手嘛。
张:那也得在不影响正常切菜的情况下实施保护啊。
黄:那请问,怎么在不影响正常切菜的前提下实施保护?
张:那就用家里现成的废旧材料做个小盾牌!
黄:哎呀,又是小盾牌!
张:这次可不一样啊,盾牌更跟手,切菜不伤手。
黄:哪儿不一样啊? 这次是什么样啊?

(小片)

(边带着小盾牌切菜边说)

现场主持人:怎么样? 看上去很不错吧? 我给它起了个名字,叫"护手小盾牌"。

(开始演示怎么做小盾牌)

现场主持人:这个盖子其实就是薯片桶上的盖子,它的大小和软硬度干这事正合适。除此之外,你还需要准备一根皮筋和一根吸管。吸管不能太细,得保证能穿进一根皮筋。你记住了吗? 三样东西都不难找吧? 那么,它们是怎样合为一体的呢? 我这就告诉你。首先在盖子的边沿扎一个小孔,瞧,非常好扎;然后在它对应的另一边再扎一个小孔。现在比照盖子的直径,剪下一段吸管。现在就可以连接它们了。这么做:先在皮筋的一头打一个结,用一根细铁丝钩住另一头,从其中一个小孔穿进来,然后穿进吸管里,再从另一个小孔穿出去,取下铁丝,再在这头打个结,这样一个小盾牌就做好了。

好吧,下面咱们该实际应用一下了,走吧。我这个小盾牌是刚做好的,所以要冲洗一下。其实不管是这个小盖子,还是吸管,以前都是接触食物的,皮筋被隐藏起来了,所以卫生问题你大可放心。好了,我要开始切菜了。

(试验切各种品种的菜)

现场主持人:你看,切起东西来还是手指头扶着菜,还是手指头在吃劲儿。不管是切片儿,还是切丝,它都不碍事,很顺手,和平时切菜的感觉没什么区别。如果切特别软的东西,你可能会担心,会被它划伤,其实不会。我呀,这就切块豆腐让你看一看。切之前,把盖子向上推一推,让它接触不到豆腐,瞧,一点问题都没有。另外,这个小盾牌很结实,土豆比较硬,我还拿它做示范。(把土豆放在盖子上切)你看,土豆成片儿了,它依然完好无损。这说明,咱们平时切菜的力度不会把它切坏。它可以很好地保护我们的手。

现场主持人:用完洗净之后,你只需要和这些东西(厨房墙上挂着的其他炊

95

具)挂在一起就可以了。不用单找地方特意放它。如果你正常使用,可以用很长一段时间呢,赶快做一个吧。

张悦:看出来了吧,这次跟上次的区别在哪儿?

黄薇:啊,看出来了。这主要区别就是材料更好找,用着更方便,而且更跟手。

张:所以我一气做了五个,给你一个。

黄:就给我一个?我刚才听得清清楚楚,她说一共做了五个。

张:怎么跟胡拆(外景主持人)是的呀?

黄:别提他,我不要了还不行嘛。

思考:

《夕阳红》栏目是中央电视台最早开办的老年栏目,开播于1993年10月。《家有妙招》是其中一个子栏目。《家有妙招》是两位女主持人对播的节目,采用聊天的方式,有"角色化"主持的特点,张悦的角色是个宽厚的老大姐,生活经验丰富,包容心强;黄薇则是有点任性挑剔的妹妹,脑子灵活,心直口快,还有点调皮。在对象性节目中,比如少儿节目、老年节目、农民节目等,常常采用"角色扮演"式的播音主持。角色的身份和特点通常与主持人的个性相近,但应节目定位和节目内容的要求,带一些戏剧性的"夸张"。这时,播音员、主持人的对象感就要观照更多的内容。一是表演不能喧宾夺主,表演的趣味性不能妨害内容的功能性;二是要注意受众的普遍审美趣味,不能为了求新求异、吸引眼球而哗众取宠。强调一下,读者最好能将现场主持人的稿件复述下来,一边动手做个护手小盾牌,比画一下切菜,一边讲解过程。这样有利于体会观众收看这个节目时的认知路径和心理反应的节奏。

例3

新闻袋袋裤

(节选)

小主持人1:新闻袋袋裤……

小主持人2:大事小事,事事关注!

成年主持人:大家好!欢迎收看今天的《新闻袋袋裤》。×××,××,你们今天都带来了什么新闻呢?

小主持人1:我们先来快速浏览一下吧!

澳大利亚海底的蓝色精灵,神奇本领会变身;电机治疗网瘾被叫停;16岁英国女孩心脏"休息"12年重复工;神奇机械臂,大脑意念来控制;北京奥运建筑获英国皇家建筑师学会国际大奖!

成年主持人:今天的新闻听起来好像都挺有技术含量的嘛!那你们首先要说的新闻是什么呢?

小主持人1:我们今天首先要说的是画面里这种神奇的蓝唇鱼!

当地渔民的捕鱼行为对蓝唇鱼的保护造成了很大压力。不过,最近当地政府已经在努力改善这种鱼类的生存环境。

(配音)画面上这个在海洋中翩翩起舞的蓝色精灵可谓是澳大利亚人心中的活宝。它在海洋中悠然自得的绅士风度惹得无数澳大利亚人的喜爱。同时,这些小家伙天生温和的性格也为它们赚得了不少人气。当地人给它们起了个可爱的名字:蓝唇鱼。但是,这些蓝唇鱼现在的生活环境却越来越不容乐观。虽然早在七年前,当地政府就在悉尼东部海岸水域设立了相关保护区,专门来保护这些蓝唇鱼,但是,随着捕鱼区的不断扩大,这些小家伙的生存环境正在受到极大的威胁。

小主持人2:这个蓝唇鱼长得就挺憨厚的,不过看起来个头也不算小啊!

小主持人1:这个蓝唇鱼为什么这么受欢迎啊?

成年主持人:因为这种蓝唇鱼长相可爱,性格温和,而且它还很特别!

小主持人1:特别?它哪里特别啊?

成年主持人:它繁衍后代的本领很特别!

(小片省略)

小主持人2:这可真够神奇了!鱼能从雌性变成雄性,我还是第一次见识!

小主持人1:既然这些蓝唇鱼这么可爱又这么独特,那当地人想到什么办法保护它们呢?

成年主持人:为了使这些备受宠爱的"蓝精灵"得到更有效的保护,海洋专家目前给澳大利亚当地保护区的30条蓝唇鱼做上了标记。

(小片省略)

小主持人1:虽然结果还没有出来,不过我倒是希望蓝唇鱼的保护区能扩大一点,这样海底的蓝精灵就能有更好的生活环境了!

成年主持人:认识过了可爱的蓝唇鱼,你们再来说说身边新闻吧!

小主持人1:好的!青少年网瘾的问题一直受到人们的关注。最近,卫生部发布通告,明确要求停止电刺激治疗网瘾技术的临床应用。

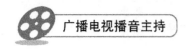

小主持人2:专家表示,电刺激是一种惩罚性治疗手段,用于网瘾治疗是不科学、不安全的。

(小片省略)

成年主持人:青少年的网瘾问题一直是社会各界关注的问题。孩子沉迷网络,往往存在家庭、社会等多方面原因。目前,很多专家认为,要想彻底帮助孩子摆脱网瘾,最重要的还是要让孩子们多参加丰富多彩的活动,从心理上摆脱对网络的依赖!

小主持人1:其实,很多同学依赖网络都是因为孤独,如果在生活中我们能多些朋友进行交流,网络对我们也就不会有那么大的魅力了!

小主持人2:没错!好了,我们再来看看其他媒体上的消息。

(小片省略)

小主持人1:弹过钢琴的同学都知道,弹钢琴不仅是个技术活,也是个体力活。

小主持人2:最近,在特立尼达和多巴哥,一名男子就发起挑战,连续弹奏钢琴超过100个小时。

(同期)最终我破了纪录!

(配音)对于布伦纳来说,这项纪录的确来之不易。连续100个小时,演奏600首歌曲,保持同样的坐姿,还要保持敲击琴键的力度,创了纪录后,布伦纳已经要累趴了。布伦纳说,在弹奏的过程中,他一度都快支撑不住了,甚至出现了精神恍惚。能打破这项纪录,离不开家人和朋友的支持。在他弹奏的过程中,家人和朋友一直在为他加油打气,并帮他擦汗、按摩肩膀。在打破了吉尼斯世界纪录后,布伦纳的下一个目标是能够开一场音乐会,让更多人听到他的琴声。

成年主持人:好了,休息之后欢迎继续收看《新闻袋袋裤》。现在你们来说说今天好玩的资讯吧!

小主持人1:好的!

……

思考:

中央电视台少儿频道的新闻杂志类节目《新闻袋袋裤》是我国开办最早的少儿新闻资讯节目,采用少儿主持人和成年主持人联合主持节目的方式,信息量丰富,内容新鲜有趣,受众定位明确。

《新闻袋袋裤》在老年节目、少儿节目这两种典型对象性节目中,主持人的对象感往往取决于他的身份和社会角色。初学者经常困惑:"我该怎样对老人或孩子说话呢?"笔者认为,简单定位为"晚辈"或者"哥姐型"还是比较模糊。

主持人要剖析自己的性格特点、阅历经验,并提醒自己只要真心而热情地为受众服务,遵守礼貌原则、平等原则、真诚原则就好。并且,随着主持人年龄的增长、经验的增多,主持面貌会自然而然地发生变化的。形象定位、形象维护和主持风格化固然重要,但固守角色会令自己束手束脚,不利于自由发挥创造力。

第三节 情景再现

一、理论阐释

(一)情景再现的概念

在眼前没有画面的情况下,受众依据播音员、主持人的有声语言表达的信息,通过联想和想象,建构出相应的景物、表情、动作、过程等情景。播音员、主持人要通过表达技巧将自己联想和想象的情景尽可能具体、形象、细致地传达给受众。联想和想象不但是播音员、主持人在有声语言创作中的重要心理过程,也是受众理解、感受播音员、主持人语言的不可或缺的能力。联想和想象就是架在稿件、播音员、主持人与受众之间的桥梁,是传者和受众能够产生共感和共鸣的前提。如下图所示:

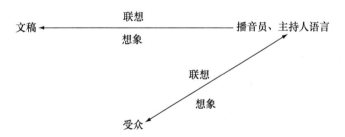

首先,播音员、主持人通过联想和想象把文字转化为景象、形象、感情。两点需要注意:第一,不能漫无边际地胡思乱想,不能天马行空不着边际,要以节目的需要和目的为前提,紧密联系稿件的具体内容;第二,不能形成固定套路、刻板印象,要突出"这一篇"稿件独有的景和情。比如,提到江南就是一幅小桥流水人家的画面,提到西北就是贫瘠荒凉、风沙一片。实际上,江南也有峰峦叠

嶂、恶石林立,西北的天高云淡、山清水秀也曾醉倒过无数看客。播音员、主持人的再造想象不能"生产"劣质影视作品里的"脸谱化"情景。

其次,播音员、主持人联想和想象的情与景不是一个个割裂的、静止的画面,而是用内在的情绪或逻辑线索把一个个场景串接在一起,形成连续的"电影",有过程,有结果。

最后,联想和想象不是最终目的,要把头脑中的情景"形之于声"。要鲜明、准确地弄清楚由景而生的感受、态度、感情与景是什么关联。写景是为了抒情,"景"要为"情"服务,所谓借景抒情。而写情总是以形象为依托,因此联想和想象的场景、画面要具体。"形之于声"就要考虑表达的技巧,运用恰当的停连、重音、语气、节奏等技巧感染和打动受众。

综上所述,情景再现就是在节目宗旨和目的的要求下,以稿件内容为依据,将其中的人物、事件、场景、情绪等形成连续的画面在播音员头脑中再现,并且引发相应的态度、情感和评价,然后采用一定的表达技巧传递给受众,使受众受到感染的过程。

(二)情景再现的过程

情景再现是语言表达的一个重要和必要的内部技巧。播音员、主持人在情景再现过程中应始终处于自觉和主动的地位,这个过程应该包含以下步骤:

1. 理清头绪

如果是景物描写,分析作者的写作角度和写作顺序,作者以怎样的视角切入:是先写景物的整体轮廓,然后写各部分的细节;是先写景物的位置,然后写历史渊源;还是先写景物的特点,然后举例论证……

如果是人物描写,看作者是怎样通过对人物的外貌、心理、语言、行为等的描写突出性格特点的,在哪些方面有所侧重……

如果是事件的记述,看作者是怎样开头、承接、起高潮、结尾的,是以什么顺序叙述的:是时空顺序,还是逻辑顺序?倒叙,还是插叙?……

如果是情绪的表现,看作者采取怎样的手法:是借景抒情,将情寄托于物、事,还是意识流的写法?……

有时可以借用电视镜头的景别来想象画面,是全景逐渐推上去,推到中景、近景、特写,还是特写拉成近景、中景、全景?是仰拍、俯拍,还是侧拍?是长镜头,还是蒙太奇?

理清头绪,关键是过程清楚,条理清楚,细节清楚,落脚点清楚。

理清头绪,不仅需要联想和想象,更需要逻辑。

因此,我们通常在这个步骤花费较多的时间和心血,所谓"磨刀不误砍柴工"。

2. 设身处地

和演员"我就是"不同的是,播音员、主持人的心理定位是"我就在",即播音员、主持人对稿件中所记述的一切如同亲身经历、亲眼目睹,而且是体会到正在经历时的心情和感受。这个步骤中有三点需要注意:第一,"我就在"的心理状态是靠联想和想象得来的,但情景再现的目的不是为联想、想象而联想、想象,注重的是联想、想象的结果:联想、想象的情景是怎样的。第二,"我就在"不是自我陶醉、深陷在稿件中,而是要适当保持与情景的距离感。第三,为了获得真切的感受,播音员、主持人要有意识地使自己的阅历丰富一些、情感细腻一些、观察仔细一些,把现实中的经验与稿件内容融会贯通。这属于广义备稿的工作。

有的读者会问,诸如冲锋陷阵的战斗、天崩地裂的灾难等非同寻常的经历也许一生不会遭遇,怎样做到设身处地呢?个人的经历是有限的,不可能全知全能,但我们可以借助大众传播媒介来开阔视野,增加体验。比如,看一些纪实的专题片,其中的画面可以激发我们身临其境的感受;电影、绘画作品虽然都经过艺术的加工,但我们仍能够从中汲取和借鉴现实性的成分。

在头脑中形成真实、鲜明的画面,从而获得现场感,是设身处地的直接目的。

3. 触景生情

借景抒情或者将情寄托于人或事,都要求播音员、主持人通过联想和想象表达真切的感情。就像苏东坡举头遥望明月,生发出"但愿人长久,千里共婵娟"的美好愿望;林黛玉低头见落花流水,便怅然悲鸣"侬今葬花人笑痴,他年葬侬知是谁"。对于"景"和"情"的想象和体味应注意抓主要、抓特点。不要把稿件的每一句话、每一个字都化为相应的画面,要形成一个整体、流畅的影像,抓特点就是要注意细节,将典型细节突出出来。如果流于泛泛,俗套地、粗疏地去认识情景,很难触发打动人心的感情,情景再现便成了句空话,形同虚设。

触景生情是情景再现的核心。由景而生发出来的情是否能碰触到人们心头最柔软的部分而使人怦然心动,直接关系到情景再现的效果。

因"触"到特定的"景"而生出具体的"情",需要观察细致、善解人意、细腻体验、善于借鉴,并需要经历艰苦自觉、反复打磨的训练才能做到。

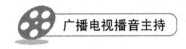

4. 现身说法

跨越"理解—感受—表达"这三关,需要反复"上口"以检验内部思想感情运动的状态是否贴切地表现出来。也就是说,把前面三个头脑中的步骤通过一个恰当的表达方法传递给受众,使他们头脑里浮现出相应的情景,并受到感染,这时播音员、主持人就实现了情景再现的任务。切实考察自己是否做到了以下几点:

第一,稿件中主要的要素是否能化成实实在在的环境,比如事件的历史背景、季节、地点、人物、自然景物、人物面貌、气氛等?

第二,主人公的身份、外貌、衣着、表情、语言特点是否能使他活灵活现?

第三,随着情节的发展,情况是怎样变化的?这种变化是鲜明的还是隐蔽的?变化最大的是什么?变化的结果是什么?是阶段性的环节,是进入高潮,还是接近尾声?

第四,将情景再现四步的"分解动作"融会贯通,反复上口,反复录音,自检有声语言与受众感受的反馈是否贴近。

第五,加上适当的体态语辅助有声语言的表达,比如眼神、表情、手势、身体位置的移动等。

二、延伸思考

情景再现作为播音主持的内部表达技巧,直接决定着语言表达的生动性、趣味性。回忆或描述一个自己亲眼所见或亲身经历的场景或过程,但表达却平铺直叙、枯燥水白,其症结在于或囿于文字表述的逻辑链条,或内心紧张,缺乏掌控心理节奏的自信,只敢用四平八稳的"保险调",不敢把联想或想象中"景"的空间变化转化成语言表达的时间变化,不敢大停大连,不敢"留白",不敢鲜明地表达感情,甚至会觉得"不好意思"绘声绘色、声情并茂地表达。

播音主持的艺术性经常体现在情景再现外化上。其内在的创作机制同其他艺术创作一样,基于丰富、细腻的联想和想象;其外在的表现手法也同样强调色彩、节奏、布局、层次、细节、整体性等。不同之处只是在于播音主持的表现工具和介质不是画笔、颜料、琴弦、音符、刻刀、石材,而是声音和语言。因此,我们要以超越日常平庸的艺术心态,调动审美感,坚定语言表达的美学追求,运用具体技巧实现情景再现。有必要借鉴表演学上的"解放天性",打破自我束缚和成见,追随再造想象的灵感,轻松自由地、充满自信地表达。

第三章　有稿表达的技巧

三、实例剖析

例稿是中央电视台财经频道2009年7月23日播出的《生活》节目一期的片段"中国骄傲——罪恶的子弹"。

对已经发生过的或没有留下画面资料的事实，电视节目采用空镜头或者扮演的方式进行"情景再现"，这不是本书中所说的播音主持的情景再现技巧，但有声语言的介入有利于给不够具体真实的画面赋予"想象的真实"。

每年的7月12日，郭妈妈都要包一盘饺子，饺子凉了热，热了又凉，它在静静地等待，等待着郭妈妈的儿子郭曾回来。

（字幕）1995年6月29日

这一天，山西省太原市北郊区农业银行新城营业所的工作人员像往常一样，在18点40分，按时将当天营业的钱款装上运钞车运往金库。

在运钞车快开到迎新路北三巷的时候，司机从后视镜里发现一辆大卡车，一直与运钞车保持一定距离行驶。

大约行驶了两公里后，大卡车突然加速超车，把运钞车别在了路边。两个人一个拿枪一个拿刀迅速从大卡车上跳下来，几乎是同时，一辆红色桑塔纳突然出现在后面，车上又下来了两个手持凶器的男子，四人径直冲向运钞车。

很快，四个人抢走了装钱的箱子，飞快地跳上后面的红色桑塔纳，箭一般地驶离了事发现场，留下了满是弹孔的面包车和两名被杀害的运钞员。四名歹徒抢走现金30.9万元，案情震惊全国。

如此凶残的劫匪是什么人？警方立刻找来刑侦画像专家，并幸运地找到了几名目击者，按照目击者的描述，画像专家迅速给抢劫者画像。根据多名目击者的描述，四名歹徒的形象被勾勒出来。其中一名戴黑色眼镜的男子，在现场指挥，像是此次抢劫的头目。画像是有了，可是他们究竟是谁？现在在哪儿呢？

就在警方为搜寻这几名犯罪嫌疑人一筹莫展的时候，一辆被废弃在郊区的红色桑塔纳提供了重要的线索，警方顺藤摸瓜拿着画像仔细寻访，很快抓获了抢劫嫌疑人白法义。经过审讯，白法义供认了抢劫桑塔纳及抢劫银行运钞车的罪行，并且还供出了一个令人惊讶的信息——警方内部有人参与抢劫！内奸就是——徐存科。徐存科是谁？

徐存科是太原市公安局防暴队的队员，之前在山西武警部队服役，获得过全国散打冠军，枪法很准，精通各种反侦察手段。但是，周围的人却对他很反感。

（同期）马队长：他是我们公安局的败类，在工作当中，徐存科和同事经常会发生一些口角和摩擦，甚至还殴打他人，而且是不分年龄不分男女，队里有几个队员都被他打伤过。性情比较凶狠。

为了避免打草惊蛇，同时又要防备徐存科逃跑，警方决定，立刻去徐存科家抓捕他。

可是，因为徐存科性情暴躁，人缘太差，防暴队里其他人都和他来往很少，大家都不知道他住哪里。怎么才能顺利地找到徐存科呢？

山西太原市公安局防暴队警务处副处长郭曾正在家睡觉，凌晨响起的呼机上显示的是777，这代表着单位有紧急情况，需要他赶紧和单位取得联系。

因为家里没有电话，他和睡意正浓的妻子简单地说了一句"单位有事，我走了"，就匆匆离开了家，来到距离不远的母亲家回电话。

电话中，领导指示郭曾尽快赶到单位，具体什么事见面再说。临出门，郭曾的母亲叮嘱他，中午回来，给他包饺子吃。

（同期）郭曾的母亲　曾桂兰：自从孩子一执行任务走，我心里就说不来怎么个难受法，着急呀，就像热锅上的蚂蚁，坐不下站不住的。

四十分钟后，郭曾赶到了单位，看到的是荷枪实弹的防暴队员和几位主要领导。这时，郭曾才知道自己的任务——带路寻找徐存科，因为只有他知道徐存科家的具体住址。

郭曾和徐存科相识于散打训练班，同出一个师门，1987年，他们又同时转业成为公安局防暴队的同事。现在听说徐存科参与抢劫运钞车，郭曾毫不犹豫地答应带路去徐存科家。

（字幕）凌晨5点10分

在郭曾的带领下，抓捕队员来到了太原市一个制药厂的宿舍里，几十间平房组成了几条狭窄的小巷。

因为了解徐存科的暴躁本性和一身好功夫，郭曾决定先去敲门，试探一下。

（同期）郭曾的同事　马冀忠：里面一刹那就没有动静了，然后突然又喊了一句"等一下"。

(同期)郭曾的同事　马冀忠:突然小布帘子一下就掀开了。

　　(同期)郭曾的同事　唐力:我们的感觉是他受伤了。

　　(同期)郭曾的同事　马冀忠:他面部正中心有一枪,脖颈贯穿两处枪伤。

　　看到自己的战友受伤倒下,防暴队员迅速与屋里持枪顽抗的徐存科展开对射。

　　(同期)郭曾的同事　唐力:我们能感觉到背后的砖墙上,砖末火星在我们后面都能感觉到。

　　32岁的郭曾走了,留下了60多岁的老母亲和年轻的妻子、5岁的儿子,留给了同事永远的遗憾。

　　……

　　十多年前,身为警察的郭曾用生命捍卫了自己的职责;十多年后,妻子、儿子沿着郭曾的脚印继续前行。弹痕、血迹已经变成了记忆中的片段,但无论时间过去多久,家人都始终生活在郭曾微笑的目光里,在他们心里,郭曾从未离开。

我们按照情景再现的四个步骤分析稿件。

(一)理清头绪

仔细通读稿件,把握两点:一是保持强烈而新鲜的第一感受;二是梳理层次和重点,并形成清晰的认识,做到"心中有数"。

　　看到"每年的7月12日,郭妈妈都要包一盘饺子,饺子凉了热,热了又凉,它在静静地等待,等待着郭妈妈的儿子郭曾回来"这句,我们注意到几个点:"每年""凉了热,热了又凉""等待",基本上就可以确定播音的基调了,逝者已去,怀念并钦佩。

　　同时,这句话又引发了一个悬念:逝者是谁?为何而逝?逝的意义何在?当然,我们知道接着看下去,一定能了解事情的原委。

　　事情的起端是山西太原北郊区农业银行运钞车被抢,破案线索显示公安队伍中有内奸叫徐存科,警方决定抓捕。一波三折,这个徐存科人缘极差且行踪诡秘,警队中只有山西太原市公安局防暴队警务处副处长郭曾知道他的住处,于是郭曾凌晨被唤醒,带领防暴队的同事实施抓捕。

　　悲剧因此发生了,身先士卒的郭曾敲门打探虚实,被昔日的队友徐存科罪恶的子弹打中面部和颈部,当场壮烈牺牲。事情的发展达到高潮,我们对郭曾事迹的联想和感受也到了最丰富和震撼的阶段。郭曾明知对手凶残却勇往直

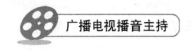

前,冲在最前面,不禁令人钦佩他的"艺高人胆大",同时对他心生崇敬之情。

郭曾烈士身后不仅留下60多岁的老母亲、年轻的妻子和年幼的儿子,更给世人遗赠了一个英雄的典范形象、一种浩然正气。节目的后半部分通过郭曾烈士的同事、母亲、妻子、儿子表达由衷的心声,着重表现烈士给我们的社会留下无尽的怀念和无穷的精神力量;通过当事人同期声的真情流露和解说词的含蓄升华,把整个节目的传播导向体现得非常鲜明。"十年前,身为警察的郭曾用生命捍卫了自己的职责;十多年后,妻子、儿子沿着郭曾的脚印继续前行。弹痕、血迹已经变成了记忆中的片段,但无论时间过去多久,家人都始终生活在郭曾微笑的目光里,在他们心里,郭曾从未离开。"这段解说词朴实真诚、深情坚定,播音员在此要把握住分寸感,"情往深里走"(齐越语),不能夸张或苍白,流于虚假和淡漠。

理清头绪,不仅要熟悉把握文稿的叙事结构和叙事特点,更要明晰哪里有景,景中有何种情。在这个节目的解说词中,案情回顾,郭曾烈士与母亲、妻子话别,郭曾烈士带领同事围捕歹徒,亲友对郭曾烈士的深情怀念,都是一幅幅生动图景,我们要细腻地联想和想象那些画面,调动自己的内心体验,令二者水乳相融。

(二)设身处地

播音员、主持人可以借鉴编剧、导演的工作方法,根据稿件创作一个电视片的脚本,将播音员"我就在"的角色安插到分镜头本中。

人物:三个人物线。一条暗线,即牺牲十年之久的郭曾烈士;一条明线,即稿件中出现的郭曾烈士的同事、母亲、妻儿;还有一条重要的虚线,即跨越时空穿梭于现场的播读者。播读者要像一个"看不见的精灵",能够应稿件内容的指引和提示在不同场景间"辗转挪移",并且精通"读心术",能够预设人物的内心反应和活动。

时间:两条线。一是十多年前,1995年"6·29"大案及"7·12"郭曾牺牲的时刻;一是十多年后,郭曾的同事及亲人的追思和怀念。

地点:事件发生在山西省太原市,具体地点是案发地点和郭曾烈士牺牲的现场。

人物、时间、地点相互关联着,变化着。

场景1:每年的7月12日,郭妈妈都要包一盘饺子,饺子凉了热,热了又凉,它在静静地等待,等待着郭妈妈的儿子郭曾回来。

第三章 有稿表达的技巧

场景2：1995年6月29日

这一天，山西省太原市北郊区农业银行新城营业所的工作人员像往常一样，在18点40分，按时将当天营业的钱款装上运钞车运往金库。

在运钞车快开到迎新路北三巷的时候，司机从后视镜里发现一辆大卡车，一直与运钞车保持一定距离行驶。

大约行驶了两公里后，大卡车突然加速超车，把运钞车别在了路边。两个人一个拿枪一个拿刀迅速从大卡车上跳下来，(画面里边能看得很清楚)几乎是同时，一辆红色桑塔纳突然出现在后面，车上又下来了两个手持凶器的男子，四人径直冲向运钞车。

很快，四个人抢走了装钱的箱子，飞快地跳上后面的红色桑塔纳，箭一般地驶离了事发现场，留下了满是弹孔的面包车和两名被杀害的运钞员。四名歹徒抢走现金30.9万元。

场景3：就在警方为搜寻这几名犯罪嫌疑人一筹莫展的时候，一辆被废弃在郊区的红色桑塔纳提供了重要的线索，警方顺藤摸瓜拿着画像仔细寻访，很快抓获了抢劫嫌疑人白法义。经过审讯，白法义供认了抢劫桑塔纳及抢劫银行运钞车的罪行，并且还供出了一个令人惊讶的信息——警方内部有人参与抢劫！内奸就是——徐存科。

场景4：山西太原市公安局防暴队警务处副处长郭曾正在家睡觉，凌晨响起的呼机上显示的是777，这代表着单位有紧急情况，需要他赶紧和单位取得联系。

因为家里没有电话，他和睡意正浓的妻子简单地说了一句"单位有事，我走了"，就匆匆离开了家，来到距离不远的母亲家回电话。

电话中，领导指示郭曾尽快赶到单位，具体什么事见面再说。临出门，郭曾的母亲叮嘱他，中午回来，给他包饺子吃。

场景5：在郭曾的带领下，抓捕队员来到了太原市一个制药厂的宿舍里，几十间平房组成了几条狭窄的小巷。

因为了解徐存科的暴躁本性和一身好功夫，郭曾决定先去敲门，试探一下。

场景6：十多年前，身为警察的郭曾用生命捍卫了自己的职责；十多年后，妻子、儿子沿着郭曾的脚印继续前行。弹痕、血迹已经变成了记忆中的片段，但无论时间过去多久，家人都始终生活在郭曾微笑的目光里，在他们心里，郭曾从未离开。

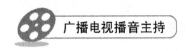

要像梳辫子一样把稿件的主要场景梳理清晰,然后斟酌细节。我们需要注意语言所体现的空间感、时间感、程度感和生理、心理上的感觉等。举例说明如下。

1. 运动的空间感

抓住两个关键词:空间感、运动。空间感是指依照稿件在头脑中形成远近、高低、前后、上下等方位的清晰轮廓;运动就是在方位变化时的方向、速度和位移。

例如,在《中国骄傲——罪恶的子弹》中:

这一天,山西省太原市北郊区农业银行新城营业所的工作人员像往常一样,在18点40分,按时将当天营业的钱款装上运钞车运往金库。(全景,画面中是忙碌的工作人员在装车,没有细节的特写,播音员的声音状态应该是平稳的、声音外送的距离稍大一些,概述往运钞车上装钞票的场景。)

在运钞车快开到迎新路北三巷的时候,司机从后视镜里发现一辆大卡车,一直与运钞车保持一定距离行驶。(过渡,后视镜中的大卡车特写,在播音员的头脑中是一个全景接一个运钞车驶近的中景,再接一个后视镜的特写。声音状态由平稳开始向悬疑过渡,并且声音送出的距离拉近。)

大约行驶了两公里后,大卡车突然加速超车,把运钞车别在了路边。两个人一个拿枪一个拿刀迅速从大卡车上跳下来,几乎是同时,一辆红色桑塔纳突然出现在后面,车上又下来了两个手持凶器的男子,四人径直冲向运钞车。(过渡,近景,声音的距离拉近,节奏加快,语气紧张。)

很快,四个人抢走了装钱的箱子,飞快地跳上后面的红色桑塔纳,箭一般地驶离了事发现场,留下了满是弹孔的面包车和两名被杀害的运钞员。四名歹徒抢走现金30.9万元。(景别从近景慢慢拉开,移动,拉开到中景、远景。节奏从紧张过渡到缓慢,语气愤慨。)

在处理运动感、空间感时,经常会借用镜头语言,形象地"演电影"。这里要注意的是,景别和空间位移之间的处理不能突兀,在声音状态和表达技巧上要注意铺垫和过渡。恰当运用声音弹性是处理空间感的常见技巧。比如,表现近处(景)的时候,一般音量较小,声音位置较低,用较近的"小实声";在夜晚或者一些特殊的场景中,也会用到"小虚声"。表现比较远或者开阔的场景时,通常声音位置较远,音量稍大,音高稍高;非常远而模糊的场景,一般就用声音位置远的虚声了。

当稿件中出现比较重要的表示方位的词或片语时,要用加重声音或稍稍停顿的方法强调一下,让听众有时间想象一下,在头脑中形成画面。

2. 跌宕起伏的时间感

在以时间顺序为线索的记叙中,时间是标志点,是路标,指示听众理清线索、搞清事实。时间的概念包括速度、节奏,速度的快慢、节奏的急缓在声音表现形式上是不同的。

时间感有几层含义:首先,从播音角度来说,有声语言本身是在时间线上流动的;其次,叙事方式通常也是时间表达方式的组合,比如顺叙、倒叙、插叙等;再次,文字表述有"先来后到"的词语序列,播音时就要通过播音员、主持人的时间感将时间的组合勾连起来,让听众有个明确的时间逻辑,便于他们理解节目内容;最后,播音中的时间感也能产生立体画面的感觉,比如,变化节奏是时间上的处理,但紧张的节奏给听众的感觉是景物、人物在活动,而舒缓的节奏给人的感觉相对静态,会联想到稳定的画面。

另外,季节、时代背景对人的情绪、情感也能产生影响。比如,季节不同,景色不同,人的心情感受不同,所暗示的情绪色彩不同。

3. 毫厘之间的程度感

是否能把握好程度感决定了播音主持是否细腻、鲜明。对稿件中的数量、大小、轻重、隐显、表里等的区别和比较要有明确的认识,在表达的时候要略有夸张,以便让听众轻而易举地感受到由程度带来的不同刺激。例如,

  大约行驶了两公里后,大卡车突然加速超车,把运钞车别在了路边。两个人一个拿枪一个拿刀迅速从大卡车上跳下来(画面中可以看得很清楚),几乎是同时,一辆红色桑塔纳突然出现在后面,车上又下来了两个手持凶器的男子,四人径直冲向运钞车。

  很快,四个人抢走了装钱的箱子,飞快地跳上后面的红色桑塔纳,箭一般地驶离了事发现场,留下了满是弹孔的面包车和两名被杀害的运钞员。四名歹徒抢走现金30.9万元,案情震惊全国。

这两段中用了比较多的程度副词来形象地再现当时的画面,增强了节奏,让听众的心跟着解说骤起骤落,如身临其境。

如果不能把程度感表现出来,不但不能锦上添花,还减损了解说词的韵味和魅力。

4. 细腻具体的感知觉

生理的感知觉就是我们的身体对外界刺激所产生的反应。比如对温度、

湿度、气味、味道、疼痛、碰撞等涉及触觉、嗅觉、味觉等感觉系统的反应。心理感受是外部世界的刺激在我们心理上的反应,比如,急躁、狂喜、辛酸、会意、疲惫、期待等。景物描写、心情描写、肖像描写、事件描写等都会作用于人的感知觉。

总的来说,令人舒适、愉悦的生理感觉能够激发正面、积极的心理感受,体现在声音上常是语调轻扬、节奏轻快、吐字偏前、音色偏暖、气息平稳稍提;相反,浓臭、奇冷、酷热、剧痛、刺目、震耳等令人不适甚至痛苦的感官刺激会引发负面的、消极的心理感受,在语气、节奏、音色、气息、吐字等方面都要表现出一种异常的状态。当然,很多心理感受不是因感知觉引发的,而是由事实、观点、经验等触动的。比如:"十多年前,身为警察的郭曾用生命捍卫了自己的职责;十多年后,妻子、儿子沿着郭曾的脚印继续前行。弹痕、血迹已经变成了记忆中的片段,但无论时间过去多久,家人都始终生活在郭曾微笑的目光里,在他们心里,郭曾从未离开。"一位普通警察的生命逝去是有重大价值的,为保护和追回国家人民财产的牺牲超越了个人的幸福美满,成就了一种社会正气和人生意义的圆满。播音员播读这段文字时的感情来自于价值观和人生体验。

设身处地这个步骤就是对稿件作者所表达的情感、思想、感受进行设想,从第一人称的角度、以第一人称的身份去体味并产生感同身受的感动。

(三)触景生情

触景生情就是依据稿件,提取我们大脑中对各种情绪、情感的记忆。打个比方,当我们看到波涛汹涌的大海,会想放声高喊,以抒发激情满怀的感慨;当我们看到枯叶满地、大雁南飞,会黯然神伤,有悲秋之意。在触景生情这个步骤,我们主要解决的是"情从哪里来"。

除了应"景"生"情",还要联系事情的大背景和总体感情,并从相关资料中得到更多的启发。

例稿中的郭曾烈士生前任太原市公安局防暴警察支队警务处副处长,在围捕"6·29"特大持枪抢劫杀人罪犯的战斗中,不幸中弹壮烈牺牲。在治安队时,为了查获一个贩毒团伙,他和战友乔装改扮成毒品购买者深入虎穴,巧妙地应付了毒品贩子的盘查;在生意成交时,凭借过硬的武功,一举擒获了贩毒贩子,人赃俱获;在古交山追捕越狱持枪杀人魔王王彦青、吴双喜时,防弹背心不够用,他让给同志用;在北郊守候抓获蒙面持枪抢劫杀人犯安春林时,他把同志们安排在最隐蔽的地方,而他却留在最显眼最危险的地方。到评功授奖时,他却把同志们推到前面。也正是因为郭曾烈士长期形成的工作作风、工作习惯,他才能在"6·29"战斗中,直面凶残的徐存科的子弹。这些材料令郭曾烈士的形象在短短几十分钟的节目中变得充实丰满,对于我们理解和感受一位英雄的行为和精神大有裨益。

(四) 现身说法

把作者想传递给读者的、播音员所感受到的,通过有声语言惟妙惟肖、绘声绘色地传达给受众,这就是播音员、主持人运用情景再现的目的。在现身说法这个步骤中,播音员对稿件进行二度创作,是在传播和分享两个人的感受和思想。由此,我们知道现身说法是多么重要。

要做到现身说法,需把握两种文体的特色。一种是文学性稿件,比如,散文、小说、诗歌等;另外一种是非文学性稿件,比如,新闻性稿件等。文学性稿件一般情随景移、情景交融的特点比较突出,所以播读时注意恰当地运用夸张的手段,"传情"的成分更多一些。非文学性稿件的"写景"兼有交代事实和抒情的功能,应表现得客观、平实些。如果过于夸张,则削弱了写实性、新闻性稿件的真实性,不利于传播的信度和权威性。现身说法是实施情景再现的最后的步骤,没有前三个步骤的铺垫,现身说法就成了空中楼阁。

理清头绪—设身处地—触景生情—现身说法这四个步骤是一个有机的、循环的系统,并不是必须按部就班地进行,在备稿时间紧迫的情况下,可以根据自己对稿件熟悉和把握的程度,将四个步骤统合起来,综合理解和感悟稿件;如果稿件的难度较大,可以着重对某个细部反复琢磨、体会。

四、实训技巧

例1

主持人口播:今天凌晨,北京西城区西单购物中心发生火灾,一楼部分店铺被烧毁,所幸没有造成人员伤亡。

(口划)凌晨1点45分,北京市119消防指挥中心接到群众报警,称北京西城区西单购物中心发生火灾,接警后,消防指挥中心立即调派9个中队的40部消防车、共260名官兵赶赴现场实施紧急扑救。据了解,火灾从西单购物中心一楼西侧的育青食品店最先冒烟起火,消防部门赶赴现场后,在第一时间对商场内 79 名值班工作人员进行了快速疏散,并对一楼着火的店铺进行了全面扑救,使火情在 15 分钟时间里就得到了基本控制,并将明火区全部控制在一楼部分商铺。2 点 46 分,明火被全部扑灭。

记者现场报道:这里就是发生火灾的西单购物中心临街的铺面,今天 119 接到火警后,经过一个小时的奋力扑救,现在大火已经完全被扑灭了,北京市消防局的现场勘查人员正在对火灾的原因进行进一步的调查。我现在所站的位置就是曾经被大火烧过的地方,站在这里依然可以感觉到一定的辐射热,用手摸一摸屹立在购物中心门口的石狮子,还可以感觉到它是热的,用手碰一下,有石头的碎渣掉下来,可见当时的火还是比较大的,所幸大火并没有造成人员伤亡,而且过火面积也就是临街的 110 平方米左右的铺面。

来源:中央电视台新闻频道《朝闻天下》,2009 年 6 月 14 日。

思考:

对于灾情的报道,时间、地点、程度是重要的信息。像这样单一场地的火灾,地点要素很清晰。由于火情是有进展过程的,所以时间要素显得更重要些。西单购物中心处于大型商贸圈,附近还有居民,因此火情导致的后果也颇令观众关心。

在情景再现中,记者的时间感不仅表现为告知清晰的时间脉络,还要申明具体时间点上事态的进展节奏和后果。在时间脉络中,要特别强调一些关键的时间点,比如:"火情在 15 分钟时间里就得到了基本控制,并将明火区全部控制在一楼部分商铺。2 点 46 分,明火被全部扑灭。"

例 2

二哥:前些天,一位名叫张金秋的观众给我们节目打来电话,说他可以解开悬棺之谜。悬棺是中国南方古代少数民族的葬式之一,早在 2600 多年前的春秋战国,古人把棺木都置放在悬崖峭壁大概半腰位置的天然洞穴里。那远古时代的人们到底是用什么办法把重达上百公斤的棺木送进高高的崖洞里去的呢?

(标题)巧用杠杆原理解开悬棺之谜(记者 张琳 见习记者 裴蕾 摄像 刘研)

解说:这些棺木是怎么被放置到悬崖峭壁上的洞穴里的呢?几千年前古人用的是什么办法,至今也没有明确答案,这悬棺看来真是悬。观众张金秋说他用一个简单的原理就能解开这个谜,着实让二哥我好奇了一把,这个被人研究了数千年的谜题真的就像张先生说得那么简单吗?

采访:(画图)采用杠杆原理,把杠杆支在洞穴中,以洞穴底部作为向上支点,洞穴顶部作为向下的支点,吊起棺木,运棺材就用滑轮,一端是棺材,另一端是在河流中的船。

解说:通过杠杆和滑轮,棺材是可以吊起来了,可是到这一步,二哥我又纳闷了,棺材挂在洞穴外,又怎么才能进洞呢?看二哥我这么多疑问,张先生干脆做起了模型演示。

解说:(配演示画面和同期)设想工人带着工具先进洞,在洞里搭杠杆,一根的力量不够就多弄几根,然后把上下左右都固定住,在洞里的杠杆架子下,要多搭几根木条,棺材进洞可就靠它们了。等棺材通过滑轮上升到洞口处时,就把绑棺材的绳索绕过横梁再系到棺材内侧,这样再一拉绳索,棺材就能滑着底部的木头进洞啦!怎么样,你看明白了吗?

采访:木头可以承受重量吗?

受访:可以的,这种办法省功又省时,还很简单,很安全。

解说:张金秋对自己的这个解题法可是相当有自信的,从事结构专业的他,平常就特别喜欢研究各种谜题。要二哥我说啊,张先生可以再论证完善完善他的想法,没准儿他这个办法还可以申请专利呢。

来源:天津电视台公共频道《新城市 新空间》,2008年6月24日。

思考:

这是一档有趣的民生新闻栏目,颇受天津观众喜欢。主持人以"二哥"的身份出现,跟老百姓"套近乎",显得亲切随意,趣味横生。情景再现不但要处理大的空间、时间,还要解释一些微小的、相对的位置。这篇稿件就解释了古代工匠是如何在悬崖和河道这个相对位置上安置棺木的。如何将相对位置和位移讲解清楚,关键是找到和处理好关键词,例如:"采用杠杆原理,把杠杆支在洞穴中,以洞穴底部作为向上支点,洞穴顶部作为向下的支点,吊起棺木,运棺材就用滑轮,一端是棺材,另一端河流的船上。"再如:"设想工人带着工具先进洞,在洞里搭杠杆,一根的力量不够就多弄几根,然后把上下左右都固定住,在洞里的杠杆架子下,要多搭几根木条,棺材进洞可就靠它们了。等棺材通过滑轮上升到洞口处时,就把绑棺材的绳索绕过横梁再系到棺材内侧,这样再一拉绳索,棺材就能滑着底部的木头进洞啦!"

第四节 内在语

一、理论阐释

（一）内在语的概念

播音主持艺术中的内在语不能简单地理解为"话里有话""正话反说""话外之音"。我们把语言所不能表露、不便表露或者没有完全显露出来的语句关系、语句本质称为"内在语"[①]。我们在生活中常说的"弦外之音""言外之意"及表演专业中的"潜台词"都属于内在语内涵的一部分。

古人云："只可意会不能言传。""不能言传"是指言语并不能完全传达说话人要表达的内容或要实现的意图。原因大概有：不能表达，不敢表达，不便表达。不能表达是指语境不允许，或者说话人囿于思想水平、思维能力、表达技巧等不能清楚表达想法，"有话不会说"；不敢表达是指所要表达的内容与时间、场合、社会环境、心理状态、语境等有冲突，使说话人"有话不敢说"；不便表达是指由于总体构思、谋篇布局、语言组织、即兴反应等原因，有些内容会"潜藏"在言语的背后，"有话不直说"。但是，"不能言传"也可"意会"，因为通过对语境的认识、理解和对有声语言的语气的感受判断，能领会到说话人的意思。在有声语言表达时，通过声音的感情、态度等的色彩和分量将"隐藏"的意思表露出来，就需要运用内在语的技巧。

（二）内在语的把握

挖掘内在语，要注意两个方面：一是语言链条的承接，一是语句本质的区分。

下面举例说明。

语句链条的承接是指，一个句子内部或句子与句子之间、段落的开头和结

[①] 张颂：《播音创作基础》，北京广播学院出版社2004年版，第70页。

尾的位置,利用内在语的接应、解释和转折的功能,形成一个意群或几个意群一气呵成、浑然一体的整体效果和感觉。先看这样一条消息的导语:"参加2001年高考的高龄和大龄考生成绩普遍偏低。但教育部表示,不会因为这些考生成绩的原因而取消这一新的举措。"为了使语气显得不是很突兀,你可以在开头加上这样一句内在语:"你知道今年有很多老人参加高考吗?他们的勇气可嘉,虽然……"这样就把播音员、主持人的态度和消息的目的统一起来了,这条消息是想告诉人们,虽然今年高龄和大龄考生的高考成绩不理想,但他们仍然有机会,今后还可以再考。这就是语句链条的承接的第一种情况:发语作用。

这条消息的主体部分是这样的:"今年高考首次取消了年龄限制,全国共有16 000名高龄、大龄考生参加高考。其中60岁以上的有10人,年龄最大的73岁,平均年龄45岁左右。据不完全统计,这些考生的成绩一般在15分到300分之间,但也有少数大龄考生的成绩较好,广东省一位大龄考生的分数距本省本科最低调档分数线只差6分。……"在导语和主体段落之间,我们可以加上这样的内在语:"你可能早就知道……"这句话在这里所起的作用就是承上启下。这是语句链条承接的第二种情况:转换作用。

这条消息的结尾是这样的:"教育部有关负责人表示,希望这些考生不要泄气,来年可以再搏。"内在语就是鼓励今年失利的大龄考生,一次考试不能定输赢,总结经验教训,明年还可以再考,不会受到限制,国家支持大龄考生参加高等学历教育的考试。无疑,这是给心存疑虑和犹豫不决的大龄考生吃了一颗定心丸,坚定了他们的决心。消息虽然播完了,但国家对全体公民受教育权利的尊重和保护,通过内在语体现出来。这是语句链条承接的第三种情况:回味作用。

综上所述,处理承接语言链条的内在语,要注意以下三点:第一,作为发语的内在语,比如播开始句时,可以用"大家注意,我要说的是……"的内在语,抓住受众的注意力,给下面的"类交流"做铺垫。第二,作为承上启下的内在语,比如句子之间、意群之间、段落之间存在着具体的承续关系,可通过一些表示连接、转换的词语、短语将其准确地暗示出来,以便让受众把握逻辑,便于接受。第三,作为回味的内在语,一段内容结束,要在语势上给受众一个暗示,表示对上面内容的思考和回味。

语句本质的区分,是指利用内在语揭示、感通的作用,把句子、句群、段落、层次的内在含义明确恰当、细致深刻地表达出来。一般情况下,语言和内在的含义是一致的。但有时语言与内在的含义是不一致的,语言表面上是这个意思,但深挖一下,发现实际上它是那个意思,而且两种意思往往是大相径庭,甚至是相反的。上面这条消息选自中央电视台的报道,主标题是《高龄考生成绩偏低》,副标题是《教育部表示不会因此取消这一举措》。用大字号、主标题处理"高龄考生成绩偏低",而用小字号、副标题处理"教育部表示不会因此取消这一举措",给观众的感觉是编辑强调高龄考生参加高考结果并不理想的事实,而不是消息的主旨即国家对大龄考生的支持和鼓励。这样的内在语表达没有准确体现消息的本义。又比如,同样是导语"参加2001年高考的高龄和大龄考生成绩普遍偏低。但教育部表示,不会因为这些考生考试成绩的原因而取消这一新的举措,"如果内在语变成"又考不好,这不是凑热闹吗?国家怎么还让他们考啊?",就使语言和其内在含义相反了。由此可见,内在语掌握语言传播的"生杀大权",不同的内在语决定了语句本质的不同。

综上所述,处理语句本质的区分,应着重注意两方面问题:第一,语句本质与字面意义相符,是同向关系时,内在语与之一致。第二,语句本质与字面意思不符或相反,即异向关系时,内在语的处理就要特别谨慎,仔细揣摩,一方面弄清楚个中真意,一方面将语句表面意思和"言外之意"的异向关系鲜明揭示。比如,同一句话"真是件好事",如果用肯定的语气,"没错,就是件好事",内在语与字面意义就是同向的;如果表达否定的意向,"怎么可能是件好事?""明明是坏事",内在语与字面意思就是异向的。

从上面的解释可以看出,内在语的挖掘和把握要靠逻辑的思考和感受,对具体语境中的真实意图进行推断和体验。在初学阶段,读者可以将内在语外化为文字,无声地"嫁接"到稿件原有的语句序列中,技巧纯熟之后就不必把内在语"字化",只需要暗示出相应的含义即可。

(三) 内在语的层次

内在语有类型、分量、层次之分。稿件全篇的内在语是播讲目的,落实在语句的主次关系上,靠语气来实现。备稿时,首先要找出稿件的主要部分和重点层次,抓住文章的主脉,就不会偏离主旨和目的。稿件的层次与层次之间、部分与部分之间通过语句的衔接体现转承关系,前面的内容与后面的内容是什么关系,承前启后的方式是怎样的,这些都是挖掘内在语的依据。在语句中,内在语就是具体态度。态度包括判断和评价,具体的态度就是在分寸上有差别的判断和评价。表达全篇的或语句的内在语要与其他表达技巧协调配合,否则会使全篇支离破碎。

二、延伸思考

在一些纪录片、专题片中,意韵生动、蕴意深厚的解说词富有语言艺术的美感,很多稿件追求南宋诗论家严羽所说的那种境界:"盛唐诸人惟在兴趣,羚羊挂角,无迹可求。故其妙处,透彻玲珑,不可凑泊,如空中之音,相中之色,水中之月,镜中之象,言有尽而意无穷。"(《沧浪诗话·诗辩》)"言有尽而意无穷"是文字表达的极高境界,对播音的要求相当高。这里的"言有尽而意无穷"不仅言简意赅、技巧洗练,而且意象丰富、圆融通达。准确细腻的内在语,才有可能表现出"意无穷"的幽邈寥远、回味悠长。把握、挖掘内在语需要严谨的逻辑思维能力和复杂敏锐的感受能力,运用内在语技巧需要扎实的语言基本功和具有美感的声音表现力。虽然通俗化、大众化的广播电视节目中少有高远雅致、阳春白雪的语言表达,但"言有尽而意无穷"的传播境界和审美体验还是应该作为追求的目标,它也正是播音艺术和播音美学中"语感通悟"的价值体现。

三、实例剖析

下面以中央电视台新闻频道周六晚播出的《新闻周刊》的一期节目为例,来具体分析如何运用内在语的技巧。例稿是 2009 年 8 月 30 日播出的《本周视点:我们在一起》的部分解说词和主持词。

主持人:本周,岩松正在台湾的南部灾区进行采访,遭受了台风"莫拉克"重创的台湾,目前的救灾和重建的情况怎么样?本周视点,我们交给在台湾的岩松。

白岩松:我现在是在台湾高雄县的小林村,小林村正是这次"8·8"风灾当中受灾最严重的一个村落,受灾有多么严重呢?大家看我的身后,一个绿顶的房子和一个红顶的房子,是这个村子里头剩下的仅有的两个房子。刚才我去靠近了一下,结果发现门还是开着的,只有很多条狗守候在门前,我想狗一定有逃生的方法,但是它们似乎拒绝离开,还守候着它们和主人共同的这个家园。受灾有多严重仅仅这两栋房子还不足以说明,大家来看看我们镜头里现在的这片土地,其实这片土地是新生出来的,把这片土地向下刨五到六米,才是原来小林村的土地,也就是说这些沙石以及树桩子等,都是在"8·8"风灾之后,在大雨的侵蚀之下,从山上山体滑坡下来,将整个的小林村覆盖了,覆盖了有五六米之深,由此可见小林村的受灾之严重。到现在的死亡人数依然还无法给出一个准确的数字,有的说近四百,有的说超过四百,还有的说可能会有五百人之多。正是这样一个过去连台湾人都不太知道的小林村也牵动着好多大陆同胞的心。

(画面:岩松艰难下到小林村废墟上,跨过急流前往唯一幸存的房子。)

解说:距离8月9号凌晨泥石流袭来的致命一刻,已经过去了20天,洪水退去,满目疮痍。昔日生机盎然的村庄,如今一片死寂。盘旋在上空的直升机,只是为了录像和拍照存证。小林村还有280多名幸存者,他们暂居在本乡的龙凤寺里,一日三餐就由寺里供给,经常有慈善机构前来发放慰问金,寺里有免费的网络和长途电话,房间虽稍显拥挤,但有空调,还算舒适。在义工传统深厚的台湾,这样一个灾民安置点,每天会有200多名义工前来帮忙。

解说:本周,台湾地区立法机构通过了灾后重建条例,而小林村的幸存者也最终做出决定,不再挖掘亲人的遗体,他们希望在这里能树一座纪念碑或者建一座纪念馆,而新的小林村需要选址重建。此外,台湾南部各受灾地区正在加紧完成环境清理,尤其是洪水带来的大量淤泥,政府要求在29号前清完,然后灾区就要进入重建阶段。同时,卫生防疫的压力也越来越大,目前岛内的甲型H1N1流感呈扩散趋势,各地重症病例不断出现,有专家甚至警告说,2300万人口的台湾,最终可能会有700万人感染甲流,这样的消息让人心惊。现在救灾部队和灾民安置点都出现了甲流聚集感染的状况,而下周中小学就要开学了。

(同期:山歌)

解说:截至本周五,"莫拉克"台风已经造成台湾461人死亡,254人失踪。一家当地媒体评论说,最悲惨的境遇往往最能擦亮人心。嘹亮的山歌回荡在三地门,这是自发赶来运送物资的居民唱来鼓劲的,灾后的台湾,社会各界都在行动,帮助灾区渡过难关。

(采访台湾各地居民)

解说:这是一位急诊室的医生,想到被困山中的灾民缺医少药,他自己收拾了重达十公斤的药品,经过四五个小时的徒步跋涉,赶往灾区。

(采访志愿者)

解说:在台北的一个市民捐助点,从一开始设立,来送物资的人就络绎不绝。

（参访捐赠者）

解说：在灾后的一场慈善拍卖会上，连战夫人连方瑀捐出了一对价值3万元人民币的花瓶，几位台湾企业家的夫人也捐出自己心爱的衣物参加拍卖。类似这样的拍卖会，在台湾各地有很多。

（台北市民：很多人都说他现在失业，他或许没有钱，他或许没办法捐物资，但是他有血，他有热情，可以去捐给这些南部的灾民。）（黑起黑落）

（慈济为灾民祈福的晚会）

（歌声，表演者配手语：一颗心，装满爱，风再大，不飘摇。）

白岩松：看完刚才的这个段落，相信大家已经知道了，台湾的小林村已经几乎不复存在，但是那些幸存的小林村的村民现在在哪里呢？在我的身后就是距离小林村13公里的龙凤寺，现在小林村的很多幸存村民，还有甲仙乡其他一些"8·8"风灾幸存的村民，都临时安置在这里。刚才我也进去转了一圈，作为一个临时安置点来说，各方面的条件可以说相当相当不错，但是再不错，相信小林村的幸存村民也还是期待着自己未来的家究竟在哪里，在哪里可以重建呢？就在本周，幸存的小林村村民通过投票表决，73票对31票，决定在小林村只有3公里之外的五里埔来建设未来的小林村，但是谁都知道，这注定会是一个相对漫长的过程，在这样漫长的过程里，不仅需要小林村幸存村民自己艰苦的努力，也需要来自社会各界的帮助。

（台湾媒体资料，采访救灾官民。）

解说：同一时间，网络社群的成员组团南下救灾，进驻林边，风灾也让更多人感受到施比受更有福。灾后20天，在台湾，有悲伤，更有坚强。家境贫寒的少年捐出了自己的全部奖学金；正在服役的士兵完成部队任务后，徒步赶回交通阻断的家乡参与救灾；陆军航空兵里一对兄弟，请命驾机返回家乡，在极其恶劣的自然条件下，与另两名职业搜救队员出身的同村青年一起，把全村150多名乡亲全部解救到安全地带，被称为完成了几乎不可能完成的任务。在泪水与汗水中，历经劫难的台湾岛，正在艰难站起。

白岩松：我现在站在一座断桥的对岸，这座桥和这条公路向那个方向去走的话，通往的是台湾高雄县六龟乡的一个新开部落，而这边是通往外界、通往救援的方向。但是"8·8"风灾发生之后，里面一共有32户被泥石流给整个埋掉了，但是叫天天不应，叫地地不灵，跟外界完全没法取得联系。于是当时新开部落的一个负责人就想到了这样一个方法，他在那个断桥的边上,用打弹弓的方式,打过来一个纸条,告诉大家一共死亡了多少人,但是没有得到回应。于是他又用一个大纸牌,写了"死亡 23 人 SOS"立在了桥边,终于被桥这边的人看到了。一天之后,救援的部队赶到了。这个经历也成了这次台湾"8·8"风灾当中让很多人难忘的一件事。可以想象,对于这样一个突然垮塌掉的两岸,需要用一种特殊的方式来沟通。其实在"8·8"风灾发生之后,海峡两岸之间的沟通是顺畅的。

（采访大陆官方和民间的支援）

（高金素梅访问大陆,表达感恩。）

主持人：今天距离台湾的"8·8"风灾发生已经有 21 天的时间了,是不是所有的事情都已经进入到灾后重建呢？其实不一定,比如现在我就是在屏东县的一个乡里头,大家能够看到周围的这种局面依然还很糟糕,因为淤泥在这个小城市的街道里头到处都是。这是因为在中午休息的时间,所有的施工人员也就是清淤泥的施工人员暂时离开,但是依然还需要十几天的时间,才能恢复正常的生活秩序。于是由这样一个细节大家也能够感受到整个台湾"8·8"风灾的灾后重建会是一个非常漫长的过程,也自然需要我们很多人投入其中。虽然在爱的过程中也会有一些杂音,比如很多民进党的人士邀请达赖来台就是其中非常大的一个杂音,但是我觉得,我们最终还是要相信爱的力量,它能够消融很多事情,祝福台湾。

"我们在一起",一个很普通的句子,包含了丰富的意义和感情。"我们",不仅指台湾各族同胞,还是大陆同胞、台湾同胞和全体华人加在一起的"我们"；"在一起",是在"98 华东水灾"、"5·12"汶川地震、台湾"8·8 风灾"时,大陆同胞和台湾各族同胞在一起。"我们在一起"不是一个动作或行为,而是一个长期的态度和过程。在这个过程中,灾难时我们在一起,喜乐时我们在一起,误解时我们在一起,危机时我们也坚持在一起。这就是这期节目的传播目的,是节目的整体内在语。

主持人白岩松主持的一个特点是以形象化的现场细节表达一个饱含深意的内在语。比如,"大家看我的身后,一个绿顶的房子和一个红顶的房子,是这个村子里头剩下的仅有的两个房子。刚才我去靠近了一下,结果发现门还是开着的,只有很多条狗守候在门前,我想狗一定有逃生的方法,但是它们似乎拒绝离开,还守候着它们和主人共同的这个家园。"主持人带领摄像机镜头聚焦在颜色鲜明的两座房子的屋顶上,这是仅存的地面上的建筑物,可见灾情的严峻。而那不能称之为房子的房门口却有多只狗不愿离开,主持人说"它们似乎拒绝离开,还守候着它们和主人共同的这个家园",这一语双关的隐性类比表达了生命的共同情怀"故土难离"。这个内在语令观众感慨唏嘘、回味悠长,通常把这样的内在语叫做回味性内在语。

"正是这样一个过去连台湾人都不太知道的小林村也牵动着好多大陆人的心。"播读这句时需要强调"连台湾人都不太知道的",这样一个内在语就把一个名不见经传的台湾小村庄与数以亿计的大陆同胞牵连起来,以密切关注和热情援助为桥梁,搭建起"我们在一起"的感情基础。

"昔日生机盎然的村庄,如今一片死寂。盘旋在上空的直升机,只是为了录像和拍照存证。"死寂的村庄并不是死一般的悄无声息,上空还盘旋着直升机。直升机做什么用的?空降士兵?空降物资?喷洒消毒药水?都不是,没有任何救援的举措,只是在"录像和拍照存证"。这句话里的"死寂""直升机""只是"几个词,把简单的词语序列变得丰厚起来,昔日生气勃勃的美丽村庄已经"无药可救",村民的伤心、电视机前的观众的痛心都隐藏在这些词语的背后,需要主持人设身处地地体味。这里需要一个转接性的内在语,把地上的死寂、空中的轰鸣转接起来,不只是简单的对比,而是表达在肆虐的风灾、水灾面前,人类的无能为力。

"我现在站在一座断桥的对岸,这座桥和这条公路向那个方向去走的话,通往的是台湾高雄县六龟乡的一个新开部落,而这边是通往外界、通往救援的方向。但是'8·8'风灾发生之后,里面一共有32户被泥石流给整个埋掉了,但是叫天天不应,叫地地不灵,跟外界完全没法取得联系。于是当时的一个新开部落里的负责人,就想到了这样一个方法,他在那个断桥的边上,用打弹弓的方式,打过来了一个纸条,然后告诉大家一共死亡了多少人,但是没有得到回应,于是他又用一个大纸牌,写了'死亡23人SOS'立在了桥边,终于被桥这边的人看到了,于是一天之后,救援的部队赶到了。这一个经历,也成了这一次台湾'8·8'风灾当中让很多人难忘的一个过程。"观众从这段话和背后的画面中,不仅了解了新开部落自救的方式,也为他们的聪明和执着而感动。这段话的最后两句"可以想象,对于这样一个突然垮塌掉的两岸,需要用一种特殊的方式来沟通。其实在'8.8'风灾发生之后,海峡两岸之间的沟通是顺畅的",是主持人白岩松经常运用的类比的方式,准确到位,既成为节目内容承前启后的过渡,又是主持人将观众的注意力从信息层面、知识层面、感情层面引领到理性思考层面的设计。

"虽然在爱的过程中也会有一些杂音,比如很多民进党的人士邀请达赖来台就是其中非常大的一个杂音,但是我觉得,我们最终还是要相信爱的力量,它能够消融很多事情,祝福台湾。""爱的过程"并不是简单的、一帆风顺的,我们清醒地认识到"民进党的人士邀请达赖来台"只是杂音,虽然是个"非常大的杂音",但我们选择"相信爱的力量",主持人的内在语清晰地表达了我们认识到两岸同胞的互助互爱的过程中有坎坷,但双方都坚定地选择用"爱的力量"就能解决历史遗留问题和现实沟通的问题。同时,也表达了无论面对怎样的障碍和险恶,我们都"祝福台湾"。

最后提醒读者注意以下问题:第一,可以用"完形填空"的方式把内在语形成腹稿链接在稿件已经表达出来的语句之间。最好不要写成文字,以免紧张时播错,更不要逐字逐句地默念内在语,以免影响稿件内容的贯通和流畅度。第二,切忌为找内在语而找内在语。不是每句话都需要内在语。上文中曾提到发语性内在语、转接性内在语、回味性内在语、强调性内在语,并不是说内在语只有这几种类型,我们可以根据稿件的具体内容与自己的理解和体会把握正确的内在语,具体问题具体分析,要相信自己的判断。第三,开始进行内在语的训练时,可能会出现茫然不得要领、百思不知内涵的现象,不必急躁,结合例稿分析,边理解、边消化、边领悟,熟能生巧。第四,自我训练要由易到难,循序渐进。开始时,用一看就懂的稿件,夯实对内在语的感性认识,建立自信心,然后逐步尝试复杂的、深刻的、有难度的稿件。这是逐步提高的过程,切记"欲速则不达"。

四、实训技巧

本着循序渐进的原则,下面先采用趣味性较强的稿件进行训练,随后逐步提升难度,播读内涵和韵味丰富的文化类节目的稿件。

例1

今日体育快评,点评体育圈内圈外的新鲜事。今天节目一上来,就要给大家看一张照片,这是在不久前上海举行的一场人才招聘会的现场所拍摄的照片,看看这人头攒动、人与人之间前胸贴后背的情景,你不得不对这样一种争先恐后的场面叹为观止。全球金融危机的大环境下,可以预见的是,2009年这样的场景会随处可见,而招聘会必将成为最受大家追捧的活动之一。你要问了:"刘鹏,体育快评,说这些不相干的做什么?"唉,谁说这不相干呢?体育也是一份职业,既然全球就业形势都不乐观,咱们体育界也不可能置身事外,而职业化时间最早、程度最高的中国足球自然就是首当其冲。

第三章　有稿表达的技巧

接下来请看漫画,2009中国国内球员的转会大门已经关上,被挂牌的480名球员中,只有40名球员找到了下家,仅占总人数的8.3%,创下历史新低。一方面,上榜人数众多;另一方面,摘牌的人又太少。这2009年的中国足球,岗位竞争似乎远远超过了其他行业。那么,面对中国职业足球历史上堪称最冷清的一次球员转会潮,究竟是喜是忧?它又会反过来对中国足球的将来产生一些怎样的影响呢?后面的节目我们接着再聊。

(广宣)

欢迎回来!随着09赛季中超联赛国内球员的转会报名正式截止,16支球队的引援工作也算告一段落。不过上榜的480名球员只有40多人找到出路的现实却是异常地残酷。应该说,百年难遇的金融危机和目前国内足球市场的不景气,都是导致俱乐部纷纷紧缩银根的原因;而武汉光谷的退出,更造成了转会市场全面向买方市场倾斜。很难想象,曾经风光无限、手握高额奖金的中超球员也有如今朝不保夕、面临大面积下岗的尴尬时刻,就业形势确实是非常严峻啊。不过话说回来,无人问津也不代表穷途末路。一来,只要老东家肯重新收留,即使是到二线队,也不至于丢了饭碗。二来,周海滨、冯潇霆事件也变相地给大家提了个醒,只要想踢球,选择国外的二、三流联赛"曲线救国"也未尝不可,毕竟,此处不留人,自有留人处。曾几何时,中国联赛的俱乐部都以"霸王合同"牢牢掌控着球员的前途和命运。这种在现阶段已经不能适应新形势的转会规则一直受到各方诟病,更造成了中国职业联赛一系列的深层次问题。球员成为产业链的最底层,劳动权得不到保障,一方面会造成转会市场的畸形,另一方面也造成了不可忽视的社会问题。缺少文化熏陶而又没有一技之长的下岗球员不可避免地将成为整个社会的负担,这种不合理的生产关系已经严重阻碍了职业联赛的进一步发展和壮大。但愿,在有了周海滨事件的前车之鉴和经历了中国足球转会市场的严寒之后,中国足协能深思熟虑,酝酿出与国际接轨的转会新政。

好了,今天的快评就到这里结束了。欢迎登录快评的BBS论坛,或者给我们的节目发送短信——922加留言内容至1066 9191 51,参与讨论。发短信的朋友,将有机会获得东方龙新媒体送出的精美礼品。我们下周再见!

来源:上海电视台五星体育频道《今日体育快评》,2009年2月5日。

思考:

上海电视台五星体育频道的《今日体育快评》开播于2001年,播出时间是每天19:40。长期以来这档评论性体育节目受到上海地区观众的喜爱。

评论节目要求有扎实的事实依据、严密的论证逻辑和深刻独特的观点,其说理性强的特点会给受众的接收过程造成一定障碍。内在语技巧能够驱动语气和节奏贴切、细致地变化,帮助受众理解字面背后的逻辑和态度,让他们一听就懂、心同此理。同时,主持人也要考虑到评论节目的受众一般知识素养都比较好,理解能力也较高,所以内在语不要过于琐碎,要注意逻辑链条的流畅,把握好语气的分寸和重音的分量,不能为表现内在语而妨碍了字面意义的简洁流畅。

例2

西 施 入 吴
(节选)

两千多年前的春秋战国,据说是中国最混乱却也是英雄辈出的时期。当地处江南一隅的吴越两国为霸主之位拼得你死我活的时候,一叶小舟从烟波深处缓缓划来。

有人说,历史在她的惊鸿一瞥中悄然改变;也有人说,她只不过是无奈卷入了政治的漩涡。吴越烽烟散尽的时候,这个被后人称为西施的越国女子留下了一段传奇。传奇里,她被誉为中国四大美女之首,是史家笔下兴越亡吴的倾国红颜。然而,到底是她改变了历史,还是历史肆意篡写了她的人生?

浣纱,似乎是人们心目中关于西施的一个美的定格。很多戏曲诗赋,都不遗余力地描摹过这一场面。但事实上,浣纱并不是多么美妙的劳作,就像西施这个名字的由来,也没有一开始就带着特殊的诗意。

流传千年的审美造型浣纱,不过是出于生存的需要。西施原本无意把自己的美在世上展示千年,然而她所生活的春秋战国,是一个群雄逐鹿、竞相争霸的时代。在与相邻的吴国长达数代的战乱纠纷中,越国这一次遭到完败:三万金甲,尸横遍野;五千残兵,退守会稽山。苎萝山下的浣纱女抬起头来,发现她所托身的这片清清溪流,已被父老们的鲜血染红。

身陷绝境的越王勾践定下"卑辞厚礼,屈身事吴,徐图转机"的复国大计,以臣服于吴的韬晦之计为越国赢得喘息的机会,从而也拉开了令后人惊叹的"卧薪尝胆,十年生聚,十年教训"的序幕。大臣文种献出了"破吴九术",其中第四术叫做美人计。据说吴王好色,进献美女,可以使他耽于逸乐、丧志误国。文种献策美人计,也算是因地取材、得天独厚,水样的山水孕育了水样的女子。越国民间,从来就不乏绝色美女。

也许是被少女的容光照耀过的缘故,四眼井千年以来清亮如昔。井底沉积着父老们对家乡女儿最初的淳朴赞美。西施的美名传遍民间的时候,也无可避免地进入了勾践君臣搜寻的目光。他们到底找着了一个美到什么程度的人呢?

这样一个具有非凡之美的美女被推到历史舞台上,是一件毋庸置疑、顺理成章的事。历史的意趣在于细节。美女西施到底是怎么被发现的呢?

……

来源:中央电视台戏曲频道《戏曲采风》,2007年11月25日。

思考:

《戏曲采风》是中央电视台戏曲频道(CCTV11)唯一的一档戏曲专题类节目。专题片解说词的写作力求反映历史想象的意境,书面化强,运用内在语有一定难度。

文艺节目在广播电视节目类型中是个"重头戏",高质量的文艺节目能发挥纯净心灵、引导风气、提高审美品位的艺术熏陶作用,它由音乐、舞蹈、戏剧、戏曲等艺术内容构成,更离不开阐释这些艺术内容的艺术语言。文艺专题的主持词通常优美、严谨,意蕴悠长,区别于生活口语和传播口语,语体偏向书面体。主持这类节目时,要善于开掘内在语,通过内在语丰富受众的想象空间。在高品质的文艺节目播音主持中,内在语对于营造艺术氛围、增添艺术韵味起到重要作用。

例3

"反面教员"梁漱溟
(节选)

解说:梁漱溟是20世纪中国文化思想界的一位名人,他的一生充满了传奇色彩:他早年参加过辛亥革命,后来成为新儒家思想的代表人物;他在新中国成立前曾把教育救国视为己任,是一位著名的社会活动家,而新中国成立之后,他作为著名的爱国民主人士被毛泽东请到北京,成为全国政协的一名委员;1953年,在和毛泽东的一场争论之后,梁漱溟成了资产阶级反动思想的代言人,此后的二十几年里,他的头上一直有一顶无形的帽子,叫做"反面教员"。1962年秋,汪东林开始在全国政协的直属学习组中担任秘书。60年代,直属学习组是政协委员改造自己的思想的地方,汪东林的工作是记录他们的言行。工作开始之前,领导专门找汪东林谈话,告诉他,马上有一个"顽固的反动分子"要来参加学习。那时汪东林并没有想到,十几年后他会和"反动分子"梁漱溟成为忘年之交,他所记录的梁漱溟在学习组中的言行后来成为他写作《梁漱溟问答录》一书的原始材料。梁漱溟一生没有写作自己的传记,这本书是梁漱溟对自己一生的口述历史,也是梁漱溟一生中唯一一次向别人吐露自己成为"反面教员"的经过。1917年,24岁的梁漱溟被蔡元培聘用,成为北大哲学系的教授。在五四运动"打倒孔家店"的口号声中,梁漱溟在北大讲授佛学和儒学。1921年,梁漱溟写作了《东西方文化及其哲学》一书,提出用中国传统文化治世救国的主张。

……

解说:1975年9月,毛泽东有过一个批示说:"金无足赤,人无完人,会很好,可惜没有周扬、梁漱溟。"很多人认为,这个批示隐含着毛泽东对梁漱溟的保护之意。80年代,汪东林把这个批示告诉了梁漱溟,他记得梁漱溟听后是一种既严肃又欣慰的神情。梁漱溟对汪东林说:"人无完人是句至理名言,对于凡人或伟人,都同样是适用的。"批林批孔运动之后,三年多的时间里梁漱溟再度陷入沉默。1976年9月毛泽东逝世,此后不久"四人帮"垮台,十年"文化大革命"就此结束。对于这样一系列影响中国命运的时代巨变,梁漱溟仍旧一言不发,保持着沉默。1978年2月,全国第五届政协会议在北京召开。此时,距上一届政协会议的召开已经有13年之久。这次会议上,梁漱溟打破沉默,第一次针对"文化大革命"做了一个长篇发言。梁漱溟的发言被认定是一贯反对毛主席、反对阶级斗争的故伎重演,大会结束后,很快又开始了一场对梁漱溟的批判。1978年底,中共十一届三中全会召开,中国进入了新的历史时期。梁漱溟结束了近三十年的挨批命运,他的以法治国思想得到重视,他本人也担任了政协常委和宪法修改委员会委员。但是梁漱溟一直不提个人当年与毛泽东的争执,他对毛泽东的评价也往往出乎采访者的意料。

……

解说:在一生的最后岁月,梁漱溟始终对"否定文革第一人""中国的脊梁""最后的儒家"这些称呼敬而远之。他说,知识分子中有学术中人,有问题中人,他自己恰恰是一个问题中人。自己一生所做,独立思考、表里如一而已。梁漱溟的生命走到了尽头。1988年6月22日,梁漱溟说:"我要休息,我要安静。"这是他留在世上的最后一句话。第二天,这位思想家与世长辞。

来源:凤凰卫视中文台《口述历史》,2005年7月11日。

思考:

凤凰卫视的《口述历史》是一档美誉度颇高的历史文化专题节目,选题一般是历史和当下的重大事件和典型人物,对中国社会发展进程产生过历史性影响。播这类节目需要播音员、主持人有丰富的知识背景、较强的理解能力、正确的史观和较高的思想水平；否则，难以准确体现内在语。

以毛泽东同志给梁漱溟先生的称谓"反面教员"为题目，饱含内在语，含蓄地表达了节目的态度，"反面教员"梁漱溟实际上并没有站在历史和科学的反面。节目客观、公平地表现并评价了梁漱溟先生的人格及他对中国学术和文化的贡献，目的是弘扬知识分子的科学精神和对社会历史负责任的态度。在学术界和社会上曾经因政治原因将梁漱溟先生贬斥为"反面教员"，后来又是因为意识形态和政治风向的演变，把他吹捧为"中国的脊梁"，这都是缺乏独立思考和表里如一精神的看法，节目就是要从唯物史观出发，引领电视观众树立科学精神和开放的人文态度。播音员要认识到整个节目的内在语，这是个基本原则，是个大局问题。

从下一节开始探讨播音主持语言表达的外部技巧。外部技巧是相对于"情景再现""内在语""对象感"等内部技巧而言的，如果说内部技巧是态度、感情的依据和驱动的话，外部技巧就是外化态度、感情的技能，直接决定着语言表达的效果。播音主持的有稿创作是"二度创作"，在"动于衷"而后"形于声"的过程中，首先运用内部技巧对语言创作准备内在的依据和驱动，其次运用外部技巧对语言表达进行雕琢。这两个过程不是割裂的、机械的，虽然有先后之分，但在播音主持的时候，内外部技巧是相互交融、相互促进的。如果说内部技巧是调动播音员、主持人的心理状态、思维活动以及思想感情的运动，是看不见摸不着的大脑中的活动，外部技巧就是听得到、留得住的嘴上的功夫了。

外部技巧分为四种：停连、重音、语气、节奏。与内部技巧相比，外部技巧是有声的、可直接辨别的。它的可感性有助于评价与自我评价。

第五节　停　　连

一、理论阐释

停连，是指音节、词语、句子、段落之间的停顿、连接以及它们之间的关系。停顿和连接就像一扇门一样，有开门就必定有关门，有停顿就必然有连接。除去稿件开头的第一句话前和结尾的最后一句话后,停顿和连接是永远如影随形的。停顿的位置、时间长短和连接的方式要根据稿件内容和表情达意的需要而确定。正确和恰当的停连影响受众对节目的理解和感受。

停连的具体作用有:第一,生理的需要。人不能一口气播完一个意群或一口气播完一个段落、一个层次。句子、句群、段落、层次的播读中间要换气、要调整声音、要休息声带唇舌,必须要有停顿,特别是遇到一个非常长的句子时,停顿意味着呼吸得以正常进行。比如,"中国政府代表、中国常驻联合国日内瓦办事处代表团临时代表侯志通今天上午在日内瓦关贸总协定总部向总协定总干事邓克尔博士递交了一份照会……"播音员不可能一口气播完这么长的句子,即使可以,也不符合听觉心理节奏的要求。当我们展现口吃患者、生命垂危者、因各种原因说话不连贯时,通常需要停连的技巧。例如,在史铁生的散文《秋天的怀念》中有这样一句话,"我那个有病的儿子和那个还未成年的女儿……"是作者写母亲在因晚期癌症去世前口中叨念的一句话。老人的身体极度虚弱,无力完整清楚地说完最后一句话,而是断断续续地说了半句,但心中的牵挂、忧虑足以打动读者,播读时要注意"这一位"老人是怎么说"这一句"话的,停连的技巧非常必要。需要注意的是,播读时气息转换的生理需要固然重要,但必须服从心理的需要。第二,心理和感情的需要。为了更好地传情达意,符合思想感情运动的需要,在哪儿"停"、停多长时间、怎么"连"都不是随心所欲的,不能因停害意、因停误情。还要注意,"停"不仅是意思的停顿和休止,更是为"连"做准备的,也就是说,"停"不仅是思想感情的终止、中断或空白,而且还服务于思想感情运动状态的继续和延伸。第三,口语化的需要。广播电视播音主持是大众口语传播的一个专业领域,口语化的特点不仅体现在有稿创作上,也表现在即兴口语中。即兴口语的口语化、即兴性突出,播音员、主持人是边思考、边组织、边表达,在有声语言表达过程中会流露出即兴的痕迹。比如剪裁取舍内容、斟酌用词、组织句子等。这些"痕迹"一般都会以停顿、顿挫或重复表现出来。反过来,停连可以为思考提供缓冲的契机,在不打乱思路和情绪的情况下,做到"声停气不断意不断"。这时的停顿不是思维的中止和思想的空白,而是为更清晰、更有条理地推动话语进行下去做准备。

学习和掌握停连要注意处理好三个要点,即停连的位置、时长、方式。其根本依据是表情达意的需要。停连被称为"有声语言的标点符号"。在有稿播音中,文字的标点符号是停连的依据,遇到标点符号就停,见逗号停的时间短,见句号停的时间长,段落与段落之间的停连时间更长些,通常这样做是不错的,但表达效果却不一定好。标点符号是文章的句读,是适合语法要求、阅读方式以及作者表达习惯和风格的,与有声语言表达不同,后者是为听的需要服务的,同时也体现播音员、主持人的表达习惯和特点。当我们囿于稿件的标点符号时,思想感情很容易被束缚,陷入僵化状态,而且容易形成"千人一腔"的现象。因此,应做到依据标点符号但又打破其束缚,把停连作为有声语言表达的"句读",以克服平铺直叙、四平八稳、刻板僵硬的腔调。有人曾根据停连的作用把停连的类型归纳为语法停连、逻辑停连、心理停连,虽然不无道理,但切忌用"语法停连""逻辑停连""心理停连"对停连进行"贴标签"式的分析,因为稿件中的任何一处停连,可能是语法、逻辑、心理等三个因素共同作用的结果。

二、实例剖析

(一) 停连的位置和时长

播音主持理论中把停连类型总结为区分性停连、呼应性停连、并列性停连、分合性停连、强调性停连、判断性停连、转换性停连、生理性停连、回味性停连、灵活性停连等十种。这种分类便于读者系统了解停连后,打开思路,融会贯通。播音时不一定严格对号入座。

例稿是北京新闻广播《听说电影》节目的一期"译制经典"。主持人用讲解式的话语样式,简洁明了地讲述电影《魂断蓝桥》的梗概,穿插介绍电影的主要演员和配音演员的背景资料;用旁白式的话语样式预告和交代电影录音剪辑的语境信息。主持的基调与电影营造的情绪吻合,语流舒缓,语调平和,语气带有含蓄的忧伤。主持人的语言需要在介绍电影背景资料和交代录音剪辑的情境之间"跳出跳入"。运用不同语言表达样式、总体基调平淡的主持需要较高的停连技巧使整个节目内容集中,浑然一体。

《魂断蓝桥》原名《滑铁卢桥》,是一部风靡全球半个世纪的好莱坞战争题材故事片。听众朋友们,大家好,我是主持人刘月,今天的《听说电影》"译制经典"就为大家送上这部《魂断蓝桥》。第一次世界大战期间,陆军上尉罗伊在休假中邂逅了芭蕾舞女玛拉,两人坠入爱河并互定终身,假期结束,罗伊没有来得及道别便赶赴战场,后来玛拉以为爱人已战死沙场,为了生存而沦落风尘。战后玛拉与罗伊意外重逢,玛拉无法面对罗伊的求婚,最后玛拉在两人初识的滑铁卢桥上车祸身亡,战火下的凄美爱情故事永远令人回味。影片开头,因为空袭警报,玛拉和罗依躲进了防空洞,两人一见钟情。

(《魂断蓝桥》片段约2′33″)

这就是电影《魂断蓝桥》中玛拉和罗依初次相遇的片段。男女主人公的扮演者是红遍世界、演技卓越的费雯丽和罗伯特·泰勒。费雯丽继《乱世佳人》之后,又用细腻手法准确表达了玛拉这个悲剧人物内心的各种复杂感情。饰演罗伊的是罗伯特·泰勒,他的表演真挚动人,塑造了一个痴情男子的形象。玛拉和罗伊一见钟情,度过了一个浪漫的夜晚。

(《魂断蓝桥》片段约1′25″)

您刚刚听到的是电影《魂断蓝桥》中的一个片段。影片从始至终紧扣爱情主题,罗伊对玛拉一往情深,仅仅认识三天,就决定要和她结婚,玛拉看到在雨中的罗伊后兴奋无比。

(《魂断蓝桥》片段约2′30″)

(《译制经典》JINGLE)

听众朋友们,大家好,这里是《听说电影》,我是主持人刘月,今天的"译制经典"为大家带来上海电影译制厂译制的《魂断蓝桥》。影片中玛拉可以不顾自己的舞蹈事业,为了去火车站送罗依而迟到,结果和好朋友凯蒂一起被芭蕾舞团开除了。

(《魂断蓝桥》片段约1′16″)

这就是电影《魂断蓝桥》中的一个片段。很多老一代的中国观众最早认识费雯丽,就是从《魂断蓝桥》中的玛拉这个角色,但最初的记忆肯定不会是费雯丽的原声,而是上海电影译制厂刘广宁用甜美生动的声线刻画的费雯丽。墨西哥影片《叶塞尼娅》中的路易莎、《冷酷的心》中的莫尼卡,都是刘广宁的配音,她贴切、传神的配音,使影片更加生动感人了。下面就来欣赏一段影片中玛拉和她的好友凯蒂的精彩配音,凯蒂由李梓配音。

(《魂断蓝桥》片段约2′30″)

这段精彩的配音来自影片《魂断蓝桥》中玛拉的配音者刘广宁。和刘广宁搭档为罗伊配音的是曾任上海电影译制厂厂长的乔榛。乔榛曾担任《叶塞尼娅》《安娜·卡列尼娜》等二百余部译制片的配音,他的声音很有儒雅之风,擅长成熟男性的配音。玛拉在报上看到死亡名单,以为罗伊死了,对生活失去了信心而沦落风尘,有一天在车站竟然遇到了归来的罗伊,原来罗伊并没有死。罗伊非常开心,决定带玛拉回家。下面为大家送上一段乔榛为罗伊的精彩配音。

(《魂断蓝桥》片段约 1′20″)

("译制经典"JINGLE)

欢迎回来,这里依然是《听说电影》,主持人刘月正在为您送上《魂断蓝桥》的爱情故事。玛拉始终深爱着罗伊,可是她觉得自己已经配不上罗伊纯洁的爱了,然而,爱情让玛拉决定依然要和罗伊在一起。玛拉来到罗伊的家里,罗伊的母亲非常喜欢玛拉,并且因为之前的误会真诚地向玛拉道歉。

(《魂断蓝桥》片段约 1′40″)

您刚刚听到的是影片片段《魂断蓝桥》。玛拉在罗伊家承受着巨大的心理压力,终于向罗伊的母亲坦白了一切,决定永远离开罗伊。

(《魂断蓝桥》片段约 2′)

玛拉伤心地离开了玛格丽特夫人的房间,却在走廊里遇到了满心欢喜拿着吉祥符的罗伊,罗伊不知道这将是他和玛拉之间最后的对话了。

(《魂断蓝桥》片段约 1′10″)

这是《魂断蓝桥》中的一段对白,玛拉离开了罗伊的家,独自徘徊在浓雾笼罩的伦敦桥上,罗伊从凯蒂那里知道了真相,但还是深爱着玛拉,可是玛拉已经在卡车的刹车声中,结束了自己的生命,只留给让罗伊终身珍藏的一个象牙吉祥符。《魂断蓝桥》的成功,不仅是向人们展示了爱的真谛,更重要的是让观众在洒下眼泪的同时,深思战争的可恶和陈腐观念对爱情的摧残。听众朋友们,今天的《听说电影》到这里就要结束了,最后送给大家《魂断蓝桥》中的经典名曲《友谊天长地久》,我是主持人刘月,代表制作××感谢大家的收听,咱们下期节目再见。

(《魂断蓝桥》片段约 3′)

区分性停连: 区分语意、顺畅语气,以求听众一听就懂,不会造成歧义,产生误会。在稿件中,词与短语、句与句、层与层、部分与部分之间都有区分性停连。"今天的《听说电影·译制经典》就为大家送上这部《魂断蓝桥》。"在"这部"的后面可以运用停连,来清楚告知听众,今天给大家听的录音剪辑是"《魂断蓝桥》",而不是别的电影,避免使重要信息在语流中被一带而过。

呼应性停连: 在理清语句本意的基础上,分析前后语句之间的照应关系。要分清是一呼一应、一呼多应还是多呼一应。在一呼多应中,要理清"多应"之间的关系,是并列、递进还是其他关系。比如:"《魂断蓝桥》原名《滑铁卢桥》,是一部风靡全球半个世纪的好莱坞战争题材故事片。"《魂断蓝桥》之后可以有"停",而恰恰"《滑铁卢桥》"后要"连",来密切呼应"《魂断蓝桥》"和"是一部风靡全球半个世纪的好莱坞战争题材故事片"。

另外,还要注意"大呼大应"之间可能有"小呼小应","小呼小应"的时间和分量不能超越"大呼大应","小呼小应"之间的关系也要照顾到。

并列性停连:这是最容易理解和掌握的一个类型了,因为有标志性的连词和标点符号提示我们。当句子中有"和、与、跟、同、及"或者顿号时,都涉及并列关系。"墨西哥影片《叶塞尼娅》中的路易莎、《冷酷的心》中的莫尼卡,都是刘广宁的配音,她贴切、传神的配音,使影片更加生动感人了。"凡是顿号的位置都要有停连吗?并列停连的时长和方式一定相同吗?顿号连接的词或词组在语法上是并列关系,但在停连的处理上却要尽量避免千篇一律,要灵活处理,尽量有所区别。

分合性停连:一般用在分合性句式上,这种句式一般都有领起句、分说句和总括句,停连的位置一般在分合的交叉点上。比如:"《魂断蓝桥》的成功,不仅是向人们展示了爱的真谛,更重要的是让观众在洒下眼泪的同时,深思战争的可恶和陈腐观念对爱情的摧残。""《魂断蓝桥》的成功"是"总",后面的分句"不仅是向人们展示了爱的真谛,更重要的是让观众在洒下眼泪的同时,深思战争的可恶和陈腐观念对爱情的摧残"是"分","分"的部分包含了递进的关系,内容有三个层次,"展示爱的真谛","让观众落泪","深思战争的可恶和陈腐观念对爱情的摧残"。处理这三个层次时,"连"的方式上要讲究,语势不能太平,递进的关系靠语气的加强来体现。

还要注意一个特殊的现象,"有"字引领的句子在新闻等稿件中经常出现,处理方式一般是:"有"后并列成分少,或以"等单位""等负责同志""等二百多人"之类作结的,一般在"有"前停顿;"有"后成分多,或无"等单位""等负责同志""等二百多人"之类作结的,一般在"有"后停顿。

强调性停连:与重音有直接和密切的关系,是用得最多的一种。同样是"罗伊不知道这将是他和玛拉之间最后的对话了"这句话,在"最后"这个词前面停连是强调罗伊未来将多么遗憾,而当时却是毫不察觉。强调性停连不仅体现内在语,而且体现感情色彩和态度倾向的分寸。

判断性停连:清楚表达思维过程的脉络和思维过程中的感受,主要是在判断和思索的地方进行停连。注意停连的时长和方式,不能太急于接下文,否则体现不出停连的作用,或给人的感觉是为停连而停连。比如:"很多老一代的中国观众最早认识费雯丽,就是从《魂断蓝桥》中的玛拉这个角色,但最初的记忆肯定不会是费雯丽的原声,而是上海电影译制厂刘广宁用甜美生动的声线刻画的费雯丽。""而是"后面连接"上海电影译制厂刘广宁用甜美生动的声线刻画的费雯丽",是最终要表达的内容,如果能在"而是"后面加一个短暂的、顺畅的停连,这句话的目的就清晰显露了。

转换性停连:顾名思义,就是利用停连将语意和感情色彩的转换表现出来。注意先在心里实现转换,嘴上才能出声。这种停连在各种稿件中运用较多。看这一句:"玛拉在报上看到死亡名单,以为罗伊死了,对生活失去了信心而沦落风尘,有一天在车站竟然遇到了归来的罗伊,原来罗伊并没有死。"虽然不能见到标点符号就停,但在这句话里,"沦落风尘"与"有一天"之间的逗号处要敢于停连。一位心灰意冷、以为失去爱人的姑娘,意料之外地邂逅"死了的罗伊",这大悲大喜的心理转换也通过停连暗示出来。

生理性停连:指稿件中人物因生理上的需要产生的异态停顿。比如,激动、上气不接下气、说话断断续续地、口吃等状态。如果不是表演的台词,播读时就要注意分寸的把握,不能过分地进行渲染,能够传神即可,以免打断稿件的文气。另外,避免过度模仿对有生理疾病的人造成心理伤害。传神但不"大自然状态",是处理生理性停连的要领。

回味性停连:这个停连类型与内在语紧密相连,是为了加深听众的印象,引发听众的思考和回味。停的时间一定要充分,而且必须是在强调的词后边的停顿才叫回味。比如:"罗伊从凯蒂那里知道了真相,但还是深爱着玛拉,可是玛拉已经在卡车的刹车声中,结束了自己的生命,只留给让罗伊终身珍藏的一个象牙吉祥符。《魂断蓝桥》的成功,不仅是向人们展示了爱的真谛,更重要的是让观众在洒下眼泪的同时,深思战争的可恶和陈腐观念对爱情的摧残。"其中,"只留给让罗伊终身珍藏的一个象牙吉祥符"后面的句号,令人回味无穷。这里假如不设计一个停连,意犹未尽、令人叹息的效果就被削弱了。

灵活性停连:任何类型的总结和归纳都不可能将稿件中的停连"一网打尽",针对生搬硬套地运用停连,就有灵活性停连的情况。"影片开头,因为空袭警报,玛拉和罗依躲进了防空洞,两人一见钟情。"这句里隐藏着一个对应关系,"影片的开头"是什么呢?是"玛拉和罗依躲进了防空洞,两人一见钟情"。

(二) 停连的方式

接下来谈停连的处理方式,即停顿和连接的方式。

1. 停顿的方式

(1) 落停缓收：落停在一句话、一个层次、一篇文章结束时使用。当内容在此结束、收住，声音也要呈下降式放下来，然后缓缓收住，气息正好在落收时用完，停的时间较长，适用于稿件的结尾。如果不是全篇稿件的结尾，落停时正好是气口，换气，接着播。声断、换气但思想感情运动的主线不能中止或出现空白。落停和缓收通常是相辅相成的，落停一般都是缓缓地收住，适用于较平稳、松弛的内容。比如："和刘广宁搭档为罗伊配音的是曾任上海电影译制厂厂长的乔榛。乔榛曾担任《叶塞尼娅》《安娜·卡列尼娜》等二百余部译制片的配音，他的声音很有儒雅之风，擅长成熟男性的配音。"一般在叙述的语气中多使用这种方式。

(2) 扬停强收：表达雄壮、自豪、坚定、喜悦、急促等情绪时用扬停强收。表现为气息饱满、气息支撑有力、音量较大、唇舌力度较强。在稿件中和稿件结束时扬停强收运用的方式不一样。在稿件中间采用时，停顿时要声停气不断，下一句的起势要低，和缓一些，造成参差有序、错落有致的状态。在情绪上保持连贯，否则会给人以全篇结束的错觉。而在稿件全篇结束时就要考虑如何体现结束感，一般比较干脆利落，气息正好在语句的意思和情绪结束时用完。"影片从始至终紧扣爱情主题，罗伊对玛拉一往情深，仅仅认识三天，就决定要和她结婚，玛拉看到在雨中的罗伊后兴奋无比。""兴奋无比"之后接的是录音剪辑，与影片的情绪要一致，语势上扬，收尾干净利落。

2. 连接的方式

(1) 停而徐连：似停非停，以连接为主。停的时间只是小小的顿挫，顿挫之后悠着起。要声挫气连，不换气或偷气，一般用于较舒缓的内容中一句话或一段话当中的连接。这种连接一般用于并列性停连，让人感觉不到明显的停连。

(2) 停后紧连：表达一种急迫感，在有标点符号但内容紧密相连的地方，停顿后迅速连接，不用换气，听上去似乎没有接点，紧连快带。在紧连的前后用舒缓的语气来造成快慢结合的节奏感。"罗伊对玛拉一往情深，仅仅认识三天，就决定要和她结婚"，"三天"后面紧连"就决定要和她结婚"，表达罗伊对玛拉的情之切，恨不得即刻在一起永不分离。

停连的处理方式大致有这几种，但不能简单套用，一定要根据具体的内容和感情的变化，联系自己的生活体验，结合重音、语气、节奏等多种技巧，灵活处理。

三、实训技巧

先从句子和句群开始,掌握灵活停连的技巧。下面的例句中,在没有逗号、句号的位置,标有"/"的可考虑停连,"△"表示短暂的顿挫。停连的时长和方式要合语意、顺语气。

(1) 为7月20号至22号的八国集团峰会做准备的△热那亚官员迪鲍洛说:/"这保安工作真令人精神紧张。"

(2) 由于马其顿政府拒绝接受欧盟和美国提出的/解决马其顿危机的建议,/北约秘书长罗伯逊△和欧盟负责外交和安全政策的代表△索拉纳△,7月19号宣布推迟访问马其顿首都斯科普里的计划,/从而使欧美调解马其顿危机的行动△陷入僵局。

(3) 本是一句△控诉弱女子在黑暗旧中国的悲惨命运的名人名言△66年后被证明是伪造,/一代影星阮玲玉的两封被认为是真实的遗书△不久前在上海发现。/这一重要的发现证明,/此前流传了半个多世纪的△所谓"阮玲玉遗书"以及"人言可畏"的遗言,/均可能是他人出于卑鄙目的的伪作。

(4) 鲱鱼捕捞△一直是荷兰北部沿海渔民的主要经济来源。/这位渔民的妻子正在通过品尝△来鉴定鲱鱼品质的好坏。

(5) 日前,△斯利那加的两名穆斯林妇女/由于没能按照伊斯兰教对妇女服饰的要求穿戴△而遭人用硫酸毁容。

(6) 8月11号,△在约旦河西岸城市希伯伦,/一名犹太人定居者△和一名巴勒斯坦男子△在街头争吵起来。/巴勒斯坦民族权力机构主席阿拉法特/当日致信有关国际组织和一些国家元首,/呼吁他们协助解决"东方大厦"事件,/迫使以色列结束对东耶路撒冷△巴方代表机构的占领。

(7) 从今天起,△每个周日的13点05分,△一档号称△将"目击并制造当代文化下凡"的电视栏目《城市语文》,△将在湖南卫视与观众见面。/据了解,△这个栏目曾在今年五月的北京国际电视周上露过面,以"大喇叭""文化持续发声"等夺目标语布置的展区△颇引起了业内人士的注意。

(8) 日前,东航江苏公司招聘空姐空哥的广告△在当地的一些媒体上刊登后,△东航招飞办的电话便一刻也没有闲过,/连公司其他部门的办公电话也难以安宁。/尽管这次东航仅招聘男女各10名乘务员,△并且限定为南京户口,/但却有1440人报名。/难怪有人戏称:△如今当空姐可比上大学难多了。/由此引出一番争论:△文凭与空姐相比孰轻孰重;/空姐要比其他职业高贵许多吗;/不撞南墙不回头△是永不言败还是盲目自信;/放弃学业应聘空姐△挑战现行高等教育体制。

(9) 国家统计局中国经济景气监测中心等机构/最近对北京、上海的七百余位居民△进行了问卷调查,/以了解公众△对整顿和规范市场经济秩序的认识。/调查显示,△79%的受访者认为△对制售假冒伪劣必欲除之而后快;/有61%的受访者呼吁△彻底清除制造假币的行为。/此外,受访者还提出△商业欺诈、、工程质量低劣、偷漏骗税、/商品走私、△财务情况失真、△地区经济封锁等问题△要尽快解决。

(10) 被国际大体联主席乔治·基里安点名的△首旅集团司机王庆海△这两天忙得有点不亦乐乎。/在机场等候基里安时,/记者看到他把一大束鲜艳的玫瑰花△放到了车后座上。/问他的时候,/他笑笑说:"这是上午在玉泉营花卉市场买的。/天太热,怕它谢了,△所以一直放在阴凉地儿,△现在才摆到车里。/基里安是位特和蔼的老人,△不为别的,△我就是想让他感受一下△这亲切的感觉。"

以上例句中都有停连的标识,下文中的稿件要靠读者自己分析、运用。确定停连的位置和方式的时候,一方面要符合语意逻辑,把意思说清楚;另一方面也要体现自己的意图和目的,体现表达的特点。

近日,一些来自美国、加拿大、意大利、法国和英国的志愿者来到冲突仍在继续的巴勒斯坦和以色列地区。他们自称"国际人体盾牌",要替巴勒斯坦人"抵挡"以色列轰炸、枪击的炮弹和子弹,要与巴勒斯坦人一起经历被占领、被统治的屈辱命运。这些人在各自的国家里有体面的工作,过着舒适的生活,他们为什么要冒着危险来到巴以地区呢?

据这群志愿者介绍,他们将在今后两个星期的时间里,晚上住到巴勒斯坦人家里,与他们共同度过以军枪炮声构筑的"不眠之夜",白天他们会和巴勒斯坦人一起去果园劳动。冲突以来,由于以军和犹太定居者的阻挠,不少巴勒斯坦人的果园就一直荒废着。志愿者们还会陪同巴勒斯坦人一起过以军检查站,观察以军士兵有无不妥行为。

焦万纳·莱利是意大利的东方学博士,会说阿拉伯语和波斯语。莱利说,虽然来之前,她看了不少报道,对普通巴勒斯坦人的艰难境况有了充分准备,但是亲身经历这些仍使她心有余悸。莱利说,她经历了几次以军炮轰之夜,那种恐惧的感觉一时很难消失,她是个成年人,很难想象巴勒斯坦孩子是如何承受这一切的。

来自美国西雅图的琳达·贝维斯是个律师。她说,在美国时,她曾多次向人们阐述,美国纳税人的钱是如何被用来向以色列提供军事和经济援助,从而间接支持了以色列对巴勒斯坦军事占领的。贝维斯强调,作为国际志愿者,他们的一项重要任务就是努力影响所在国的中东政策,敦促各自政府在巴以问题上采取更公正的立场。

在这30名"国际人体盾牌"中,还有几个犹太人。来自英国的里娜·罗赛尔松就是其中的一个。她说,以色列政府执行的占领政策不能代表所有犹太人的意见。她说,以军让全体巴勒斯坦人对少数巴武装人员的暴力恐怖活动承担责任,接受集体惩罚,这是违反国际法的。

法国大学生朱利安·赛林格是志愿者中少数几个男士之一,他的讲话干脆利落:"以色列的占领必须结束,没有公正就不会有和平,大家的生命都是平等的。"

这些志愿者表示,两个星期的活动结束后,他们将返回各自的国家,但是他们希望能有越来越多的志愿者们来到巴以地区,用和平的方式,督促巴以两个民族选择对话、放弃暴力。

思考:

在国际新闻节目中,多有语法结构复杂的长句,要让受众"一听就懂",靠的是播音员、主持人准确、得当的停连和重音的表达。提示:在上稿中,播读外国志愿者的话,最好保持比较客观、冷静的语气,但是态度、倾向是明确的,那就是反对战争,反对恐怖主义。

在国际报道中,通常会遇到外国人名、地名,有些是比较陌生并且拗口的。在这个难读的名称前面或者后面运用一个轻巧的顿挫,不但可以避免口误还能够加深听觉印象。

四、延伸思考

对稿件的理解因人而异,同时受到语感等语言素质的影响,每个人处理停连的技巧不尽相同。只要不"因停害意",读者可以打破常规,发挥创新能力,灵活运用。观察生活中自然鲜活的语言,准确、细腻地理解和感受文字语言的内

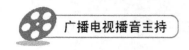

涵、外延和表达意图，是灵活处理停连的关键。

停连与重音、语气、节奏等三个技巧要配合运用是播音主持语言表达的常识。同样，这三个表达技巧与停连也是相互联系、相互作用，不能割裂地训练。特别是，要将词语疏密度、停连、节奏、语速等四个在时间维度上变化的技巧综合运用。比如，大停大连会拉开词语疏密度，会放慢语速，会对节奏有所调整。又比如，紧张急促的节奏中也可以有松散的词语疏密度，也可以有大停大连，有些语句也可以放慢语速；反之亦然。

在无稿的即兴口语表达中，停连看似顺其自然、无须设计，但实际上艺术性的停连会给内容锦上添花。艺术性的停连可以与内容组织相关，可以与内在语相关，更与播音员、主持人的语言个性和思维方式紧密相连。或许，停连多的主持人说话谨慎或者思维迟缓；停连少的主持人是个急性子，或者思维敏捷。当然，停连也可以像无伤大雅的口头语和套语一样，成为播音员、主持人打腹稿、即兴组织语言的"掩护"。但是，停连作为一种表达技巧，须为语言表达增光添彩，不能对表达的效果产生负面的影响，否则是对技巧的错用或滥用。

 第六节 重 音

一、理论阐释

我们通常用一句话、几句话或者一个句群来表达一个相对完整的意思；在一个总的意图和目的引导下，用几个句子、几个句群或者几个段落组成一个内容复杂、层次丰富的完整的篇章，有组织、有系统地表达一个中心思想。

句子是由词和词组按照一定的意思和语法规则排列而成的，但词或词组在句子中的地位和作用是不同的、不平等的。那些承载重点意思的词或词组就要用重音，其他的词或词组要用次重音和非重音。

理解重音表达时，可能会存在三种"不当"：

第一个不当，加重声音。重音不只是"加重声音"。"加重声音"是表示重音的一种方式。也就是说，重音在听觉认知上并不一定表现为"加重了的声音"。如果把稿件中的重音都处理成"重读",不仅听起来单调乏味、不够流畅自然,也不能体现有声语言表达的灵动性、丰富性。表现重音的方式有很多,如虚声处理、提高音高、拉伸词语疏密度、停连等。总之,采用对比的手法能展现重音。

第二个不当,重音数量过多。作为重音的词或词组相对集中地重复出现时,不要一一强调。一个词或词组在"这一句"中是重音,在"另一句"中重复出现时,只要它不体现这句话的中心目的,就不再是重音了。所以,确定重音是依一个意群的语句目的而定,不能因为某个词或词组出现得多就下意识将其作为重音处理。

第三个不当,习惯性重音。习惯性重音是指在表达时重音总是习惯地、规律性地出现在语句固定的位置上,并且声音形式极其相似。通常表现为重音位置不准,表达方式单调。导致习惯性重音的原因有三:一是态度不够认真,没有具体理解和分析语句目的和篇章重点;二是思考不够精准,或思考欠深入;三是对已有的习惯不自觉或者缺乏改正的意识和方法。习惯性重音的危害很大:不能准确地表达语句目的,容易使语意模糊甚至混淆,增加听众理解和接受的难度;所表达的内容缺乏逻辑感、清晰度。纠正习惯性重音的问题,要先从认识问题、分析问题开始。

二、实例剖析

(一)语句重音的类型

按照重音在语句中的位置,理论上把重音类型归纳总结为十种,虽不能囊括所有重音类型,但在稿件中比较常见。下面的例子中以着重号标示重音。确定重音时,应努力将自己的理解和感受与文稿作者的意图对位吻合。

并列性重音:在段落、语句中有并列关系的词或词组。并列关系在语句中通常用并列连词或者顿号体现,在段落中通常以地位平等的一系列单句呈现。并列的词或者词组不一定都以同一种方式处理。在这种情况下,并列性停连和并列性重音总是相伴而生。

2012年反腐倡廉类舆情事件新闻发布方式明显主动性增加。影响较大和关注度较高的舆情事件有郑州"房妹"事件、"微笑局长"杨达才名表门事件、湖南职称评审索贿、广东汕头公路局原局长包养多名情妇、辽宁凤城市委书记疑卷款2亿离境、浙江桐乡公证处官员公款豪吃大闸蟹事件、兰州市长名表门、济南政府大楼造价40亿惹争议、青岛一村官被指拥34套房估价上亿、儿童慈善会公款出国考察遭质疑、安徽金寨营养午餐问题、安徽联通推出公务员1元套餐等事件。

对比性重音：在对照式结构明显的句子中，通过对两种或者两种以上的事物的比较、对照使事物的特征表现得更突出，形象更鲜明，这时就需要使用对比性重音。在对照式的句子中，并不是相比较、对照的双方都是重音，有时只把需要突出的内容定为重音。还有一种"隐含性对比"，字面上只有对比的一方，但对比关系明显，那么，字面上有的这一方也要强调。

"打老虎"和"拍苍蝇"成为反腐领域的形象比喻。……比起"老虎"，"苍蝇"数量大，传播病菌范围广，其危害面更广、更深。"拍苍蝇"相对比较容易，但以其数量多，所以贵在坚持。

呼应性重音：揭示上下文呼应关系，使文章层次清晰、结构完整。可分为一呼一应和一呼多应，又分为问答式呼应（重音在呼和应的主要词语上）和分合式呼应（重音在领起词和并列词上，并列词的重音往往同等重要）。

如果说科研工作是探索真理、发现真理，那么教学工作的一个重要内容应该是说明真理、传播真理。

"科研""教学"是领起句的重音，"探索""发现""说明""传播"是分句的重音。两个分句都是一呼两应。

递进性重音：揭示语言链条的承继性，后一个重音比前一个重音揭示更深一层的含义。一般在递进复句、条件复句、假设复句、反问句等句式中运用，常见的关联词有"不但……而且（还）……""只要……就……""如果……就……"等。在例稿的第二句、第三句中，重音与关联词语一起表达更深一层的含义。

在明星犯错要么抵死耍赖、要么傲娇不休的今天，起码韩红的做法也是一面镜子。不要拿道德层面的善去对垒法律层面的恶，也不是所有的行为都能作高低的价值比对。谴责任何违法行为，褒扬每一份道德自觉，哪怕是一种形式，也有值得张扬的意义。从这个意义上说，不管有意无意，苛责韩红道歉的逻辑，令人齿冷。

注意联珠句式中的递进性重音。

我们要造成民主风气,要改变文艺界的作风,首先要改变干部作风;改变干部作风首先要改变领导干部的作风;改变领导干部作风首先从我们几个人改起。

转折性重音:与递进性重音的发展方向是相反的,经常出现在转折复句中。关联词有"虽然……但是……""尽管……却……"等。表现形式分为"轻转"和"重转"。所谓轻转,就是下一层的意思只是递进关系的反衬,转折的程度并不是非常严重。

中央多次强调,各级领导干部要提高运用法治思维和法治方式深化改革、推动发展、化解矛盾、维护稳定的能力,努力推动形成办事依法、遇事找法、解决问题用法、化解矛盾靠法的良好法治环境。然而,像林州处理涉事民警、鹿邑副县长"发飙"这样以内部惩戒取代司法程序、用"土霸王"作风以权压法的现象,在一些地方和部门仍然存在,在一些领导干部身上更是"久病不觉",成为建设法治中国的"拦路虎"。

肯定性重音:这里的"肯定"是做出明确判断的意思,包括两种情况:一是肯定"是什么";一是肯定"是"还是"不是"。肯定性重音通常和对比性重音、递进性重音、转折性重音紧密相连。

中央电视台的整点新闻节目,是一个了解国内外新闻的重要窗口。在这个整点新闻节目里,除了常规意义上的新闻内容之外,在结尾的几十秒或更长的时间里,经常播出一些轻松的花边新闻。

在第一句肯定性重音后,第二句跟着一个递进性重音。

强调性重音:为突出某种感情,但因感情色彩的浓淡不同,重音的表现方式有所不同。其中包括重复性重音,有时重复的词语因表达的需要定为重音。有些副词、时间数量词、物资数量词,只要符合播讲目的,符合稿件重点,符合形象需要,符合议论需要,就要敢于强调。

如果说 CCTV 整点新闻多余地播出了上述不该播出的内容,那么接下来,我们还有必要问一问:CCTV 整点新闻少播出了什么应该播出而没有播出的内容?

在对比中强调"该播的内容没有播",并强烈暗示了作者的观点。

稿件中数字出现得较多时,要仔细揣摩哪些数字是需要强调的,哪些是不需要强调的。需要强调的数字的内涵是什么,是"提高了""减少了"还是

"扩大了"。出现数字时,一般都会伴随着比较,比较的结果也需要重点强调。数字重音的处理方式不是把数字"咬"得非常清楚,在短时间内听众对过于复杂的数字是没有明确概念的,所以在不影响语意的情况下只强调数字的含义即可。

> 昨天,沪深两市再度暴跌,又一次重现"黑色星期一"的凋零景象。沪市一举跌穿1900点心理关口,深市也跌破4000点大关,跌幅分别达到3.91%和4.38%,沪市B股几乎全线跌停。在两市1200多只股票中,仅有46家没有下跌,而跌幅在5%以上的个股比比皆是。

强调以上数字重音时,内在语是:"跌得很严重"。

比喻性重音:比喻是化抽象为具象,把事物形象性地表现出来。

> 然而,像林州处理涉事民警、鹿邑副县长"发飙"这样以内部惩戒取代司法程序、用"土霸王"作风以权压法的现象,在一些地方和部门仍然存在,在一些领导干部身上更是"久病不觉",成为建设法治中国的"拦路虎"。

需要注意,有时比喻性词语不是语句的重点,不能一律定为重音。

拟声性重音:拟声性重音一般是象声词,但不是所有的象声词都是重音,要看它是否体现语句目的。表达时不必惟妙惟肖,重在传神。

> 一位游客走到前面,导游员将夹克像变魔术似的拿开,那女士伸头望了一下,不禁大声"啊"地叫了起来。

这个重音把游客惊异的反应传神地表现出来。

反义性重音:有正话反说和反话正说,要看表达的态度到底是赞成还是反对,不要播反。强调反义性重音时,要借助于语气的配合,不能一带而过,也不能在字面上过分着力。

> 一个人如果弯起来的话,的确十分耀眼。想当明星而四处碰壁者,不妨一学。虽然没人在床头挂自己的尊容,虽然不被抢着握手,请去电视上做如泣如诉的广告,明星效应还是有一点。

写这段文字的作者是著名作家陈村,他因患强直性脊柱炎被陌生人另眼相看,所以写下《弯人自述》。"耀眼""明星"是针对这种不被尊重的现象而言的,身体的疾病招来无聊人的"瞩目"和"关心",是反语。

语言现实丰富多彩,十种重音类型挂一漏万。读者不必拘泥于类型化重音,重音表达更不必拘泥于词语。重音虽然是表现语句目的的词语,但强调这些特定的词语时不能突兀,不能使其听起来"孤立"于语句的其他部分,句子表达须连贯,否则会显得刻意、呆板。

(二) 语句重音的表达方式

表达重音与确定重音一样重要,错误的、不当的重音表达方式不仅实现不了语句目的,还会使听众产生误解或理解上的困难。重音表达的方式切忌单一,要与停连、语气、节奏等其他技巧配合运用,特别注意语气对重音表达的重要作用。比如,反义性重音的表达必须借助语气,否则就会把反义播"正"了。重音与其他外部技巧的综合运用是建立在内部技巧融会贯通基础上的。

表达重音的方式多种多样,表达的基本原则就是"对比出重音",使重音在听感上突出,能引人注意并引发思考。我们总结归纳了下面的方法。

1. 高低强弱法

欲高先低,欲强先弱,低后渐高,弱中渐强。高低指的是音高的高低,强弱指的是音强的强弱。注意一点,用重读强调重音时音量不一定很大,主要体现在音强和音高上。无论是高低还是强弱,都要随感情的运动自然地流露,缺乏经验的播音员、主持人生怕听众错过了强调的内容,刻意地、过分地、生硬地"砸"重音,听上去却矫揉造作,事与愿违。

2. 快慢停连法

快带次重音和非重音,放慢或延长音节来强调重音,还可在重音前后运用停顿和连接的技巧。这就是快慢停连法。

3. 虚实转换法

虚实指的是用声的状态和声音的弹性运用。虚中转实,实中转虚。实中转虚的方法较为常用。

确定和表达重音要遵守一些**基本原则**:第一,贵"精"不重"多"。初学者常见的问题是处处不敢放手,实际上处处重音等于失了重音。因此,本着精当的原则,多确定一个重音都要有站得住脚的道理,否则就狠狠心放过它。第二,处理好重音与非重音的关系、重音与次重音的关系、重音与重音的关系以及非重音之间的关系。稿件的篇章、段落和语句就像一个结构极其严密的建筑,任何一块砖石、一根木材、一只铁钉都有其功能,它们之间都是相互作用的,抽掉哪一个或者哪一个薄弱,都会影响建筑的坚固和美观。重音、次重音、非重音就像体积、重量、所砌位置不同的砖石,作用不同,相互依存,动其一,其他必然发生相应的变化,所以,处理重音的时候应注意上述关系的协调。总的来讲,还是要用提领重音的技巧把次重音、非重音和谐组织起来。第三,要注意分寸感,过犹不及。第四,把握重音首先要纵观全篇,从全文的宏观角度把握体现稿件意图的主要内容,然后落实到具体的语句当中,不可一开始就陷入到每一个具体的语句中,否则重点不集中、不突出,重音的意义就含糊不清了。

三、实训技巧

在语句中,除了重音当然还有次重音、非重音,三者给听众的听觉强度有程度的区别,更有表达功能和目的的区别。请读者根据句尾括号中的提示和自己对语句内容的理解、感受来确定和表达语句重音。提醒读者的是,运用内在语的技巧帮助表达重音,才能获得准确、鲜明、有感染力的效果。

(1) 法国和海地救援人员 27 号在太子港一所大学校园的废墟中成功救出被埋 15 天的 17 岁女孩达琳·艾蒂安。(强调这是一个奇迹。)

(2) 在威尔士王妃戴安娜 40 岁生日那天,英国艾滋病信托机构主席迈克尔·艾尔德教授指责她频频带艾滋病患者到媒体曝光,就像对待动物园里面的动物一样。(强调艾尔德教授批评内容的要点。)

(3) 在这样的寒冷中,更需要留心我们身边需要温暖的人,其实不仅政府、NGO 志愿者,甚至很多很多人,包括我们每一个人都可以有所作为,让寒冷者温暖,让无力者有依靠。(对比,强调"自然无情人有情"。)

(4) 英国作家狄更斯在《双城记》中有一句名言:这是最坏的年代,也是最好的年代。这似乎是为已经过去的 2009 年所作的一个注脚。(这不是对比性重音,是判断,借名言对 2009 年的形势做出判断——是一个复杂而多姿多彩的年份。)

(5) 又是豪华酒店!又是连环爆炸!又是"基地"化的手法!7 月发生在印度尼西亚首都雅加达的连环恐怖袭击案再次震惊世界。(几个并列的重音,强调了恐怖袭击的多次重复以及破坏性给世界造成的震惊。)

(6) 在北京 1 月 3 号下的雪,到现在已经过去十几天了,却依然没化。这在近些年的记忆当中很少出现。也正是因为太多的雪都没化,堆在路上,堆在草坪上,堆在小区的角落里头,才显得那么刺眼,也让人不得不多想一想我们该怎样对待这些雪呢?(强调的同时引出下面要探讨的话题,重音是逻辑的路标,引导听众理解"如何对待雪"这个问题的重要性。)

第三章　有稿表达的技巧

(7) 美国国防部长拉姆斯菲尔德今日向美国国会提交了 2002 年度国防预算,高达 3289 亿(这里强调"3 千"和"亿")美元。其中军人工资和各项福利的预算从 2001 年的 750 亿美元增加到 2002 年的 820 亿美元,日常军费开支从 2001 年的 1008 亿美元增加到 1260 亿美元。(数字重音强调数字增长的幅度,在对比中体现。不一定每个数字都突出强调。)

(8) 无边的冰雪、漫长的冬季、浩瀚的北冰洋常年封冻结冰,这就是北极,世界上人口最为稀少的地区之一。然而,就在最近几年,寒冷的北极忽然"热"了起来,不仅全球气候变暖使冰雪渐渐消融,北极周边国家对这片辽阔区域的争夺也在逐渐升温。(这个引发周边国家争夺的地方,气候虽冷,但状态却很"热",哪几个词语能够将这个值得关注的事情表达清楚,那么那些词语就应该成为重音。)

(9) 在河北农村有些地方,干部搞"逼民致富",还有些地方,假科技之名搞"面子工程"。这两种情况使受损农民"谈科色变",将一些名不副实的"科技工程"称为"三心工程":伤心、灰心和闹心。(强调并且对比,本来应该是鼓励农民致富、农民欢迎科技,但是有些干部错误的工作理念和作风导致了与愿望相反的现实。请注意并列性重音和反义重音。)

(10) 昨日,国务院总理李克强来到兰州大学调研,鼓励大学生说:"不光要就业,还要创业。"他指出,大学生要有双创精神,在校学习既要致力于创新,到社会上工作也要敢于创业。(请注意体现递进关系的重音和解释性的重音。)

四、延伸思考

有稿播音中,初学者经常在重音的表达上出些问题,但生活中人们通常能够恰当运用重音,根本原因在于当自己的表达意图和感受明确时,重音强调是自然而然的事情,即"我口说我心"。

有稿播读中出现重音问题,要么是重音位置不准确,要么是表达方式单一笨拙,根本原因就是没能准确、细致、具体地把握好文字稿件的语句目的和篇章目的乃至整个节目的播出意图、播出目的。在备稿时,不但要运用理性思维,更要调动感性思维激活生活经验和内心体验。因此,我们必须建立起几个联系:(1)理解和感受文字稿件的内容,与现实生活(客观实际)的联系;(2)现实生活(客观实际)与自己的经验、体验的联系;(3)语言表达和内心感受体验的联系。在"找重音"和"强调重音"的过程中,要充分调动内在语的技巧,不但通过逻辑的方式找准重音位置,更要通过语气的方式将话语目的清晰地强调出来。

第七节 语 气

一、理论阐释

如同书面表达一样,具体的思想感情总是通过一定形式的文字组合表述出来,有声语言的情感、情绪、态度、倾向等思想感情也是通过一定的声音形式塑造出来的,具体的思想感情和一定的声音形式相对应。我们就把"思想感情的运动状态支配下语句的声音形式"①,称为"语气"。

同样的文字表述的一句话,在不同语境的制约下,播读者可以赋予它不同的语气。在具体语境预设下,不同思想感情的运动可以产生不同的,甚至截然相反的语气。比如这句"又下雨了"语气可以是欣喜的、厌恶的、暴躁的、狂喜的、心不在焉的……如,台风过境,暴雨连天,房倒屋塌,百姓无家可归,生活在半山腰的草棚中每天祈祷雨过天晴,可是眼看渐小的雨又下了起来。烦躁、愤懑、绝望的语气才能表现当时说话人的心情。只要观照具体语境,语气就能确定为鲜明而具体的"这一个"了。

"思想感情的运动状态"包含两方面的意思:第一,具体内容对应具体思想感情;第二,思想感情的运动,是灵活的,体现在细微之处。细致地感受内容才能产生具体的思想感情,细致到设想说话时的环境、气氛,说话人之间的关系,说话人的表情、态度、心情和目的。怎样设想呢?充分、主动地运用对象感、内在语、情景再现等内部技巧。设想的依据是生活中类似的人、事、情,就是常说的"还原生活"。一方面注意观察不同事态和场景下不同身份、年龄、性别、性格、思维方式、情绪的人是怎样表达自己的情感、态度和意图的。另一方面捕捉和分析日常生活中自己是如何表达不同语气的,看具体语气的背后是怎样的感受、感情、情绪。有稿播读时的"读书腔""念书调",要么一板一眼、生硬枯燥,要么悠来荡去、有调无意,原因在于没有"还原"写作者的写作意图和感情变化,不能将语句

---

① 张颂:《播音创作基础》,北京广播学院出版社 2004 年版,第 121 页。

的语意、逻辑、感情、目的等化为自己的理解和感受。解决这个问题要从两方面着手：第一，体会稿件的全篇、层次、段落、意群的思想感情，把握整体感受和表达目的，摸清语句起承转合间的语气变化；第二，把握重要句段、短语、词汇的具体感受，处理好细节的语气。有稿播读时，要预防两种倾向。一种倾向是"一往情深"，陷入到某种既定的、空泛的状态中去，感受缺乏细微变化，语气单调空洞，总体听感粗糙、模糊。另一种倾向是"见字生情"，过分强调某些字词的感情色彩和程度，忽略了它们并不能典型体现稿件的基调，所以在听感上头绪纷繁、细碎零乱。

思想感情的运动状态外化才能呈现"这一句"具体的感情色彩和分量。感情色彩是指语句中包含的情绪、态度、倾向等。态度和倾向是建立在理性判断和分析基础上的赞成、反对、歌颂、抨击、赞扬、批判、郑重、明快、严肃、活泼、欣赏、鄙薄、肯定、否定、怀疑等。感情和情绪属于主观的、感性的心理范畴。情绪强调此时此刻的、相对短暂的心理状态；感情则是相对稳定的、深厚的心理状态。例如，沉着、急躁、向往、厌恶、期待、绝望、狂喜、暴怒、爱戴、惊恐、冷静、悲愤……这里列举的都是性质比较单纯的表示情绪和感情的词语，有时语句所包含的感情可能比较复杂，是多种感情交织在一起"只可意会不可言传"的情愫，这时我们要善于抓住主要的感情色彩，如果面面俱到反而失之鲜明。感情的分量就是程度、分寸。如果按照程度划分，分为重度、中度、轻度。按照分寸来分，分为得体、失当、错误。语气的分量也可以说是播音主持的火候的体现，取决于播音员、主持人对生活的体悟、对文字的感知和对受众的态度。

语气的感情色彩和分量综合起来形成稿件的基调。可以说在稿件的目的和基调的统领之下，不同语句的感情色彩和分量体现其特殊性，而具有特殊性的语气按照一定的联系贯穿在一起，成为一个有机的、和谐的整体，最终体现基调，实现目的。把握语气的感情色彩和分量要符合四个原则：第一，符合历史发展方向的正确的世界观、人生观、价值观。第二，符合中国传统文化中精粹和积极的精神理念。第三，符合真、善、美的根本标准。第四，符合大众传播的基本规律和要求。从具体的角度来讲，要把握以下的要素及其关系：第一，精心、细致、周到地理解和感受稿件的思想感情、内涵和意图。第二，把稿件和节目的特点、风格统一起来，协同把握。把稿件的特点尽量贴合到节目的要求上来。第三，将播音员、主持人的真情实感、思维方式、语言表达特点融入稿件和节目中，在三者的联系点、沟通点和融合点上做足文章，这样的播音主持作品才能出特色、出个性、出华彩。

"语句的声音形式"，不仅指"这一句"的具体声音形式，也指全篇声音形式的上下承接和延续的关系。一般地讲,声音形式主要是指声音的高低、强弱、长短、虚实、明暗以及支持声音的气息的多少、深浅、强弱、持久和呼吸的速度。语气的感情色彩和分量是语气的灵魂,而语气的声音形式是语气的形象。在灵魂的支配下,形象统一明晰,表现姿态万千;灵魂固然重要,但必须固着于一定的、具体的声音形式上。

我们需要知道"语势"的概念。简单地说,语势就是有声语言的发展趋势或走向。在听感上,不仅表现为声音的变化、语流的曲线,还包括贴切而丰富的气息状态的变化。简单地说,语势包含三个要素:气息、声音、口腔状态。气息与语气有着天生的联系。思想感情的运动状态是语气的依据、灵魂。思想感情的运动激发气息的运动,气息的运动使声音形式发生变化。口腔状态指在思想感情的要求下,吐字归音时口腔的松紧、开闭、前后等状态。这三个要素中的任何一个发生改变,声音形式都会起变化,即语气会呈现出不同的样态。

播音创作基础理论中把语势总结成基本的五种形态:波峰类、波谷类、上山类、下山类、半起类。这五种形象化的类型虽然只是呈现走向,但峰、谷、上、下、半的形成主要依据语句的目的、感情色彩和分量,这些因素也成为气息、口腔状态变化的依据。五种语势是基本的形态,是产生语势之万象的基本模型,在具体的表达中还会衍生出更多的形式。

二、实例剖析

下面这篇例稿是2009年5月12日中央电视台直播的《汶川地震周年祭》,由康辉播读。我们可以通过对语句的声音形式的描摹来感受语气的运用。

一年过去了,今天重回汶川,重回映秀,心里的波澜如潮水汹涌,今天让我们朝着震中汶川的方向,深深鞠上一躬(波谷类语势,感情真挚,语气深沉,语速稍缓,节奏稍慢,气息沉,口腔状态饱满,吐字偏后,清晰有力。注意,并非重点内容都要放在波峰类语势中表达。),但是我们深知在我们心底有一种思念绵延不绝,有一汪眼泪永不干涸。(与上一句是承续、递进关系,"一种思念绵延不绝"半起类语势,"不绝"的"绝"字要以气托声,吐字饱满,但不能过分强调,毕竟下面还有一句有并列关系的句子。)难忘汶川那个不幸的时刻,难忘北川不屈的灵魂,难忘那些重建的艰辛与喜悦,难忘一切的一切,难忘这不平凡的一年。(几个由"难忘"领起的排比句,总体上语气是意味深长、恳切坚定的,但前三句的语气有细微的差别,体现在

"不幸""不屈""艰辛"等几个词语上,接下来的两个排比是对前三句内容的总结概括和提升,声音的统筹范围要大,气息要沉稳扎实,吐字要清晰,力度适中。前三句"抱团儿",之后稍微调整呼吸,后两句"抱团儿",结尾收音时强收。)这一年我们用理想凝聚力量,用真情凝结关爱,这一年,没有饥荒,没有流民,没有瘟疫,没有动荡,这一年,超过百万的受灾群众实现就业,孩子重新露出笑脸,老人不再感到孤单,新的家庭开始组建。这一年,一批又一批的援建者来到四川甘肃和陕西,洒下辛勤的汗水。(又是一组排比,气势铺排。)抗震救灾,战斗一整年,这是一场无所畏惧的战斗,是中华历史上救援速度最快、投入最大力量的抗震救灾,最大限度减低灾害的损失,这是一场沉着应对的战斗,改革开放三十年的着力提升,使我们有能力、有信心、有条件去打赢这场战斗。这是一场团结一致的战斗,它让我们更加深切感受到祖国大家庭最温馨,人民群众最可敬,子弟兵最可爱,共产党人最贴心,凝聚成伟大的抗震救灾精神,终将成为我们民族宝贵的精神财富。(用动词"战斗"领起一组排比,从语法上看很规整,是由"这是一场……的战斗"领起并组成的排比句式,但语气处理要注意起承转合,要注意用细致变化的语气"破"规整的排比句。第一句要突出"无所畏惧"的坚定、豪迈、雄壮;第二句要突出自信、乐观的语气;第三句要更深情一些,语气恳切,声音柔和而有力,可以稍稍加一点虚声。)汶川地震周年祭,党和国家领导人在危楼前深鞠下一躬,这一躬是敬是爱是追思是告慰,中学遗址成为历史纪念碑,纪念不仅仅是灾难和伤痛,更是力量。汶川周年祭,让国旗在废墟上高高飘扬,汶川地震周年祭,逝者安息,生者仍前行。(这两句虽然都以"周年祭"起句,但语气的差别在于,前一句是浓厚怀念之情,后一句强调乐观向前的语气,语调可以稍高,音色可以稍明亮,气息要深沉、有力。)一年前我们擦干眼泪手挽手向前走,今天还是一个壮行日,我们坚信一个善于总结经验的民族,必定是日益坚强和不可战胜的。(这一句要铺垫结尾句的语气,同时语气的色彩是明亮的,分量是稍高亢的,但注意不要走形式,气息要扎实、稳重。)

这篇稿件的语气处理需要比较高的技巧。从内容上看,有思念,有欣喜,有信心,有告慰,有雄壮的气度;从播出时间上看,2008年的"5·12"在中国人的心中永不磨灭,一年之后时过境迁但中国人民的感情更复杂;从新闻传播的功能来看,周年祭不但是祭奠和缅怀死难者,告慰生还者,更有提振灾区人民信心的鼓舞作用,同时也为全国人民继续为灾区建设奉献力量"鼓而呼"。同时,向国际社会展示这一年来中国人民众志成城、共克时艰的勇气和成绩。从语境上看,播出这段节目之前中央电视台大量报道救灾的现况和进展,有众多令人欣慰的成果;这段播音紧紧承接的是党和国家领导人以及灾区群众纪念汶川地震的仪式,气氛凝重而悲壮,因此在播读时要把握好语气的复杂性和分寸感,哀而不伤,欣慰而不轻浮,自信而不张扬,充满豪情而不骄狂鲁莽。

三、实训技巧

例1

将 进 酒
李 白

君不见黄河之水天上来,奔流到海不复回。
君不见高堂明镜悲白发,朝如青丝暮成雪。
人生得意须尽欢,莫使金樽空对月。
天生我材必有用,千金散尽还复来。
烹羊宰牛且为乐,会须一饮三百杯。
岑夫子,丹丘生,将进酒,杯莫停。
与君歌一曲,请君为我侧耳听。
钟鼓馔玉何足贵,但愿长醉不复醒。
古来圣贤皆寂寞,惟有饮者留其名。
陈王昔时宴平乐,斗酒十千恣欢谑。
主人何为言少钱,径须沽取对君酌。
五花马,千金裘,呼儿将出换美酒,与尔同销万古愁。

唐代诗人李白诗风恣肆,充满想象力,铺排清丽,纵横捭阖。夏青、濮存昕都曾朗诵过这部作品,在创作上风格迥异。夏青感情内敛,语气节制规整;濮存昕感情澎湃,气韵瑰丽酣畅。请读者对比欣赏体会,训练回课。

例2

奥运北京　青春放歌

这是一个惊心动魄的不眠之夜。
这是一个欢呼雀跃的激情之夜。

第三章 有稿表达的技巧

北京,终于赢得了 2008 年奥运会的主办权,从秦砖汉瓦中走来的历史和长江黄河般流长的文明,终于能够以体育盛典的方式一展雄风。消息从遥远的莫斯科传出,越过高寒的西伯利亚高原,穿过西域广阔的草原与大漠,飞入了中国的每一条河流,每一座山脉,每一座城市,每一个村庄,每一颗火热的心灵。长城内外,大江南北,到处飘荡着激越豪迈的音符和青春雄浑的歌唱。北京沸腾了!中国沸腾了!我们为这和平与发展的人类新世纪而歌唱。歌唱鲜花般盛开的友谊,歌唱朴素而公正的人类美好信念,歌唱奥林匹克旗帜上那永放光彩的五环。在世纪初开的曙光中,我们的信心与微笑豁然开朗,骤然明亮。冰川已经消融,冻土开始苏醒,这平等的五环,多彩的五环,永远飘扬在人类美好精神家园的五环,激励着我们为这古老而永恒的信念不懈努力。正是五环旗上的光芒使我们有理由相信:新世纪,阳光总是远远多于阴霾。这更加鼓舞了我们相信未来、拥抱未来、礼赞未来的勇气和希望。

我们为这"更高、更快、更强"的奥林匹克宗旨而歌唱。歌唱不倦的意志和勇气,歌唱奔突的生命和力量,歌唱追求卓越永不回头的人生境界。在奥运赛场上,我们真正认识到有些挑战必须去面对,有些极限必须去超越。这世界无论是阴云密布还是春暖花开,无论是战火纷飞还是宁静安详,奥林匹克精神的火炬始终能够穿透层层黑暗,凝聚着我们一起创造辉煌的奇迹。正是由于奥林匹克精神超越了肤色、种族、信仰、地域的种种界限,人类的体育意志才得以薪火相传,人类的卓越精神才得以无限张扬。

我们为这永不服输、永不言败、永远追求的顽强的申奥精神而歌唱。歌唱追求与期盼过程中拼搏的毅力和不懈的努力,歌唱面向世界、拥抱未来中热烈的情怀和坦诚开放的襟怀,歌唱"重在参与"的奥运理念和成熟平和的奥运心态。我们歌唱还由于我们深知:没有千百年来中华民族和中国人民历经风雨坎坷仍义无反顾、一往无前的坚强精神的深厚积淀,就不会诞生顽强的申奥精神;没有对奥林匹克深邃真谛的正确理解和对奥林匹克精神的执着追求,就不会赢得我们今天的胜利。

我们为这绿色的、人文的、科技的北京而歌唱。歌唱明净的天空有鸽子飞翔,歌唱深沉的大地铺满文明的勋章,歌唱宽敞的大路上灯火辉煌,歌唱这厚重沉稳与大气磅礴的中华文化。在北京,我们看到,一种深厚的古老传统文化,在国际化的潮流中透露出多元文化交融的激情与活力,它博大精深,它兼容并蓄,它绚丽多彩,它激情飞扬。我们似乎已经看到那一天,在长城脚下,奥运圣火点燃在古老而年轻的北京,中华文明与世界文明在同一片蓝天下欢乐舞蹈,纵情

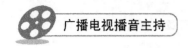

歌唱。

我们为这强健的、奔跑的、跳跃的、嘹亮的青春而歌唱。歌唱赛场上那电光火石般的激情喷涌，歌唱竞技中力量与速度的完美结合，歌唱毅力与体力永不妥协的较量，歌唱那些奔流不息马不停蹄的青春身影。没有青春的激情搏动，就没有奥运精神的生生不息；没有青春的流光溢彩，就没有奥运精神的发扬光大。我们放牧青春，在流淌着光荣与梦想的奥运赛场；我们歌唱青春，为这铸就热血与精神的奥运丰碑。

我们歌唱，是因为我们年轻；我们歌唱，是因为我们热情。我们要为今天的胜利纵情歌唱，我们更要用青春的智慧和力量书写崭新美好的未来。面对时代的重托，我们以青春的名义宣誓：在奥运的舞台上，在历史的洪流中，我们要用我们的热血和汗水唱响奥运精神的赞歌，用我们的拼搏与奉献奏响中华民族伟大复兴的凯歌！

来源：《北京青年报》2001 年 7 月 14 日。

无论申奥成功的那个夜晚过去多久，通读这篇稿件依然热血沸腾、激情澎湃，就仿佛时光倒转，回到激动人心的那个夜晚。在大街，在广场，在电视机前，无论男女老少都沉浸在狂欢的亢奋中。这篇文章以评论的语体反映了当年彼时人们的心声。全篇的语气色彩是喜庆的、昂扬的、自豪的、自信的、坚定的。播读时，忌深陷其中，通篇语势单一，"一喊到底"，要善于根据具体语句运用对比的语势，体现细致变化，把握火候，以贴切真诚的语气感染和影响受众。

例 3

首先我们来关注国内的消息。国务院新闻办公室网络局负责人今天凌晨就谷歌公司宣布停止按照中国法律规定的对有害信息过滤，将搜索服务由中国内地转至香港发表谈话。

这位负责人指出，外国公司在中国经营必须遵守中国法律。谷歌公司违背进入中国市场时做出的书面承诺，停止对搜索服务进行过滤，并就黑客攻击影射和指责中国，这是完全错误的。我们坚决反对将商业问题政治化，对谷歌公司的无理指责和做法表示不满和愤慨。

这位负责人说，1 月 12 日谷歌公司在未事先与我政府有关部门通气的情况下，公开发表声明，声称受到了中国政府支持的黑客攻击，不愿在中国运营"受到审查的互联网搜索引擎"，并"考虑退出中国市场"。在谷歌公司一再请求下，为当面听取其真实想法，体现中方诚意，今年1月29日、2月25日中国政府有关部门负责人先后两次与谷歌公司负责人接谈，就其提出的问题作了耐心细致的解释，强调外国公司在中国经营应当遵循中国法律。如谷歌公司愿遵守中国法律，我们依然欢迎谷歌公司在中国经营和发展；如谷歌公司执意将谷歌中国网站的搜索服务撤走，那是谷歌公司自己的事情，但必须按照中国法律和国际惯例，负责任地做好有关善后工作。

该负责人指出，中国政府鼓励互联网发展和普及，促进互联网对外开放。中国互联网上的交流和言论十分活跃，电子商务等发展迅速。事实证明，中国互联网的投资环境、发展环境是好的。中国将坚定不移地坚持对外开放的方针，欢迎外国企业参与中国互联网发展，并为外商到中国经营发展提供良好服务。中国互联网依然会保持快速发展的势头。

北京时间3月23日凌晨3时零3分，谷歌公司高级副总裁、首席法律官大卫·德拉蒙德公开发表声明，再次借黑客攻击问题指责中国，宣布停止对谷歌中国搜索服务的"过滤审查"，并将搜索服务由中国内地转至香港。

来源：中央电视台新闻频道《媒体广场》，2010年3月23日。

这条新闻报道的是谷歌公司停止"谷歌中国"的搜索服务，内容主体是国务院新闻办公室网络局负责人的发言，结尾部分补充谷歌公司高级副总裁、首席法律官的公开声明。处理语气时应该注意两点：一是转述的语气；二是在转述中体现中国政府的态度立场，同时注意分寸感，保持相对客观的分寸。语气的色彩是严正的，分量要适中。分量适中是因为，首先播音员是代表媒体转述国务院新闻办公室发言人的话；其次，发言人的态度是中国政府欢迎外国企业的投资和参与互联网发展，但是必须遵守中国法律和国际惯例；最后，从节目类型上看，早间的《媒体广场》节目是新闻资讯节目不是评论节目，而且新闻本身并没有直接发布主持人或者媒体观点。从节目定位上看，《媒体广场》节目是央视每天早上撷取各种媒体新闻报道而汇编而成的资讯节目，它不是晚间的《新闻联播》，分量相对较轻，因此，播报的语气需要适中；再进一步，中国政府不希望谷歌公司把商业行为和决策同政治挂起钩来，因此态度明确但并不需要"兴师动众"。

比如，"谷歌公司违背进入中国市场时做出的书面承诺，停止对搜索服务进行过滤，并就黑客攻击影射和指责中国，这是完全错误的。""书面承诺""进行过滤""指责中国"后要半起，四个动词"违背""停止""影射"和"指责"引领出的内容是有层次的,在语势类型上虽然都是半起类,但是语气要稍有区别:前两句话可稍连,与第三个分句形成并列的关系。"完全错误的"是下山类语势,表示判断的语气,同时表达了反对。在气息的运用上,需要气息较沉、扎实,口腔控制需加强,字正腔圆。

例4

王佳一:暖风都打开了吗?如果没打开,一路畅通给您吹点,一路畅通现在开始,大家好,我是王佳一。

郭伟:大家好,我是郭伟,今天是一郭组合。很多朋友都说,现在网上的照片老换错了,他们都不知道我们换班了。

王佳一:来锅热乎的,这天这日子早饭一定要好好吃,增强身体抵抗力,一个是有流感,另外一个就是天真的冷了。

郭伟:确实,吃点早饭能够给身体提供点御寒的热量,您出门的时候一定得多穿了,感觉我今天没穿毛衣就是失败。

王佳一:今天我可穿大呢子衣服了,大帽子一扣,风雪雨都不怕。

王佳一:这位唐山的朋友说,今天早晨实在太冷了。

郭伟:华北地区这两天降温的幅度会比较大,网友京城高速说,朋友们,2009年的第一场雪来了,大家出门注意安全。

王佳一:走在路上的朋友一定要控制好车速,不要紧急并线,要不然后车来不及的话真追呀。

郭伟:现在网络平台的朋友都要先于短信平台的朋友,咱们短信平台的朋友因为现在要发一个HD再加互动内容,可能有点麻烦发送到10621039。

王佳一:一同遛弯1039,互动的汉语拼音加在前面。现在听歌吧。

郭伟:天这么冷,一上来先让大家取取暖怎么样,《让我取暖》希望能带给您一丝的温暖。大街上很多骑自行车的朋友都缩着脖子呢,挺辛苦的。

王佳一:开车的朋友让着点他们。(整个节目的基调,体贴、温馨、朴实)

王佳一:我们先来关注一下路面上的情况。

郭伟:接下来为您点击今天的新鲜事……

王佳一:现在是北京时间7:51,该和大家交流今天的话题了。

8396:今天下雪不出门,出门就去……

郭伟:今天大家参与话题的热情高了,这么多车都出门了。

王佳一:另外就是今天下雪不出门,待在家里。

郭伟：也就是今天咱们聊的是"下雪不出门"的话题。我们的联系方式是发送手机短信 HD 加互动内容到 10621039。

王佳一：说说这两天发生的大事小事也可以。

郭伟：尽管昨天我是和园园上节目，她不是一个球迷，看到国安队夺冠依然会非常兴奋。

王佳一：呼喊来着吧？1039 的朋友说，通知，我换号了，和你们一样，以后一定要多念我的信息，谁让咱们熟呢。

郭伟：据不完全统计，还有俩跟我们的号一样。

2589：我们都一个月没休息了，太需要温暖了。

郭伟：什么单位呀？

王佳一：保障供暖的单位，供暖之前比较忙碌，辛苦了，为了全市人民的温暖您辛苦了。

9668：听你们的，吃早饭去了。

王佳一：早饭一定要吃，多吃，吃好。

0772：这冬天就算来了吧，这太突然了。

王佳一：不瞒大家说，前三天一个老姐姐说，今年的天气和往年很不一样，秋天比较长了，你看这都多少号了，开着窗户都不冷，这往年在车里直哆嗦。

郭伟：秋天长大家都习惯了，搞得冬天来得很突然似的。

王佳一：欢迎大家参与今天的话题，今天下雪不出门。

郭伟：出门就去……

王佳一：待在家里……

（广告）

王佳一：不许让烦恼来围绕，让轻松围绕，虽然现在路面上比较湿滑，有雪花飘落，但是我们每一位朋友都非常小心地在开车。

郭伟：这首歌叫做《一百种表情》，大家在路上开车的时候要保持专注的表情。今天的话题是今天下雪不出门，出门就去干什么。

王佳一：待在家里干什么。

8253：首先祝贺国安，大家注意安全，我出门去大兴去接老婆和儿子。

5135：昨天从工体回来，我现在嗓子还哑着呢，现在在驾校陪老婆学车呢。

5385：我和老公在长走大赛的路上，祝福我们吧。

4126：王佳一，你告诉我们一下，今天长走活动你说还去吗？

王佳一：已经有人去了。

郭伟：没得着信儿不去，热爱运动的朋友是风雪无阻。

王佳一：如果报了名的话就去吧。先说长走这事，大家带一个背包，这个背包最好是防雨雪的，去的时候你肯定要穿一件比较厚的比较暖和的衣服，可是走着走着你要是热的话就把后面那一层加塞的小棉袄放到背包里穿着那层防雪的就行了。

郭伟：总之别怕麻烦，东西备得越全，应急的时候就好办了。

9396：早晨出门穿少了，现在还冷着呢，呜呜。

郭伟：这哭呢。

6766：出门我就去考试去了。

1172：去上课。

5396：去参加婚礼。

郭伟：参加婚礼怎么还呜呜呢？

王佳一：他觉得天不好，不知道怎么安慰安慰结婚的朋友了。这些天收获多大呀。

郭伟：就是，我觉得有的时候天气不好尽管有点扫兴，尤其是参加婚礼还得靠亲朋好友烘托气氛，咱们千万要开心起来。

王佳一：让自己的勤劳、亲友的热情融化所有的冰雪。

5660：今天加班。

郭伟：看来是累坏了。网友说，谁说我不出门，一会儿听完你们的节目我就去自习室，宿舍像冰窖，教室像火炉，听完广播去自习。

王佳一：白天自习室暖和，晚上宿舍暖和。

郭伟：这是哪个学校这么好？可能医院学校这些地方来暖气的日子都比住家来得早。

1556：今天招标师考试，一早我就出来了。

王佳一：招标师。

郭伟：干什么的呢？

王佳一：给项目招标的，特别专业，外行确实弄不明白。

3783：大早晨起来去新东方上课，昨天演出错过了两场比赛，不过国安和阿森纳都赢了。

郭伟：中国和英超。

2753：我去上在职研究生的课去，学费太贵了，一节课三百来块，没办法，风雨无阻。

郭伟:要去健身,一定要把钱先扔那你就能够坚持下来了。

7253:高三了,我去学校,学习好紧张啊。

王佳一:都得经过这一段。

郭伟:这么大雪天可能会影响大家出门的心情,但是如果您有一个明确的目标出去也就出去了。这位网友说,今天下雪不出门,出门我就想去买个手机,相中了好几款手机。

7081:能告诉我,普通百姓怎么去打流感疫苗吗?

郭伟:给您查了查,一共有五类人群。

……

来源:北京交通广播《一路畅通》,2009年11月2日,17:30。

当下有一种常见的广播节目形态,"话题+新闻+音乐+信息+互动",比较具有代表性的如北京交通广播的《一路畅通》、国际广播电台的《飞鱼秀》等。这两个节目的特点:一是节目内容由准备好的素材、与听众互动、即兴话语串联构成;二是语言表达灵活,生活化、口语化和即兴性程度高,主持特点鲜明,追求趣味性。这类节目内容的冗余度较高,有的听众批评"废话比较多,不够精练紧凑,主题教育意义不大"。

这类节目中经常有主持人转述听众互动的内容,在语气的处理上要注意变化。有的以一以贯之的主持语气转述听众短信或者留言;有的根据短信、帖子的内容,"真实再现"听众的语气;有的运用表演技巧夸张地演绎互动内容。这些语气的变化都是为了活跃节目气氛,增强娱乐效果。

四、延伸思考

在世纪之交时,播音主持界流行"说人话"的倡导,旨在反对"不说人话"的话语方式,即在内容上反对说"假话、空话、套话、大话",在表达上反对装腔作势、拿腔拿调。单从表达上看,"不说人话"不仅表现为吐字归音刻板、夸张,更表现为语气的空洞、语势的僵冷,情感是表里不一、矫揉造作的,技巧是生搬硬套、浮夸炫耀的。初学者在学习技巧的时候,切记"说人话"。"说人话"在表达层面是指语气要贴近生活的真实,呈现感情的鲜明性和具体性,恰当地落实到艺术性、创造性的声音形式上,核心是以一定的、具体的真情实感"我口说我心"。当然,自然真诚的语气并不等于"大自然""原生态"的表达,生活中常见的拙于表达、羞于表达、惧于表达是不能感染和影响听众的。

语气直接反映播音员、主持人的语言表达面貌(播音面貌、主持面貌),通俗地说,很多播音员、主持人有自己特有的语气习惯,成为他(她)的播音主持特点。当听众"只闻其声不见其人"时就能判断出是谁在播音主持。因此,播音员、主持人一方面要研究、尊重文字依据的具体思想感情,另一方面要剖析自身表达的特点,创造性地运用有个人特色的语气。

第八节 节 奏

一、理论阐释

（一）语言的节奏不是什么

节奏不是语速,不能用简单的快或者慢来描述,快节奏不等于快语速,慢节奏也不等于慢语速。

只要说话就产生语速,但节奏不是天然的。
语言表达中的节奏不能简单地等同为音乐的节奏内涵,不能"被打拍子"。
语言节奏不是在一个音节、一个词语、一个句子中产生并存在的。
语言节奏不是一成不变的,不能单调机械。
语言节奏不只是声音的高低、强弱、长短的变化。

（二）语言表达的节奏是什么

"节奏"这一术语来源于音乐,是指音乐或诗歌中交替出现的有规律的强弱、长短的现象。[①] 人们常说"节奏是音乐的灵魂"。语言表达的节奏与音乐节奏有很大差异,节奏的单位更大一些,灵活性更强,很难找出明确的模型。

语言表达的节奏表现在语流的推进过程中,不仅有抑扬顿挫还有轻重缓急,与语气、停连、重音等其他技巧共同形成语言表达的立体的声音形式。

---

① 中国社会科学院语言研究所词典编辑室编:《现代汉语词典》(第6版),商务印书馆2012年版,第661页。

"由全篇稿件生发出来的,播音员、主持人思想感情的波澜起伏所造成的抑扬顿挫、轻重缓急的声音形成的回环往复"[1],是谓节奏。

在有稿播音中,节奏的依据是播音员、主持人对稿件的题材、基调和具体思想感情变化的理解和感受,是稿件所营造的大致氛围的外在体现。把握节奏的关键:

第一,节奏不是凭空设想出来的,播音员、主持人要切实依据稿件的具体内容及其内在语,运用联想和想象进行理解和感受,但不能脱离稿件的实际,否则,可能造成声音形式与稿件内容的割裂。

第二,声音形式是运用气息的深浅、多少、快慢和声音的音色、音高、音强、音长以及口腔控制的松紧、开闭、前后等技巧对节奏进行创造性的外化。抑扬就是声音高低的变化,是相对的较高和较低;抑扬通常是交替运用的,一般原则是欲抑先扬、欲扬先抑,构成对比,体现变化。顿挫就是声音的短暂停歇,是节奏表达的手段,用以制造简短的悬念或思想感情的变化,引发受众回味和思考;顿挫的关键在于气息的运用和顿挫的位置、时间长短。轻重主要体现在重音和非重音的处理上。轻重的程度也是相对的,要避免突兀和笨拙。缓急表现为音节、词语、词组在思想感情的支配下产生的疏密序列,是语流中词语节拍长短、快慢的变化。

第三,节奏的本质是声音的回环往复。在语流中,音节、词语、词组等通过表情达意的需要和行文规律的要求而形成序列、呼应、再现、反复的形式,声音形式的重复就构成了节奏。简单地说,回环往复就是相似语气所附着的语势有规律的重复。

(三) 节奏的类型及表现技巧

为了表述上的便利,我们常把节奏总结归纳成六个基本类型,即轻快型、凝重型、低沉型、高亢型、舒缓型、紧张型。这六种类型基本能把节奏的基本形态描摹出来。表达节奏的核心是有规律的变化,就是在对比中体现不同,常用六种基本的方法,如下:

第一,欲扬先抑,欲抑先扬。抑扬之间的过渡要顺畅自然,用"声停气不停"的技巧表达抑扬之间的关系,不能一惊一乍。抑扬不仅是音色、音高的变化,吐字技巧也须配合(比如,口腔开度的大小、吐字位置的前后),当然语气要相辅

---

[1] 张颂:《播音创作基础》,北京广播学院出版社1990年版,第109页。

相成。

第二,欲慢先快,欲快先慢。语速快慢的变化也是节奏变化的重要指征。"快"要做到快而不乱,嘴上快,心不慌。否则听上去心急火燎、连跑带追,谓之"促"。"慢"要做到慢而不断,嘴上慢,胸中有全局。否则拖拉悠荡,迟缓阻塞,谓之"押"。在舒缓的节奏中善于处理紧与疾;在紧张的节奏中善于运用松与缓来调节。根据语气的需要,做到"快中有慢,慢中有快,快慢相宜",有目的,有意识,有控制,才能有节奏。

第三,欲重先轻,欲轻先重。轻重主要用来处理语句重音,声音形式表现为轻、重、虚、实。虚实是轻重的不同程度,在播音主持中,用"虚"表示轻时,并不是用全虚的声音,一般用半虚即可。全虚的声音只适合特殊的、局部的处理,否则会给人虚假、小气、故弄玄虚的感觉。虚中有实,实中有虚,虚实结合,使语言舒畅、灵动。

第四,欲高先低,欲低先高。语调的高低和音高的高低本身代表某种特殊的语气,"高"通常给人高亢、鲜明、亮丽、尖锐、激烈的感觉,"低"常常令人感到沉稳、压抑、扎实、厚重、悲愤等氛围。高和低在语气和节奏上给人的印象通常是相对的,在语流中呈现起伏感和明暗感,调节语言的曲线和色彩。

第五,欲停先连,欲连先停。停连不仅区分语意、显示重音,而且体现语气和节奏。要区别运用少连多停和少停多连的方法。该一气呵成、一泻千里时,前后就要找准停的位置和时机;该停顿、中断暗示思想感情和意图的内涵时,前后就要注意用连接推动语流的进展。在语流当中,停和连的转换必须把握时机和火候。

第六,凸显对比,控纵自如。前面交代的五种方法的共同特点就是加强对比。在语流中,把抑扬、快慢、轻重、高低、停连等对比鲜明的声音形式用交替和转换的方式表现出来,给人留下听觉上的清晰印象,感受到语流的波澜起伏、色彩变换、急缓相间的变化,突破在初学者语言中常见的"一个味儿"和"一个劲儿"。开始练习时要敢于"过",就是先夸张练习,放开胸怀,亮开声音,观察和分析自己声音和感情的场域;这意味着要突破生活平淡的常态,要有艺术夸张的意识。另外一个问题是,初学者经常着眼于小的语言单位,陷入具体的语句和语气中,不能在一个意群、段落或层次中把握对比的方式和程度。只看到小单位,而忽略句子与句子之间的逻辑关系、感情链条,就难以做到抑扬、快慢、轻重、高低的对比,或者对比形式刻板、僵化,不流畅,不自然,难以做到控纵自如。控纵自如是理想,要达到控纵自如的境界,首先要抓住重点,其次要辨清全篇中

第三章 有稿表达的技巧

重点的位置和分量,最后要把握对比的火候,达到整体流畅谐调。

二、实例剖析

我们以美国电视剧《新闻编辑室》的一段台词为例,分析节奏表达中的具体技巧。这段台词的背景是 ACN 的新闻节目主持人威尔与其他嘉宾一起被邀请与西北大学的学生座谈,当台下的一位女学生向威尔提问"美国为什么是个最伟大的国家"时,威尔说出以下这番话。有兴趣的读者可以观摩该片。虽然英语、汉语的语种不同,但在语气和节奏的表达上可以借鉴。

威尔:美国不是最伟大的国家,教授,这就是我的答案……为什么人们不喜欢自由主义者?因为他们总是输。要是他们有那么聪明,又怎么会一次都没赢过。而你,居然好意思告诉学生我们美国已经牛气透顶。(以上第一句话开宗明义表达观点,但接下来岔到评论自由主义者,其实在暗讽另外一位嘉宾。这两句话是承上启下的过渡,为下面威尔要表达的主旨做铺垫。注意语气的分量不能过重,因为观点并不是此篇言论的高潮部分,下面大段的举证才是重点部分。)美国是世上唯一拥有自由的国家吗?加拿大有自由,日本有自由,英国、法国、意大利、德国、西班牙、澳大利亚、比利时都有自由。全球 207 个主权国家中,大概有 180 个都有自由。(这段话的声音形式在本篇台词中回环往复。第一句疑问暗含否定语气。接着,自问自答的排比以及一对数字的对比,在气息运用上,一气呵成;情绪上开始有些激动;语气上观照第一句的否定性疑问,内在语是"怎么能说美国是世界上唯一拥有自由的国家呢!";节奏稍高亢、稍紧张;语速稍快。)

还有你,联谊会女生,以免你以后不小心乱入了投票站,有些事你是要知道的。比如,你的问题根本毫无根据。(这一句的对象转向女学生,语气稍和缓,节奏也转换为舒缓。)美国是世界上最伟大的国家吗?我们识字率排第 7,数学第 27,科学排第 22,预期寿命第 49,婴儿死亡率排 178,中等家庭收入排第 3,劳动力排第 4,出口额排第 4。只有三项,我们是榜首。监禁人员所占总人口比重,相信天使的成年人数量和国防开支。这项支出比后面 26 个国家的总和还多,其中 25 个还是盟国。(这段话是较高亢、较紧张的声音形式的回环往复,表达技巧同第一自然段的第二部分。)当然,这都不是你这个 20 岁大学生的错,但你却对生活在这个史上最糟糕最悲剧的年代毫不质疑。所以你问我是什么造就了这个最伟大的国度?(过渡句,语气稍缓,节奏舒缓。)……我们的确辉煌过,我们为正义而拼,为道德而战,因合乎道德而立良法,因违背道德而废恶法。我们要消灭的是贫穷,不是穷人。甘愿牺牲,关心邻里。勤劳踏实,不空口说大话。我们有过伟大的发明,有过逆天的科学创造。探索太空,治愈疾病,培育出了最出色的艺术家和最强盛的经济体。我们敢于挑战,同时心怀谦逊。我们追求智慧,不自负,并没有因此降了身价。我们不凭"投票给了谁"来区分人,也不像现在,如此轻易畏惧。以前之所以能做到这些,是因为我们信息充足。有受人尊敬的伟大人物告知我们,解决问题的第一步,是要承认问题的存在,美国再也不是世界上最伟大的国家了。(这段话是本篇的高潮部分,是话语主旨的体现,是表达上最高亢的部分。语法整齐而有韵律,语气恳切而坦诚,气息连贯但不急促,重音突出但不突兀,节奏高亢但不尖锐。)

请注意,在稍高亢、稍紧张的节奏回环往复间,有较舒缓、较凝重的语气的调节,这样才能既吸引听众注意力、动人心弦、引人激动,又不局促、不压迫、不造作,既体现话语的基调和艺术韵味,又符合和带动听众的心理状态运动。

三、实训技巧

这部分对不同节奏类型的稿件进行训练。请读者注意每篇稿件中节奏的变化;节奏和语气的关系;节奏的类型是由哪些相似的语气的感情色彩、分量和语势共同作用形成的;节奏是怎样随着语气的转换而发生变化的。

例1　(轻快型)

杨洋:大伙都到齐了吗?快乐心情都到齐了吗?如果还差一点的话没关系,让一路畅通给您补上,这里是快乐春天版的一路畅通,大家好!

李莉:您好,不知道到齐没有?总之欢迎我们的队伍早早就排好队了。

……

(音乐)

……

杨洋:说说我们今天的话题。

李莉:我们在家里做事、打扫卫生时经常有一些不注意的地方。

杨洋:大家也经常说一句话:节约光荣,浪费可耻。

李莉:在每个家庭中,肯定有不拘小节不注意小问题的朋友。

杨洋:有这样的人。

李莉:今天咱就揭发一下,我们家最爱节约的是什么?谁最不节约?

杨洋:大家也可以互相提醒。

2331:我不知道家里该节约什么,但公交车上确实挺节约的。五路谁提议换的小车呀?一共就一前一后两个窗户,说它是空调车还没开空调,人还特多,憋得都快喘不过气来了,得建议建议。

杨洋:今天的话题就是我们家最该节约的,结果一看,特别多地说到我们家最该节约的就是钱,看来很多家都是乱花钱成风。

李莉:这说得也对,不管是水、电、气都花钱。

……

(音乐)

……

1300:我们家最该节约的就是说话,我跟我老婆整个一对杠头,放西餐里就是刀和叉,一见面就开始抬杠。

李莉:为什么要说这个话?是因为您肯定在某些地方太不节省了,家里人就会提醒您,但是我们接下来为您介绍节省一度电、一滴水到底意义何在呢?地球毫无保留地为我们提供各种资源。首先就是水,水是一切生物存在、发展的基础,比如人类体重的 2/3,大脑的 99% 是水,骨骼的 44% 也是水,哺乳动物体内 60%—65% 都是水。

杨洋:如果地球没有了水,世界上将是一片荒凉,森林将不复存在,植物将灭亡,地球上将出现无边无际的沙漠,一切生物也就将不复存在,生命的迹象便会消失。

李莉:人类也将无法生存,长期以来人们头脑里都有一个错误的观念,水资源似乎是取之不尽用之不竭的,但实际上却是非常有限的。

杨洋:所以请您节约每一滴水,从某种意义上说水就是血呀。

李莉:那么一度电有何意义呢?

杨洋:专家算了一笔账,一度电 25W 的灯泡可以连续点亮 40 个小时,家用冰箱能够运行一天,普通电风扇可以连续工作 15 个小时。

李莉:电视机能开 10 个小时,能将 8 千克的水烧开,能用吸尘器把房间打扫 5 遍,能使电动自行车跑上 80 公里,可用电炒锅炒两个美味的菜,可借助电热沐浴器洗一个非常舒服的澡。

杨洋:所以节约用电对节约资源保护环境的作用也是不小啊,每节约一度电就相当于节约了 0.4 千克的标准煤,4 升的净水,同时减少了 0.27 千克的碳

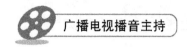

粉尘。

李莉:还有0.997千克的二氧化碳、0.03千克的二氧化硫、0.015千克的氮氧化物等,看来一度电的意义很大呀。

4097:最该节约的就是资源,钱是你自己的,但资源是大家的,不应该因为自己有钱而浪费大家的资源。

杨洋:说得太对了。

……

(音乐)

李莉:咱们说说树,生产一吨纸要用20棵大树,55万吨就要砍伐大树1100多万棵,生产一吨纸需要消耗净水100吨、600度电、1.2吨煤和300公斤化工原料。

杨洋:按中小学人均课本费180块钱来计算,扣除平均成本全国每年至少可以节约书费316.8亿元,如果连续使用五年就可以节约1584亿元。

李莉:这些数字听起来是不是特触目惊心?

杨洋:这么多钱能干多少事呀。

李莉:所以咱们一定要大处小处都要省。

……

来源:北京交通广播《一路畅通》,2006年4月7日,17:30。

例2 (凝重型)

2008年5月12日四川的地震灾难震撼了全国人民的心,七天后举国为在地震中死难的同胞默哀三分钟,之后中央电视台播出评论悼念死者,激励生者,至今主播康辉的声音还回荡在观众的心中。

公元2008年5月19日14时28分,为了数万个在瞬间集体陨灭的生命,华夏山河鸣咽,神州大地悲怆,这一声声汽笛,这长鸣的警报,是我们对所有遇难亲人不忍的告别,是整个民族无限的痛楚和创伤,更是共和国对汶川特大地震所有遇难者最后的庄严敬礼!

举国的哀悼不仅是对死难同胞生命的悼念、敬畏和尊重,也是对生者的精神慰藉。我们为哀悼低下头,我们更要为战胜苦难挺起胸!

(以上一段在文字上使用了铺排、排比、层递的修辞手法,为了营造和烘托举国哀悼的气氛和意义,在节奏的表现上需要连贯而凝重,并且层层推进。)

擦干眼泪,我们还有太多的事情要做。废墟里还有顽强的生命等待我们救援,失去父母的孩子还需要我们抚慰,毁坏的家园还等待我们重建。擦干眼泪,我们把悲痛化作力量。逝去亲人对于人生美好的愿望、对于祖国强大的期待,这些未竟的遗愿将由我们继续完成!擦干眼泪,坚强、坚持、坚守是我们唯一的选择!我们已经相互扶持着走过了最艰难的开始,现在只要有顽强的意志、不懈的努力,我们就一定能够渡过难关!

中国人民曾历经沧桑,饱受磨难,然而在灾难面前,中华民族始终展现出无比的坚韧和顽强,不服输、不放弃,灾害无法阻止中华民族奋发进取、不畏前行的坚强步伐。我们坚信,不久的将来,在曾经地震的废墟上,一座又一座更加美丽的英雄的城市和乡村将拔地而起,我们能够听到学校朗朗的读书声、工厂轰鸣的机器声,我们能够看到街市热闹的嬉戏、农田欢快的劳作。这是我们所有活着的人对逝去同胞的承诺,我们一定能做到!

全国哀悼日,更是全国人民的壮行日!我们记住这个时刻,我们用这种形式,寄托我们的伤痛和哀思,表达我们的信心和勇气。在鲜艳的五星红旗下,我们并肩站立!在不屈的中华大地上,我们众志成城,为我们历经磨难的民族积蓄生的力量!

来源:康辉播读,中央电视台新闻频道2008年5月19日。

凝重的节奏需要很强的气息支撑,包括气息的稳定、扎实和持久;同时气息也要很灵活,否则凝重的节奏容易变成凝滞、拖沓,死气沉沉。

例3 (舒缓型)

下面的例稿节选自报纸,是一篇典型的人物专稿,以电力援建灾区的困难为线索,有细节,有典型的人物形象,有真实语境下的人物话语,表达方式丰富,适合训练语气、节奏。

老将出马 一个顶俩

在首批工作人员赶赴灾区重建现场时,正在安排第二批援建人员的重庆大后方却碰到了麻烦。

地震发生后,考虑到灾区的艰苦情况,公司首先选拔了一批身强力壮的年轻人到现场。14日晚上通知,15日一早出发,没有一个人因事推托。但等到派第二批赴川救灾队伍时,却"出事"了——几个退休老将坚持要到前线去。

61岁的袁海河带着五十几岁的张为民、肖明其,在办公室门口堵着死活不走。"国难当头,哪里还分男女老少?""我去年在公司变电检修比武中还获得了

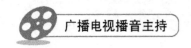

季军,技术过硬。""老同志见得多,稳得起!"……

家有一老,如有一宝。还真是如此,他们技术娴熟,工作经验丰富,给人增添了扎实稳定的感觉。而且个个不服老,搬物资、拌混凝土、砌围墙、浇筑基坑、拆装设备,实在累了就递工具,有的甚至还负责做饭炒菜。

老少搭配下,工作进行顺利。重庆市电力公司承担了绵阳220千伏安县变电站、110千伏花荄、晓坝、永安、睢水等5个变电站的抢修恢复重建工作,后4个变电站均于5月26日前完成抢修。而损毁最严重的安县变电站7月8日完工,比国家电网的计划提前了50多天。

参与建设就是幸福

如今,当时参与抢建的电力员工已分散各地,坚守着各自的工作岗位。罗康辉则在去年7月安县变电站重建完毕后,投入到下一项工作中。8月,他就出现在了武隆风电建设现场。

在武隆县和顺乡弹子山的四眼坪风力发电场,重庆第一个风力项目正在忙碌的建设中。山城重庆的第一个风轮将在他们眼前转动,这将开创一段新历史。

"当无情的毁灭就在眼前的时候,会忽然觉得'建设'是件多么美好的事情。作为一个搞建设的人,能做事就是最幸福的,再碰到什么困难都不会推托。"

一个是毁坏后的重建,一个是新工程的创新,两者有着截然不同的意义。而在罗康辉眼中,这两者有着相似之处——都艰难重重,但同样是追逐光明的挑战。

来源:记者姜莹:《追逐光明 驱除黑暗》,《重庆晚报》2009年5月12日。

例4 (紧张型)

(片头)

主持:2001年7月至2003年4月间,北京市先后发生6起抢车杀人案。犯罪嫌疑人尾随奔驰、奥迪等豪华轿车,趁事主不备,持枪胁迫事主驾车驶往偏僻地点,于途中将事主残忍杀害后弃尸荒野,随后将抢劫的高档轿车开到外省市销赃。本片真实地记录了北京警方会同兄弟省市公安机关侦破此案的全过程。

解说:2002年3月21日晚上9点多,北京市富商邬海军先生走出家门,驾驶着自己的奥迪A6 2.8豪华轿车前往位于亚运村的某酒楼与朋友约会。令邬海军的家人感到意外的是,他走出家门以后,就再也没有任何音讯。焦急地寻找无望后,邬先生的家人拨打了110。北京市公安局刑侦总队接到报案后,迅速在全市范围内查找邬海军的下落,但是没有得到任何线索,最后见过邬先生的,是酒楼停车场的保安。邬海军先生坐进自己的汽车,再也没有了音信,几天的侦查毫无结果,邬先生好像人间蒸发一般,消失得无影无踪。为确定事主是否已经被害,进而确定案件性质,北京市公安局刑侦总队迅速在全市范围内、在案发临近的时间段内查找无名尸。排查中,密云县公安分局上报的情况引起了侦查员的注意。

......

解说:枪声并没有震慑住凶残的犯罪嫌疑人,他们反而加大马力,如惊弓之鸟在公路上飞速逃窜。5月28日当天,公安部向全国发出了A级通缉令,要求辽宁、内蒙古、黑龙江、吉林四省区公安机关紧急行动,在公路上对驾车逃窜的两名犯罪嫌疑人实行围追堵截。然而,四省区的围堵却没有截获犯罪嫌疑人的踪迹。原来,王青海和程龙已经在公安部发出通缉令的同时,携带20万元赃款驾车逃窜到了陕西省西安市。由于途中丢失了大量的现金,两人又驾车返回他们更熟悉的东北。对专案组的侦查员来说,这无疑是一个又一个的不眠之夜,眼看就要捉拿归案的犯罪嫌疑人,却突然消失得无影无踪,并且,这还是两个极度危险的犯罪嫌疑人。就在侦查员们苦思冥想努力寻找王青海和程龙的消息的时候,6月18日晚,终于在大连传出了犯罪嫌疑人的消息,由于在大连和买主发生争执,两人将买主刺成重伤后逃出大连。在黑龙江省的高速公路检查站,嫌疑人的汽车受到了交通民警的检查。程龙残忍地用匕首将交通警察刺伤后逃窜。在营口市高速公路检查站,值勤民警在阻拦无效的情况下,对闯关的皇冠汽车开枪射击,将程龙击伤,皇冠车并没有因此而停下,而是惊恐不安地冲过了检查站。

解说:丧心病狂的王青海、程龙两人疯狂地驾驶着汽车,接连闯过了辽宁、内蒙古的二十多个检查站,进入吉林省双辽市境内。

......

解说:6月19日9点30分,就在贾晓岩、姚文明他们决定将所驾驶的警车拦在路中间,以阻止嫌疑人继续逃窜的时候,犯罪嫌疑人驾驶的皇冠轿车已经以超过230公里的时速疯狂地冲了过来。

解说:警车瞬间被皇冠从中间"撕开",皇冠车也撞在了附近的一棵大树上。撞车后,已经受伤的犯罪嫌疑人程龙弃车逃向路边玉米地,民警姚文明在撞车的那一瞬间被抛到公路上,他清醒后发现程龙正要逃走,于是不顾腿上的剧痛,纵身跃起,但是程龙已经逃远。民警姚文明又返回身,以极大的毅力拿着枪奔向撞在大树上的皇冠车,将王青海堵在车内。随后赶来的民警也将夺路逃跑的犯罪嫌疑人程龙擒获。犯罪嫌疑人被成功抓获。但令人痛心的是,在这次抓捕行动中双辽市公安局两名民警重伤,一名轻伤。最先发现犯罪嫌疑人的双辽市公安局双山镇派出所副所长贾晓岩,在撞击之下,当场壮烈牺牲。

解说:四天后,6月23日,公安部颁布嘉奖令,授予在拦截战斗中牺牲的贾晓岩与负伤的王文清两位公安战士,二级英模称号,同时授予王左峰、姚文明、马军个人一等功。6月25日,同事的悲伤与亲人的泪水,为英勇捐躯的烈士送行。

解说:壮行的枪声,不仅代表了对英雄的哀悼,更加表达了对罪恶的痛恨。

……

中央电视台"社会与法"频道的一档纪录片节目《天网》,是以记录历史名案大案为主要内容的栏目,记录了中国法治建设进程中的典型事件。《追踪奔驰杀手》记录了一个大案侦破的过程,为了早日破案,北京市警方与兄弟省市公安机关马不停蹄、日夜兼程地调查案情、追踪线索,播读时要体现出十分紧张的节奏。

例5 (高亢型)

首都庆祝中华人民共和国成立60周年联欢晚会开始!

今夜星光灿烂,今夜礼花满天,今天我们用欢乐传递激情,放飞梦想,明天我们用汗水创造未来,编织希望。

让我们高举中国特色社会主义伟大旗帜,以邓小平理论和"三个代表"重要思想为指导,深入贯彻落实科学发展观,继续解放思想,坚持改革开放,推动科学发展,促进社会和谐。

让我们更加紧密地团结在以胡锦涛同志为总书记的党中央周围,万众一心,开拓奋进,为夺取全面建设小康社会新胜利、谱写人民美好生活新篇章而努力奋斗!

各位观众、各位朋友,台湾同胞、港澳同胞、海外侨胞,全世界的中华儿女,今晚我们用最真诚的笑容为新中国庆祝生日。今晚我们用最美好的方式向母亲献上祝福,我们祝愿伟大的祖国繁荣昌盛,前程似锦。我们祝愿全国各族人民团结和睦,幸福安康!

今天的中国普天同庆、举国欢腾,今晚的北京笑意盎然、欢乐和谐。今晚的天安门广场笑语欢歌。俯瞰天安门广场我们更加感受到这是文化繁荣、社会进步、国际地位日益提升的热土。今晚,党和国家领导人将与来自全国各地、各民族、各行业的数万群众聚集在一起。

现在党和国家领导人已经在数万群众的欢呼声中登上了天安门城楼。

……

2009年发生了很多大事,其中最大的喜事就是中华人民共和国成立60周年庆典。下面是首都庆祝中华人民共和国成立60周年的联欢会实况。解说词的节奏是非常典型的高亢型。一般庆典仪式的解说词、主持词、庆祝晚会的主持词,都会采用高亢型节奏。

例6　（低沉型）

中国著名学者、国学大师,北京大学资深教授季羡林先生今天上午9点在北京301医院辞世,享年98岁。北京大学全体师生员工向季羡林先生的逝世表示深切的哀思和哀悼,北京大学已经成立了治丧工作组,开展相关工作。

季羡林,字希逋,1911年8月6日出生于山东省临清市康庄镇。著名的古文字学家、历史学家、东方学家、思想家、翻译家、佛学家、作家。他精通12国语言。曾任中国科学院哲学社会科学部委员、北京大学副校长、中国社科院南亚研究所所长、中国文化书院院务委员会主席。季羡林先生也是我国著名语言学家、文学翻译家,对印度语文文学历史的研究建树颇多。

2009年中国文化界失去了很多重要人物:有学术大师季羡林、任继愈;有文化"国宝"王世襄;有海外重要华人知识分子唐德刚先生等。上面的例稿是中央电视台新闻频道2009年7月11日播出的关于季羡林先生去世的新闻,播读时要注意运用低沉的节奏。

四、延伸思考

即兴表达有很多种类型,比如大段的独白式语言表达(与戏剧中的单白不是一个概念)、插话(或串联、应对)、提问等,在不同类型的即兴表达中运用节奏的技巧也要贴切语境、"因地制宜"。插话(或串联、应对)和提问时,要和谈话对象的对话节奏相适宜、相谐调,同时也要突显插话(或串联、应对)和提问的目的、意图,这需要保持节奏或者变换节奏。

在即兴的谈话中,节奏的微小调整是必需的,这样才能带来听感上的起伏跌宕;但要贴合语意和感情的运动,不能随心所欲、不加设计。有些人认为,即兴谈话不需准备、无须设计,这是个认识误区。广播电视节目中的即兴谈话不但要由节目组、主持人做好充分的案头工作,而且需要调用主持人长期积累的知识储备,要运用反复锤炼的语感和表达技巧,运用在实践中形成的判断力、调控力、应变力,这些看似无须"准备"的素质恰恰是主持人日复一日不断准备获得的。更重要的是,主持人在节目中绝不能信口开河、想到哪儿说到哪儿,特别是在话语交锋的即兴讨论或访谈中,主持人精力高度集中,感知和思维等心理活动高速运转,在思考"说什么"的同时也要斟酌"怎么说"。有个现象很值得深思:越是初出茅庐的学生或主持人越觉得自己可以胜任主持谈话节目,认为"不就是聊天嘛",而越是职业经验丰富的主持人越认为时间长、变数多的即兴谈话很难驾驭。这里蕴含了一个道理:即兴谈话看似是日常化的随意聊天,实际上在表达层面是"无招胜有招",强调的是对语言表达技巧的融会贯通、不着痕迹地运用,是需要更高的专业素质和技能的。

思考题

1. 怎样运用四种语言表达技巧来实现对象感?请结合实例说明。
2. 情景再现多用于哪些节目形态中?
3. 请举例说明如何获得准确、具体的内在语。
4. 如何运用停连来表达语意、表现感情?
5. 如何运用重音来表达观点、表现感情?
6. 语气与节奏的关系是什么?

第四章　话筒(镜头)前的非语言表达

本章要点

1. 话筒(镜头)前的心理状态。
2. 非语言表达的种类。
3. 广播电视非语言表达的原则。
4. 非语言表达的特征。
5. 非语言表达的基本能力。

第一节　话筒(镜头)前的心理状态

一、自信、稳定

　　传播节目内容、主导节目进程需要播音员、主持人首先具备自信的心理素质。只有自信才能体现节目的说服力，才能表达鲜明准确的思想感情，才能彰显大方自如、坦荡从容的主持个性。在这个多元表达、异彩纷呈的媒介时代，自信是最重要的职业素质之一。

　　面对陌生的受众、海量的信息、变化的局面、复杂的语境，灵活应变固然是播音员、主持人的应对策略，但"不变应万变"的辩证法才是应对的根本。"不变"是指基本的职业操守、价值结构、理想目标的稳定和坚守。而这些要素是树立自信的依据也是保持自信的能量。自信是播音员、主持人的一种职业状态和气质,自信不只来自于"拥有多少知识""具有多少经验"或者持有高学历、好履历,更不仅是源自良好的天资、禀赋,而是源于视野广阔、思维开放、心胸豁达,对智力成果不知满足地追求,对未知领域的好奇和探索,以及对具体工作的缜密、细致、周到的准备。

有些播音员、主持人会努力"扮演"自信,乍一看也许能引人注意,但时间长了便使人看出"破绽",作为装点的自信神态,往往失之于装腔作势、外强中干。

自信养成也需要身体和技巧上的准备,一些看起来"琐碎"的小事直接影响播音主持的心理状态。首先是身体上的准备。良好的精神和心理状态得益于健康的身体。有工作任务时要保证高质量的睡眠,以求大脑积极、高效地运转,发声器官也才能避免疲劳和脆弱。录制前不能饱腹,远离甜或辣的饮食,不能养成频繁喝水的习惯。要先练练声,把嗓子练开。注意录音、录像时的坐、立、行、走的姿态,不舒服和不协调的姿势都可能影响表达效果。其次是稿件的准备。备稿要做到心中有数、有备无患。确保地名、人名等字音准确,对词语、术语、典故等知识正确理解,确保对稿件的熟读和熟记,特别是电视节目录制不使用提词器时,如果稿件记忆不深刻,会影响心理状态的稳定。最后是相关设备的准备。特别是广播节目录制工作,独立性很强,播音员、主持人自己使用语音工作站录音,所以对机器的性能和使用以及微小故障的排除技术都要掌握。录制电视节目时,注意与灯光、摄像、录音等各工种的配合,找到最佳合作的要领和状态。

二、积极、兴奋

对于初学者来说,获得积极、兴奋的话筒(镜头)前状态比较困难。与日常生活迥异的传播语境、强烈的陌生感和紧张感使初学者状态僵硬、凝滞;年复一年、日复一日的固定工作流程也容易使人失去新鲜感,进入疲惫期,产生低迷、懈怠、随意的状态。保持适度紧张、恰当兴奋的主持状态是相当必要的。

怎样使自己在话筒前、镜头前兴奋起来,把热情、自信、善解人意的播音员、主持人形象呈现给受众,把节目的内容、主旨准确、清晰、便捷、生动地传达给受众呢?

第一,激发强烈的播讲愿望,运用移情和移觉的心理特征焕发符合节目要求的表达状态。

第四章 话筒（镜头）前的非语言表达

从节目内容入手，迅速抓住扑面而来的第一感受，发掘其中新鲜的、有趣的、实用的、有意义的点，凭借"第一印象"抓住这一"引爆点"，哪怕只有一点也要聚焦、放大，用这一点带动受众对整体内容的好奇和兴趣。接着，落实对象感，把受众设想为最喜欢您和您的节目的朋友、亲人，他们在饶有兴趣地盼着你讲下去，情绪、感受随着你的话语波动。为不辜负节目内容的价值、为受众的忠诚跟随而倾心倾力，是获得积极、兴奋状态的原动力。

第二，切忌在话筒（镜头）前假积极、想技巧、改毛病，全神贯注地"投心"于节目是良好播出状态的基础。从开场白、内容提要开始，主要精力就要放到内容的推进及细节上。"投心"于节目也并不是完全陷入到内容，感动自己或表现出自己的感动并不是节目目标，打动受众才是第一位的，也就是说播音员、主持人的主观意愿并不直接导致好的表达效果，甚至会产生间离效果，令受众游离于节目内容转而评论播音员、主持人的表现。播音员、主持人的表达如果变成干扰节目传播的因素，就背离了其职能，对流畅地驾驭节目产生牵绊的作用。但是，即使播音员、主持人能够理性分析内容的意义和思想感情，对节目表达效果进行预期，他（她）也并不一定能够运用准确的技巧自然贴切地表达，工具理性指导下还可能出现假激动、假柔情、假庄严、假权威、假活泼、假悲伤等，是谓"假积极"。和内容本身无关的想法，比如，我的声音这样用会不会好听些；我这样的表情是不是更有魅力；我得用一个别致的处理方式；我刚才的那个动作太差劲了；我吐字要更有力……这些被称为"杂念"的想法就是"想技巧""改毛病"，对初学者来说都是干扰和负担，会令他（她）瞻前顾后、吞吞吐吐甚至错误频出。对于经验丰富的播音员、主持人，这些是关乎表达效果的自我调检技巧，也属于需要"注神投心"的范畴，只不过不要把它放在注意力的中心，只是作为监控手段来调节表达效果。

第三，切忌"嘴比脑快"。有的播音员播完"天气预报"，别人问"今天北京最高几度"，他说"我忘了"。有稿播读的基本流程是过眼、过脑、过心、过口。有时播音员、主持人只将播音"简化"为嘴与眼之间的反射活动，基本上是看看没有生字、生词，就照着往下念，别念错就算完成任务。播完稿件自己竟然会没弄清楚什么内容，这时候的话筒（镜头）前的状态可能就是过于紧张或过于松懈。另外，状态紧张时，大脑的"运转节奏"凌乱，思维反应和语言组织不到位。表现为思维滞后，眼睛看到文字，不思考内在语，见字出声；或者不熟悉语句的音节、语法搭配，吐字技巧不纯熟，导致语流不畅、磕磕巴巴。在即兴表达时，会出现语言混乱、词不达意、词语阻塞、话语断续的情况。当状态松懈时，情绪散漫，态度淡漠,思维迟滞,思想感情的运动呆板,播音呈现的状态失之苍白、平淡、冷漠,像"耳旁风"一样对受众形不成必要的视听刺激。

解决这些问题就要在备稿时让大脑"慢下来",把语句内容、行文脉络琢磨透彻,领悟其内在语与自己的理解、感受、体验的个性化联系,激活自己在各种语境下的真实感受和真实表达。特别是稿件内容平淡直白时,更要从细微处着眼,深刻体会其平凡之处的感情触发点是什么。在备稿中,还要注意稿件中的语法标识词、标识语所明示的呼应、对比、递进、因果等关系,这样有助于播音员、主持人从整体和具体两方面把握节目内容,做到心中有数,使表达"穿线""抱团儿",使受众一听就懂。

经过反复训练,话筒(镜头)前的心理状态能够稳定在专业要求的范围内,但是播音员、主持人每次播音面对的内容、语境都是变化的,心理上会发生或者微妙、或者明显、或者强烈的波动,面对新问题、突发问题,播音员、主持人还是要排除对节目内容和目标干扰的因素,具体情况具体分析、应变。

第二节　非语言表达的概述

受众能够锁定、持续收听或收看一档节目的原因看似很简单,即节目质量高;实际上却很复杂,构成节目质量的因素很多,有些关乎内容、形式,有些关乎感觉、感受,有时节目效果甚至是受到一些"只可意会不可言传"的因素影响。其中,受众对播音员、主持人的非语言表达的印象、评价就是影响节目收听率或收视率的复杂因素之一。广播节目播音员、主持人的声音面貌,电视节目播音员、主持人的音容笑貌、举手投足、衣饰装扮等在节目内容让受众理解、认知之前,就在他们头脑中迅速形成第一印象,心理学上称之为"首因效应"。这个印象感性的成分比较多,而且鲜明、深刻,与受众的审美偏好发生作用,影响受众对节目的评价和选择,因此,非语言表达是播音主持中举足轻重的专业能力。

一、非语言表达的重要性

达·芬奇在总结绘画和雕塑的技法时说,通过姿势和运动,人的精神被表

第四章　话筒（镜头）前的非语言表达

现出来,是尊严高贵还是卑鄙恶俗。① 可见非语言是内心感受、情感世界和精神风格外化、表达的重要方式。语言学家萨莫瓦认为,在面对面的人际交往中,语言交际的效力占35%,而非语言交际的效力高达65%。20世纪20年代,语言学家开始把声音、外表、衣着、面部表情等作为语言学的研究对象。40年代,相继有《人的体格的变化》《手势和环境》《体语学导论》《无声的语言》等专著问世。1970年出版的朱利叶斯·法斯特的《人体语言》最终引起人们对非语言表达的重视。但是,有关非语言表达基本规律、重要性以及应用研究的历史很短,受重视的程度远远低于书面语言和有声语言。广播电视媒介使人们的沟通交流跨越时空的界限延伸得更远更久,附着在影像和声音中的非语言表达成为大众传播的重要组成部分,纸质媒介的语言研究没有将非语言表达作为重点研究对象,但在电子媒介和新媒介传播研究中,需加大对非语言表达的重视程度。

在广播电视传播中,语言主要传情达意,而节目的个性、风格在很大程度上需要用非语言表达来体现。受众收看、收听节目不仅仅需要知道"说了些什么",更重要的是要了解隐含在"什么"背后的含义以及感知传达这些内容的个性化方式。

演播室的空间、舞美设计能展示节目的类型、定位和风格,主持人的服饰能够体现自身的职业素质和审美情趣；主持人根据节目的需要而恰当运用手势、眼神、面部表情都会收到表达思想感情、显示人格魅力、强化传播效果的功效。中央电视台经济频道的《生活》(2005年版)节目中有个脱口秀板块《朱轶说计》,专门揭露奸商黑幕、戳穿骗子伎俩,节目采用黑色演播室背景、黑色工作台,主持人身穿黑色西装、戴黑色框架眼镜,用舞美、灯光和主持人形象营造出"揭秘"的神秘氛围；北京电视台的纪实类节目《档案》演播室布置得像档案馆,陈旧凌乱,摆放着幻灯机、留声机、老相机等道具,主持人手戴白色手套为观众演示播放幻灯片等设计,都是为了突出档案节目的历史感、真实感、主持人的深度参与感、角色感和内容叙事的情节化、戏剧感,以此增强节目的传播效果。中央电视台新闻频道的评论节目《新闻1+1》的风格,很大程度上取决于主持人白岩松、董倩的表现,白岩松一气呵成的长句、略带方音的表达,董倩介于正式西装和休闲服装之间的衬衫、丝巾的装扮,令《新闻1+1》比另一档评论节目《焦点访谈》(改版前)风格更"接地气",时代感更鲜明。而《焦点访谈》(改版

---

① 维基百科引用,达·芬奇关于人体比例和运动的论述。http://en.wikiquote.org/wiki/Leonardo_da_Vinci#VII_On_the_Proportions_and_on_the_Movements_of_the_Human_Figure.

前)的主持人服装正式、神情端庄、目光凝重、手势缓慢沉着,显示了节目的权威性、导向性。

非语言表达能够提高线性传播的广播电视节目的表达效率。为了追求效率,用密集的语言编辑大量信息,并不一定能达到有效信息充分表达的效果,有时甚至会事倍功半。语言内容过多,从而超出受众的注意强度或注意范围,不但会使受众注意力和兴奋点转移,产生腻烦情绪,甚至令他们对节目内容视而不见、充耳不闻。恰当运用非语言表达有助于表达效率的提高,例如,广播节目中的音响和音效,电视节目中的空镜,呈现一种超越字面意义的特殊内涵,给听众留下回味、思考的机会,达到"留白"的表达效果。

非语言表达的特点是非结构性的,灵活性强,无须"语法""句法",但都以传播目的为导向镶嵌在整个传播过程中。因此,需要播音员、主持人知识面宽,日常注重积累,兴趣广泛,特别在审美层面培养自己的品位。

单纯的有声语言可以表达"语义+情感",但其结构性、断续性决定它必须前言搭后语,符合语法、句法规范,否则会逻辑不清,给受众造成理解上的障碍。非语言表达具有不连续性、非结构性,与有声语言表达协调配合,可以使有声语言表达的内涵更加丰富和灵动,加强受众对节目内容理解的易懂性、完整性和准确性。

非语言表达通常是伴随有声语言发生的,对有声语言表达起到辅助、补充的作用。但在一定语境下,它还能单独担负起表达"语义+情感"的任务。

二、非语言表达的种类

什么是非语言表达呢?无论在人际传播还是在大众传播中,人们在说话的同时,经常有意或无意识地使用音色、眼神、面部表情、身体动作等方式辅助有声语言,加强表达的效果。同时,从衣着打扮、行为举止中透露出的气质风貌也会成为主持面貌的一部分。这种在一定语境下,有声语言之外的能表情达意的一切手段,都是非语言表达。它是口语表达的辅助手段,对有声语言表达起到辅助、补充、加强的作用。

综合语言学家的研究成果,本书将广播电视非语言表达分成四类:

第一类是体态语言,也叫做身势语言,是利用身体动作,包括面部表情、躯干四肢运动来传递信息,其中眼神和面部表情是在坐姿播音主持时常用的非语言表达,在电视画面的近景、特写镜头中的表现尤其引人关注。体态语言是非

第四章 话筒（镜头）前的非语言表达

语言表达的重要类别，形式丰富，运用广泛。户外节目、娱乐节目的主持是运用体态语言最多的节目类型。体态语言中有一部分是先天的、遗传的，比如婴儿一生下来的蹬踢。但更大一部分是后天习得的，受地域环境、文化背景、人种、阶层、民族差异等因素的影响。后天学习的以及先天继承的体态语言都是可以修正和完善的。播音员、主持人需要应节目要求运用恰当的、具有美感的体态语言。

第二类是副语言，也叫做类语言，比如话语中的沉默、话轮的转换、非语义的声音（包括声音的音色、语调、语气的变化以及声音的长短、假声、笑声、气息、附加语等）。这些副语言传递播音员、主持人有声语言表达的个性化特征，也是有声语言与书面语言的显著区别，是播音员、主持人对书面语言进行再创作时的重要空间。特别是在单纯诉诸声音的广播节目中，听众只能凭借播音员、主持人的声音特点和表达习惯辨析其身份、个性和风格，形成影响节目效果的主观印象。有播音学者认为这里的"副语言"其实是有声语言表达的一个有机部分，鉴于仍处于辨析阶段，本书仍沿用传统语言学的分类。

第三类是客体语言，也叫做物体语言，如化妆、发式、服装、饰品、道具等。客体语言在电视节目中得到普遍运用。客体语言同样能够"说话"，直观地、生动地体现人的气质修养、兴趣爱好、审美品位等，它规定了播音员、主持人的职业角色、主持定位和节目诉求。有些播音员、主持人认为客体语言与有声语言相比是微不足道的，不愿在这方面花费精力，一味听从别人的安排，这实际上是对工作的不负责。因为修饰自己、追求良好的屏幕视觉效果也应该是播音员、主持人职责范围之内的专业能力，细节会影响节目的整体效果。

第四类是环境语言，也叫做空间语言，比如播音员、主持人工作的环境（包括新闻事件发生的现场、外景、演播室）以及人物间身体的距离、相对空间位置等。电视节目中的身体位置和距离与人际交往中的体距不同，前者不但要遵守人际交往中体距的基本原则，而且受到摄像角度、景别等电视拍摄手段的制约。环境语言受节目形态、类型的制约，带有鲜明的主客体紧密融合的特性。例如，现场报道中，主持人选择的报道点、采访新闻人物的背景、自己与现场物体和环境的位置关系等，演播室录制中，主持人与嘉宾的距离、多名主持人之间的相对位移等，都要根据节目形态、节目意图、电视规律、主持人特点等进行精心安排，比如在谈话节目中，主持人站立的姿态、座位的位置可能透露出他（她）的态度，面对面的、坐在一边的、分开两边坐的、相隔距离的远近都会给观众以暗示，产生意义。环境语言的不准确、不恰当、不得体，不但会破

177

坏画面的内涵和美观,而且会引发观众的无关联想,破坏节目的粘连力。

非语言表达一般在广播电视播音主持中不能独立存在,必须配合有声语言综合运用,并且各种手段的运用,要默契和谐,其中任何一个因素的运用不当都会给整体效果造成负面影响。非语言表达的效果是感性的、直观的、微妙的,因此,运用非语言格外注重细节的准确、个体与整体的和谐。

三、非语言表达的原则

播音员、主持人运用非语言表达须遵守一定的原则。有意识、有目标地驾驭体态语等非语言表达形式,既符合文化体系中的约定俗成,又独树鲜明个性,这样才能更好地传播有内容、有意义、有感情、有美感的广播电视节目。

(一)适度的原则

适度是检验非语言表达效果是否得体的标准。"适度"有两方面的停驶含义:适量、精粹。内敛、平和的民族个性决定了中国人的肢体运动和面部表情变化的频次和幅度都较小,过于频繁、夸张的表情、动作会令人眼花缭乱,干扰语言表达的内容,也会令人感到主持人的气质轻浮、小气。有些娱乐资讯播报、娱乐节目的主持人以夸张的口头语、套话、与表达内容无关的手势、一惊一乍的表情来显示节目的时尚味儿、娱乐性的做法,显得肤浅。

(二)灵活的原则

俗话说"到什么山上唱什么歌",语言表达、非语言表达亦如此。非语言表达脱离不了语境的要求,在文化语境、传播语境、节目语境、内容语境上都要因地制宜,因人、因时、因势而动。从文化语境上看,非语言表达会受到中国文化和东方审美的制约;从传播语境上看,强调非语言表达的公开性、得体性和高效性;从节目语境来看,不同的节目定位要求不同特点的非语言表达,比如,新闻评论类节目要求庄重质朴而富有力度,服务类节目以自然、细腻、亲切为佳,综艺类节目需要优雅、幽默、夸张的表现,轻快、活泼、风趣的方式更适合青少类节目。这些特点都是根据节目的题旨、内容、受众特点而有所偏重的。另外,由于广播电视传播的技术制约,播音员、主持人要深谙传播技术和节目形态的要求,设计灵活、丰富的非语言表达样态。比如,演播室近景镜头中,主持人的动作范围比较小,副语言、体态语应该端庄、稳重、细腻些;而户外或者大景别的拍摄,

第四章　话筒（镜头）前的非语言表达

则要求主持人的表现活泼、夸张、动感性更强些。总之，审时度势、灵活应变是大众传播中非语言表达的又一基本原则。

（三）协调的原则

具有非语义、非结构性特点的非语言不能像语义性的、结构性的语言独立存在。在广播电视节目中，它必须同有声语言相结合、相协调，否则会对节目表达效果起到削弱、干扰的作用。比如，广播电视改革初期，有些播音员、主持人对大众传播语境中话筒（镜头）前的非语言表达认识不够专业，主持节目时总是提笑肌，把所谓的"职业微笑"固定在脸上，一张"盛开不败"、眉眼间距不变的笑脸遮蔽了节目内容应有的具体的丰富的态度、语气。这就是非语言表达与内容的不协调。非语言表达手段之间也要相协调。播读赞扬劳模的新闻时脸上却是冷淡、僵硬的表情；采访田间劳作的农民时西装革履，这种副语言、体态语、环境语言和客体语言间的明显失调容易引发受众的不悦和反感。

非语言表达必须同社会文化背景相协调。具有相同的社会文化背景和民族个性的人们容易相互理解、相互沟通，在相同的社会文化背景中，信息传播的通道比较畅通，传播效果好。改革开放后国民对西方文化逐渐熟悉并加深认同感，在副语言、体态语等方面，潜移默化地受到西方人生动活泼、表现力强、大气洒脱特点的影响，也会学到一些表达的形式，比如耸肩、摊手；也有年轻人乐于效仿一些国家电视娱乐节目主持人的非语言表达，比如，街舞中的一些手势和动作，但其中过于夸张、频繁或者琐屑的体态语并不符合中国人的审美心理和审美认同。模仿是学习的一部分，但要把握好自然得体、落落大方这条基本的原则。

话筒和镜头有实必录，特别是电视镜头的景别会聚焦和放大播音员、主持人的非语言表达，哪怕是微疵都将暴露无遗。在日常生活中就要警觉和修正自己的不良习惯，比如眨眼频繁、吐舌头、手指敲动、抖腿、驼背、习惯性"打拍子"等，否则到镜头前去"改毛病"会显得僵持和做作。

四、非语言表达在广播电视语境中的特殊性

（一）非语言表达在大众传播和人际交往中的区别

大众传播中的非语言表达与人际交往中的非语言表达的目的不同。在人际交往中，有些非语言表达是为了与交往对象拉开距离，或表示不合作。例如，眼神涣散或将目光投向别处；脸上显露缺乏内在联系和整体协调的微笑；身体的某个部分做出重复性、无目的的动作等，都表示心不在焉、不予以重视或表达抵触的情绪。而在大众传播中，非语言表达的诉求在于最大限度地实现顺畅交流，谋求高质、高效的传播效果，因此要运用非语言表达手段拉近与受众的距离，抓住受众的注意力和兴趣而不是排斥他们。播音员、主持人一般不会有意使用表示不合作的非语言表达。

大众传播中的非语言表达具有鲜明、丰富、目的性强、公众性强的特点。播音员、主持人要有意识地避免运用不符合大众传播要求的非语言；要有目的地设计、策划能够加强表达效果的副语言、体态语。

大众传播中的非语言表达在主客观上起着影响、引导受众的作用。因此，在保证准确无误地表达内容和情感的基础上，必须具有一定的美感。

大众传播中的非语言表达要研判广播电视传播的技术条件的制约，寻求在话筒前、镜头前非语言表达的效果最大化。

(二) 非语言表达与表演的区别

大众传播中的非语言表达与舞台、电影、电视剧等艺术传播中的非语言表达有很大区别。表演是扮演特定的角色并将内心体验通过技艺表现出来。大众传播中的播音员、主持人不是在扮演特定的、虚构的角色(文艺播音主持、少儿节目主持中的角色扮演除外)，而是在运用技巧和手段更好地传播节目内容；是在完成节目传播目标的同时显现出自己的存在感和个性特色。同样处在大众传播的语境中，演员是深藏在剧本角色内部的，要化入角色；播音员、主持人是以"我"(职业角色)为主体，以创造性地表达方式传达节目内容、题旨，实现分享资讯、娱乐休闲、教化社会、舆论监督等传播目标。职业角色是社会学概念，指社会和职业规范对从事相应职业活动的人所形成的一种期望行为模式。播音员、主持人的职业角色就是在大众传播的语境中以真实的身份传播节目内容，主导节目进程，与受众进行平等、真实的交流。扮演剧本中的角色与表现节目中的自己是演员、主持人职业性质的不同。演员的非语言表达需符合角色的身份和个性，是典型的、夸张的、非真实的；播音员、主持人的非语言表达是在节目要求下的自我表达，是生活化的、自然的。播音员、主持人有必要借鉴和学习表演的技巧，通过调整状态、解放天性，达到吸引受众、增强节目感染力、彰显个人特色的目的。

第四章 话筒（镜头）前的非语言表达

第三节 非语言表达能力的培养

非语言表达的能力是与生俱来的，具有自然特征。某些习惯性表达方式会伴随人的一生，不会改变。而有一部分体态语和大部分副语言、客体语言、环境语言则是通过模仿、教化而后天习得的，受民族性、社会背景、教育程度、家庭环境等因素的影响和制约，具有很强的社会性。作为大众传播主体的播音员、主持人，非语言表达既要符合大众传播的要求，又要彰显个人的职业特色，需要有意识的自我养成和专业训练。

一、非语言表达需要的基础能力

播音员、主持人最常运用的非语言是眼神、表情、手势、身体的姿态和动作、化妆和服饰。下面有针对性地归纳一些非语言表达的基础能力。

（一）感知力

对自己所处的文化背景、时代特征、媒体环境、节目定位、受众特征等比较宏观的语境要有深刻、具体的感知，比如湖南卫视有一档面向全国年轻观众的大型综艺娱乐节目《快乐大本营》，主持人的发型、化妆、服饰可以借用流行文化中的因素，非常时尚、新潮，表情动作可以比较夸张，在演播区（舞台）的活动范围可以比较灵活，主持人的表现可以突显个性的张扬。而一个地区性电视台的民生类新闻节目的主持人，会追求发型自然，服饰端庄朴素，体态语稳重简洁，运用一些本地化因素拉近与当地观众的距离，如方言词汇。

对非语言符号的普遍意义要有比较深入的感知，比如，中式的服装经常在传统节日时或者在双语节目中穿着，它的含义是显示中国传统的、民族的特色或东方文化的属性；对自身的气质、面貌、身体特点要有比较客观真实的认知，找到符合个人特点、有鲜明个人风格的非语言表达方式。业界有判定谁是"新闻脸""财经脸""大青衣""小花旦"的流俗，这种经验性的总结有些道理，但播音员、主持人不要任其束缚，经验有时候会损害想象力和创造力。

（二）判断力

形成对非语言表达准确、贴切、得体、美观、富有个性的判断，需要丰富的知识、经验，正确的道德观，有品位的审美观作为支撑。缺乏判断力一般是因为视野不够开阔，知识、经验积累少，在对比中把握不住对非语言表达分寸、品位的感知，认识粗疏。比如有的娱乐节目的男主持人在舞台上站立时，两腿交叉，挺胯斜立，双手紧抓话筒碰到嘴边，可能他认为这是时尚的，实际上给人的印象是女性化、不稳定、不平衡的。又比如，演播现场有小孩子参与，女主持人身着超短裙的话就很难处理，无论是站着或弯腰跟孩子讲话，还是蹲下来平视孩子的目光，都有"走光"的危险。观众在评价北京电视台《养生堂》节目主持人时，肯定了她们一般会穿长裤主持节目的做法，因为节目当中经常做一些健身动作，穿长裤比较方便也比较安全。

（三）控制力

心理紧张、激动、慌乱的时候，容易控制失当。处于紧张状态时，有人会面部肌肉痉挛，声音颤抖；有人会神经质般地重复小动作；有的女主持人会因为穿高跟鞋走台而趔趄摔倒。有的主持人被节目内容打动，克制不及，哽咽、流泪或者痛哭。也有的主持人在努力要达到某种震撼人心的表达效果时，声音劈哑。从大众传播的要求来看，这些表现是不够老练成熟的，是播音员、主持人控制力不足的表现。但是，在特殊语境中，比如灾难报道中，主持人与受众产生同情共感，表现出控制不当的举动，比如哽咽、流泪，只要在受众能感同身受的范围内是可以接受的。

（四）表现力

个性鲜明的人才能做到表现力强。所谓个性，是一个人在心理上区别于他人的标志和特征，即通过行为表现出来的独有的气质、性格、能力、志趣等。

在播音主持中有表达趋同的现象存在。"千人一腔""千人一面"的相互影响、相互模仿使许多节目失去了百花齐放、异彩纷呈的活力。我们并不反对模仿，但这只是学习的最浅层次。要做到有表现力，首先是尊重和发掘自身个性。富于个性的非语言表达是要以富有个性的思想为源泉的，而思想是必须建立在客观、冷静、科学地审视、剖析、评价自我和认识世界的基础之上的。人云亦云、亦步亦趋、随波逐流是缺乏思考、个性苍白的表现。丹麦哲学家克尔凯郭尔说

第四章 话筒（镜头）前的非语言表达

过："最常见的使人沮丧的情景是一个人不能根据其选择或意愿而成为他自己；最令人绝望的则是他不得不做一个并非他本身的人。"①当然，表现力有个重要的原则就是做到"诚于中而形于外"。"形于外"的副语言、体态语要有目的性、指向性、稳定性、节奏感，要具有一定的形式感、速度和力度。

二、技巧的训练

非语言的载体，例如声音、面貌、形体是先天的，但其承载和体现着一个人的成长历程和精神内涵，社会化程度高的人会给先天的声音、面容、形体注入文化性、个性化的内容，而且不断发生变化。美国前总统林肯说过大致这样的话，"人到了三十岁以后，就要能对自己的脸负责"。"能负责"就是培养自己对副语言、体态语的感知能力、评价能力，掌握修饰的技巧，驾驭情绪和身体的感觉。

不够优越的声音条件的确会制约语言表达的感染力，但通过科学的发声训练可以美化声音，使音色丰富、富于变化，自由从容地表达情感。而微笑则是面部最好的美容品。真诚的微笑能使不美丽的面庞变得生动、可亲。微笑虽然不适宜所有的语境，但善意的感觉能拉近主持人与受众的距离。形体的缺憾也许不能弥补，但自然得体、落落大方的体态会使人增添好感。附加在先天身体条件、外貌条件之上的表情、仪态、气质、素养给人的印象比自然条件本身要深刻、生动得多。副语言、体态语的完善在很大程度上取决于自身对规范和美感的追求，落实于艰苦的技巧训练。练习是琐细的、重复的、枯燥的，却是形成良好习惯的唯一捷径，也是持续的自我调整和修正的必要过程。

（一）正其形

对镜观察或者征询他人意见，评价自身相貌、身材、举止的特点；日常生活中自觉监测各种姿态、动作、行为中的问题。有些因为生活习惯造成的斜挑眉毛、嘴歪、脸型不对称等，要注意矫正。拔除多余的咀嚼牙、左右两边均匀咀嚼、睡觉时不要侧压住一边脸颊等，都可以避免形成不端正的脸型和嘴型。另外，说话时的嘴歪现象，除了从生活习惯上改，还要深究心理习惯和偏向。有人认为斜着嘴角微笑或者说话，表现了一种风度、意味，这样理解也可以，但是在演

---

① 转引自罗杰斯：《成为一个人意味着什么》，〔美〕马斯洛等著、林方主编：《人的潜能和价值》，华夏出版社1987版，第301页。

播室口播的近景、特写景别的画面中,播音员、主持人的面部特征和表情纤毫毕现,形象端正、庄重为最佳。在吐字发音部分的学习训练中,就要对镜练习口型,力求将每个系列的音节都读得准确、美观。

身姿也要端正,站立时肩膀放平,向后展开,不要单肩松懈或用力,不要扣肩;后颈和腰部微微用力,保持挺直状态;腿要适度绷直,不要紧张但是要保持挺直。大景别出镜时,女性一般着高跟鞋,鞋跟处并拢,鞋尖向外打开60度左右,注意重心保持稳定,稍偏后一些,更显挺拔。男性两脚分立,同肩宽(或稍窄),重心均分。走动时,步伐节奏与语言节奏协调,保持一定的节奏感,全身放松,但身架不能松懈垮塌。坐姿同样要头正,后颈挺直,腰部挺直,但肌肉放松,随时为前后或左右的动作做准备。男女坐姿不同,男性尽量正坐,分腿;女性可以稍侧坐,膝头并拢,双腿斜侧,或"跷二郎腿"但双腿并拢斜侧。

以上是基本的"形正",根据节目类型、定位和内容的差异,播音员、主持人要在"正"的基本原则之下演绎出更多的形态,以求丰富、个性、有魅力。

(二) 凝其神

播音员、主持人作为大众传播主体,要具备起码的公信力和端庄气质。这就要求播音员、主持人看镜头或者面对谈话对象时,眼神专注、深邃、灵活。含蓄内敛的中国文化教人谦逊,很多人不习惯与人(特别是不太熟悉的人)进行正面的、持久的眼神接触。这个习惯如果带到镜头前会给观众以模糊、轻浮、不自信、心不在焉、慌乱、怯懦等印象,难以赢得观众的信任和好感。看镜头时,要内心沉稳,眼神专注,凝视镜头,似乎能够看到镜头深处的东西;不要瞟镜头,需要看镜头的情况下,就要保持一定注视的时长,时长的长短决定于你与观众交流的目的和程度,若是对观众说大段的话,当然时长要长,若是观照观众、提示观众或是表示强调,则无须太长,但要踏实。

要使眼神专注,最根本的是内心对自己自信,对要表达的内容有全局和具体的把握。外在的技巧就是眼睛周围的眼轮匝肌稍稍用力,有利于增添眼神亮度和穿透感。切记不要瞪眼睛。平时可以在大自然中用眼睛追踪鲜活的动物,比如飞鸟、蝴蝶,训练眼睛的机警和灵活;也可以仔细研究绘画、雕塑等艺术作品,观察它的结构、色彩、质感和内涵,训练眼神的专注度,眼神的变化与思维、情感过程的联系。

另外,进入录制状态之后,不要把注意力和刺激反射放在周围人的表现上,要能做到当众孤独,凝神在自己的构思和表达上。当然,这里所说的"周围的

第四章 话筒（镜头）前的非语言表达

人"是与节目内容不相关的人，如果是节目嘉宾、采访对象等节目的重要参与人，还必须要敏锐地感知和判断他们的反应。

（三）蕴其力

广播电视节目的语境对于受众来说是比较抽离和孤立的，若要将受众很快地从他们所在的生活场景中带入节目语境，需要鲜明、有力度的视听觉刺激。因此，播音员、主持人在节目中的非语言表达既要有自然松弛的生活化特点，又要具有一定的开合度、指向性和力度。副语言、体态语的频率、幅度、力度与主体的个性相关。强势的人眼神、动作会更有力量，内敛的人表情、动作的幅度可能比较小，不拘小节的人手势可能没有指向性、目的性，沉静的人手势、表情会比较少，开朗自信的人表情、动作的幅度会比较大。这里强调非语言表达要具有一定的幅度和力度，因人而异，本来幅度和力度很大的人要注意收敛、克制，而副语言、体态语轻飘、琐碎、疲软的人就要注意伸展，动作可以节奏慢，但要舒展，可以轻，但要有内在的掌控。

播音员、主持人有必要经受一些基本的舞蹈动作的训练，弯曲、靠合、延伸、投掷、滑行等，包括头、手、臂、腰、腿、脚等不同姿势时使用的用力方向、着力点和用力程度。

训练任务：

（1）口部操训练。挺舌尖、刮舌面、弹舌、饶舌，要领是一定找好着力点，准确、有力地发力。左右撇唇、上下弯唇、翘唇、撮唇、绕唇，要领是均衡用力，找到自己的极限。打开口腔，挺软腭到达极限，回收，反复；张大嘴到达极限，回收，反复。一次练习分别最少5组。

（2）眼神训练。眺望远方的一个点，似乎能看清，持续5秒钟，迅速看眼前最近的一个点，持续5秒钟，反复10次；伸长右臂，伸出食指指向眼睛左侧，缓缓划弧形向右侧移动，眼球追随手指尖，但头不能转动，反复3次；伸出一手食指，迅速随机移动位置，眼睛追随手指迅速移动，减少时间差，每次训练1分钟。

（3）分别伴随不同节拍的音乐上场，5秒钟、10秒钟、15秒钟，站定。选择不同节奏和基调的音乐，根据音乐的特点设计表情和手势。

（4）分别呈坐姿和站姿，不看稿件讲述一个新闻事件，分别时长1分半钟、2分钟。

（5）自己设置节目情境，与一位同学合作一个小品，时长2分钟。与两位同学合作一个小品，时长3分钟。可以是新闻现场报道、家庭纠纷调解、与真人

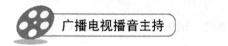

秀嘉宾的访谈、跟养生专家学动作、颁奖、主持人群开场白。

思考题

1. 非语言表达对播音主持的意义是什么?
2. 非语言表达的节目形态之间的关系有哪些?
3. 非语言表达的原则是什么?
4. 非语言表达在广播电视语境下的特殊性表现在哪些方面?

第五章 新闻播音

本章要点

1. 新闻播音的特点。
2. 新闻播音的基本要求。
3. 新闻播音的表达。
4. 播读新闻的重点。

第一节 理论阐释

对新闻的定义有不同的阐述,普遍认同的是指对新近发生或正在发生的事实的报道。在传统媒体中,狭义的新闻播音是指新闻消息的播报,及时、准确、清晰、明快的表达是对播音员、主持人的最基本要求。

一、新闻播音的特点

作为消息的播报,稿件是我们进行有声语言表达的依据。新闻播音的特点是"用事实说话,以新动人"。新闻播音具有明显的时代特征,在目前表达方式多样化的年代,播音呈现出了百花齐放的样态,但是不管样态怎样变化,新闻播音都必须做到准确把握新闻的特点,基本的要求没有变。

（一）真实

用事实说话，表明从播音员的播报当中传递出来的消息必须是真实的、准确的。只有事实才能够说服人，才有说服力。

（二）快速

以"新"动人，就表明新闻要在第一时间传播给受众，如果不能在最短的时间内准确、迅速地传递信息，新闻就失去了它重要的特性——时效性。有观点认为，新闻不能一味地追求"快"，应该是及时报道。随着独家新闻成为媒体核心竞争力，社交媒体加入新闻媒体的传播生态圈，面对新闻，"报道不报道"已经无须斟酌，因为受众最关心的，除了真实就是快速。

（三）新鲜

以"新"动人的另一方面指的是新闻传播的价值。时间新、新近发生或正在发生的事件才具有新鲜感，受众关注度高。随着现在新技术及接收设备的技术发展，受众对新闻的关注度已经不满足于一次性的获取上，而是持续的关注。新鲜已经变成长久的"保鲜"，是一个不断发展变化的过程。因此，在快速的基础上，除了信息量的新鲜，还有随着时间推移而不断发展变化的过程，都必须让受众接收到新的信息量。从事件的新鲜逐渐演变到内容的新鲜、观点的新鲜、角度的新鲜，一旦失去了"新"，便失去了新闻的价值。

（四）动人

"以新动人"的"动"就是"打动"，用绝大多数人关注的、关心的内容去打动人心。除了内容的动人，播音员也需要运用有声语言表达来达到声音的生动，吸引受众。有人会问，"动人"的新闻播音是否会破坏新闻的客观性？新闻播音的特殊性恰恰就在这里，如果说艺术动人靠的是美感，新闻动人靠的就是真实。新闻播音就是要把新闻真实中的鲜活、具体的魅力突显出来，触动受众。

二、新闻播音的要求

受众收听、收看新闻的目的是了解新鲜的事实，因此新闻播音就是要把新闻事实说清楚，辅之以强烈的新鲜感，满足受众的迫切需求。

（一）叙事清楚

新闻在写作上言简意赅,虽篇幅不长但长句和复杂句多,所包含的内在语丰富;新闻在内容上无所不包,既有专业领域的知识、术语,又有国家的大政方针,因此不能出错,不能混乱,不能分寸失当。新闻播音首先要求的就是叙事要清楚,主要从以下几个方面努力。

(1) 头脑清晰,心态沉稳,精神饱满。如果注意力不集中,头脑混乱,心中杂念干扰多,很难将新闻内容梳理清楚,更不必说用层次分明、目的性强来帮助受众理解新闻了。

(2) 处理好新闻的整体结构和布局,播好导语,组织好句子,处理好层次。一般新闻写作的结构是"倒金字塔式",新鲜、有价值的信息一般都在导语中交代清楚。有的导语只是一句话,有的导语是由几句话组成的导语段,播导语时要弄清 5 个 W 和 1 个 H,并且将其中最有新闻价值的信息点强调出来。组织好句子,后面要着重讲解。处理好层次,就是要弄清句子与句子之间的逻辑关系,在意群内部,句子要"归堆儿""抱团儿";弄清层次之间的起、承、转、合,做到逻辑清晰、呼应到位。

(3) 分清主次,播好重点。播不出主次和轻重,新闻内容就是一盘散沙,很难帮助受众理解和记忆。除去导语部分,新闻主体部分一般由小层次构成,那些关于新闻主要内容和目标的层次就是主要层次,那些突出新闻价值的语句就是重点语句,语句中能够实现目的的就是重音,一层层找到重要的内容,并且敢于将其突出,敢于带过非重要部分,就能让受众清晰地抓到新闻的脉络和重点,体会新闻价值。

（二）新鲜感强

新闻姓"新",如何播出新闻的新鲜感,就要换位思考,受众对"欲知、应知、必知"的新闻是什么心理呢? 一般是"先知为快"。因此,播音员、主持人要有"先吐为快"的播讲愿望。另外,在整体积极兴奋的播讲状态下,要在这一条新闻的新意上下功夫,不必句句拎起、处处用力。要想获得积极兴奋的播讲状态需要掌握这样的技巧:膈肌活跃,气息带有明显的弹发跳跃感;声音明亮轻松;字音饱满有力度,语势常扬,语气明朗有兴致,节奏简洁、明快顺畅。[1] 当然,扎

---

[1] 高蕴英:《教你播新闻》,中国广播电视出版社 2005 年版,第 24 页。

实的吐字用声的基本功很重要,"工欲善其事,必先利其器"。吐字用声的基本功包括:明亮坚实的声音,通畅自如的气息,标准清晰的字音,灵活有力的口齿等。

三、新闻播音的表达

受众从播音员、主持人的声音、情感、态度来理解和感受新闻内容,最终要落实到有声语言上。有的播音听起来清晰顺畅,有的播音却让人感到凌乱,甚至当新闻的文字稿件并没有错误和混乱时,播音员、主持人的播音却使听众产生误解,或者收听费力,一定是表达出现了失误。播音员播音前一定要看懂新闻,了解新闻的基本结构,更要熟悉新闻语句的语法结构。任何一篇文章,一定是由若干语音单位层层组合而成。人们能够自然感知的最小语音单位是音节,一般一个字就是一个音节。音节进而组成词语,成为能够独立运用的最小单位。之后再层层组合成短语、句子、段落、文章,传达出一个完整的内容和思想。因此,把握好字、词、短语、句子、段落、文章的层层递进关系对播好一篇文章有着极其重要的作用。

由于在语言的运用中,能够表达完整意思,语言运用的最小单位是句子,因此在新闻播音中,着重把握好每一个句子是把握好整篇文章的基础。主要从句子的类型、结构、节奏上进行把握。

(一) 句子类型的把握

从听感上,语句的表达让人们能够最直观地听出带有完整意义、情感的内容,声音形式中很重要的是语气。在汉语当中,根据句子的语气,可以把句子分为四类:陈述句、疑问句、祈使句和感叹句。在消息的表述中较少使用祈使句和感叹句,因此,下文主要分析陈述句和疑问句的类型。

1. 陈述句

陈述句是说明事实的语句。思想感情平静,气息较为稳健,声音无大变化,语势较为平稳。时政新闻使用量较大,较为常用。例如:

  中共中央召开党外人士座谈会,就当前经济形势和下半年经济工作,听取各民主党派中央、全国工商联领导人和无党派人士的意见和建议。习近平主持座谈会并发表重要讲话。

每年的七月份,非洲草原上会上演数百万只动物迁徙的壮美奇观,本台和肯尼亚国家电视台、坦桑尼亚国家电视台联合制作特别报道,今天记者在马拉河边为您带来现场报道。

2. 疑问句

疑问句即有疑惑而提出问题,是为了获取信息或者是得到回答的语句。思想感情有波澜,气息较为急促,声音随着心理节奏而起伏变化,一般句尾上扬。但是,并不是有疑问词的都是疑问句,需要看全句的表达内容和全句的语气来判断。疑问句有四种常用的分类方式。

是非问句(一般疑问句):提出问题,要求别人做出肯定或否定的回答。句子的特点是陈述句的形式+疑问语调。由于新闻常以播报的形式出现,因此在播报当中是非问句出现得比较少,而在记者采访的过程中使用较多。一般情况下句尾上扬。例如:

您是否支持在北京空气遭受严重污染的时候实行机动车单双号限行?
您支持在北京空气遭受严重污染的时候实行机动车单双号限行吗?

选择问句:提出两种或两种以上的情况,让对方进行选择。句子的特点是A还是B还是C+疑问语调。播音当中往往在处理时,之前的疑问部分不能上扬,而是采用停顿的方式处理,只有在句尾才使用明显的上扬趋势。例如:

核潜艇常常作为孤身前出的"杀手锏",是国家的重要战略力量。任务之中,交锋之时,是上浮还是下潜?是前出还是后撤?核潜艇驶向何方,打向哪里,必须坚决听从党中央、中央军委指挥。

特指问句(特殊疑问句):在句子当中,使用疑问代词"谁,什么,怎么,哪"等疑问代词替代了未知的部分进行提问,暗示对方要针对这些替代词进行回答。句子的特点是疑问代词+疑问语调。句尾既可以上扬,也可以下降。例如:

说到大迁徙,我们关注东非野生动物大迁徙,关注这样一个自然奇观,我们去研究它,究竟会给我们带来什么呢?意义在哪儿呢?(注意语气助词要轻化。)

正反问句:用肯定和否定句并列的方式进行提问,希望对方从中进行选择。句子的特点是什么不(没)什么+疑问语调。一般采用句尾上扬。

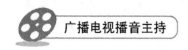

这是上海一所所谓"屠夫学校"的毕业生正在比赛的片段,看到他们精准的切割手法,你是不是会想到庖丁解牛的故事呢?他们到底有没有学到真功夫?

另外,需要特别说明:反问句和设问句是新闻播音中经常使用的表达方式。反问句和设问句不是语法问题,而是表达问题。

反问句形式上是疑问句,借用疑问句的形式,表达陈述句的观点,实际上不需要作答,答案已经给出,而且唯一,用疑问的形式来表达肯定或否定的意思,用通俗的话说就是明知故问。因此只是在语气上加强,借用疑问的感情,使得陈述的语气、感情色彩更鲜明。例如:

难道就这样屈服了吗?
春节到了,人们怎么能不回家呢?

设问句是自问自答的一种形式,先提出问题,然后自己回答自己提出的问题。目的也是加强语气,来表达鲜明的感情色彩。在提问的部分,提问的时候句尾上扬,紧接着回答的部分铿锵有力。例如:

他们被困难压倒了吗?不,绝对不!
什么是中国梦?中国梦是习近平同志提出的指导思想。

(二)句子结构的把握

在新闻播音的过程当中,段落与段落之间,句与句之间,词语与词语之间,都会经常出现强弱快慢、高低长短的对比。由于一句话所要表现的内容有长有短,表达的内容有多有少,必然会出现语流上的轻重缓急。新闻播音中,要把语言结构清晰准确地表现出来,才能够让大家听得明白,这个问题需要从句子结构上去分析。弄明白句子结构,语句重音自然有了着落。这一点需要从语法、语意上来分析。

1. 抓住主干,确定停连

一篇稿件,在播出之前应当认真地进行分析和理解,如果拿到稿件张口就读,连内容和句子关系都没弄明白,即使投入再多的感情,受众也不可能明白。所以要对稿件进行结构的解析,弄清句子之间和句子内部的关系才会让听众有条理地接收信息。

分析一句话,特别是在时政新闻中,经常会遇到字数众多、结构较为复杂的句子,要抓主干。许多人在播音时,习惯按照文字语句的序列来划分句子,按照感觉来进行播读,而不是按照意思及主干划分,就容易出现见字出声,停连失误,意思表达不完整甚至是错误。抓住句子主干,也就是抓住了稿件的"筋骨",知道了这个大的框架,在语言的表述上就能够清晰准确。越是复杂的句子,就越要抓住句子的主干,再复杂的句子,主干内容一般也是简单的,把复杂的内容简单化,是把握句子结构的目的,是播音对受众理解新闻的贡献。

从语法上分析,汉语的句子成分主语、谓语、宾语、定语、状语、补语。作为句子的基本结构,主语、谓语、宾语一定是句子的主要成分,也就是主干,少部分的句子会没有宾语。定语、状语、补语是作为补充、修饰、限定作用而出现的,使句子表达得更加精准。所以,抓住主干部分,也就明白了句子的脉络。例如:

> 金色的阳光/撒在/中国大地。带着沉甸甸的收获,共和国/迎来了64岁华诞。在这举国欢庆的日子里,我们分享/作为一个中国人的光荣与梦想,感怀/对于伟大祖国的责任与使命。

这段文章一共有三句话。抓住主干,播读的时候就能够做到断句的准确。三句话的主干分别是:阳光撒大地;(共和国)带着收获,共和国迎来了华诞;在这日子里,我们分享光荣与梦想,感怀责任与使命。前两句是简单句,后一句是复杂句。抓住主体部分,句子甚至是段落的意思就大体上明白了,播音的时候表达也就有了依据,也就很容易进行停连,让听众能够明白所要表达的意思。

第一句:"金色的"用来修饰"阳光","在"补充说明"撒","中国"限定"大地"。

第二句:开头应当有一个发语性内在语作为主语,(共和国)带着收获,"沉甸甸"修饰"收获","64岁"是对"华诞"的限定。

第三句:开头也应有一个发语性内在语作为主语,(我们)在这日子里,"举国欢庆的"修饰"日子里"。后一部分,谓语是一个词,而宾语是并列的一个短语,却又有两个谓语+宾语的并列,这就是这一句成分的难点。"作为一个中国人的"修饰"光荣与梦想","对于伟大祖国的"修饰"责任与使命",两者是大的并列关系,在大的并列关系下,"光荣""梦想"又是并列的,"责任""使命"又是并列的。在新闻的播报当中,要把基本的句子成分理清楚,要抓住句子的主干,才能表达清楚,让人一听就懂。

2. 抓住主干，确定重音

在播音中，那些根据语句目的、思想感情的需要而给予强调的词是重音。在新闻播音的实践当中，重音不是刻意加重的，而是通过语流自然而然地流露。在备稿中，依然是参考句子的主干和主要成分来确定重音的位置和表达方式。如果仅仅是一句话，相对就好处理。例如：

我让你来。

强调的是动作的发出者，重音在"我"。
强调动作发出者的态度，重音在"让"。
强调的是动作的接受者，重音在"你"。
强调动作接收者的结果，重音在"来"。

由句子到文章，需要依据文章的整体意思，正确地选择和传达出重要的信息点，通过调整情感、气息、语气，在语流中自然而然地用重音。重音的选择要少而精，才能够准确鲜明地表达新闻价值，不显刻意、琐碎。重音又分为两种形式，语义重音和语法重音，它们的关系分为重合与不重合。

第一，句法重音和语意重音重合。主干部分的内容就是需要强调的部分。以前述：

"金色的阳光撒在中国大地……"

第一句："阳光""撒""大地"是主干词，依据少而精的原则，强调"阳光"最能够突出本句的目的，体现中国大地上一片光明喜庆的气氛。

第二句："共和国""迎""华诞"是主干词。强调"64"，指特定时间的意义。

第三句："我们""分享""光荣与梦想""感怀责任与使命"。由于是并列关系，"光荣与梦想""感怀责任与使命"都必须强调。

第二，句法重音和语义重音不重合，主干部分不强调，反强调非主干词。有声语言是依靠听觉的，有些看上去不重要的地方，却是句子所要表达的主要思想，这时候非主干词却要重读。例如：

人民群众能够看到我们工作不足的地方。

这句话的主干是"人民群众""看到""地方"，可是主干的部分却都不强调，反而强调"工作不足"。

所以，抓主干确定重音要具体语句具体分析，重音要依据内容，通过正确的语流和语感来表达。

(三) 句子节奏的把握

在新闻播音中,经常会遇到把握节奏的问题。在播音节奏当中,表现出来的是有声语言的抑扬顿挫、轻重缓急。听一个人播音,有的人会明显地感觉到播音员播音的语速快,听感比较紧张;有的播音员播音的语速稍慢,听感较为舒缓。舒缓与紧张,快与慢,不光是播音员的语言习惯,也应当是语言表达的一种手段,该舒缓的语句舒缓,该紧张的紧张,该紧张与舒缓相结合的就要对比使用,依据新闻内容改变我们的用声状态和表达技巧。一般可以分为节奏紧张和节奏舒缓。

1. 节奏紧张

带有紧张感的新闻主要是附加成分多的句子及其组成的段落。

下面这个例子就是附加短语多。"贺信指出,中共十八大是在我国进入全面建成小康社会决定性阶段召开的一次十分重要的大会。"这句话的主干成分是:十八大是大会。从听感上来分析,人们接收信息会本能地抓住主干,如主语、谓语、宾语成分,抛弃修饰词。然而这一句话却不断地在谓语之后宾语之前加入了"在我国进入全面建成小康社会决定性阶段召开的""一次十分重要的"两个定语。定语之中又包括了主谓关系、并列关系等更复杂的关系,而且一环套一环。在播音当中,由于修饰的成分比较长,就造成了听感上的紧张与期待,但是迟迟得不到回答,在等待的过程中,频繁地获得不必要的信息,却不是期待的有效信息,又打乱了原本感受的完整度。因此字数越多的句子成分越复杂,因而在播报的过程当中,一气呵成的要求就更高,也必须加快速度,让听众听到最关键的内容,节奏的紧张也造成受众有期待感。播音员在播报复杂句子的过程中,要给人听感上造成紧凑的感觉。

下面这个例子就是多个带有紧张感的长句子组合成的段落。

贺信指出,中共十八大是在我国进入全面建成小康社会决定性阶段召开的一次十分重要的大会。大会的胜利召开,必将有力推动全面建成小康社会进程,对中国特色社会主义事业发展产生重大而深远的影响。民革成立60多年来,自觉接受和坚持中国共产党的领导,坚持走中国特色社会主义政治发展道路,始终与中国共产党在思想上同心同德、目标上同心同向、行动上同心同行,在革命、建设、改革历程中风雨同舟、肝胆相照、荣辱与共,共同为中国人民解放事业和中华民族伟大复兴贡献力量。在全面建成小康社会的伟大征程中,民革将继承和发扬老一辈领导人与中国共产党人团结奋斗、亲密合作的优良传统,一如既往坚持和维护中国共产党的领导,一如既往坚持和维护中国共产党领导的多党合作和政治协商制度,坚定不移沿着中国特色社会主义道路奋勇前进。

可以看出以上的句子结构一环扣一环,播读时要"声停气不停",一气呵成,否则听了后面忘了前面。播音员的一气呵成在听感上给人感觉是内容不断推进,紧密联系,环环相扣。字数越多、成分越复杂的句子,播报的过程中越要给人一种稍微紧张的感觉,因为稍微紧张的节奏能够抓住受众的注意力,便于受众跟上稿件中的复杂思路,更多地记忆稿件的内容。这里提示一下,节奏紧张并不等于语速很快,更不能心理节奏失控,"连滚带爬"。

2. 节奏舒缓

稍微舒缓的新闻,一般句子结构简单,表达舒缓的思想,口语化程度高,听觉上和表达上容易让人接受。例如,新闻杂志型节目《世界周刊》主持词:

  大家周末好,欢迎打开这一期的《世界周刊》。本周四,8月15号,今年的这一天是日本二战投降68周年的纪念日。这个日子应该说在整个亚洲,尤其在东亚现代史上是一个值得记住的转折点。每一年到了这一天,有很多东亚国家都会举行各种各样的纪念活动。像韩国,就把这一天定为重获独立的"光复日"。但与此同时,我们看一看日本。8月15号这一天,在日本,被泛泛地称为"终战纪念日"。所以您看,站在不同的立场上,就会产生不同的看法。而这一点也恰恰说明了日本二战战败投降,作为东亚的一段共同的历史记忆一直到今天仍然有着完全不一样的解读,也就有了不一样的反思。本期的《世界周刊》,我们的视线就来认真地反思东亚。

从这一段话中我们可以看出,播报这一段话的时候,内容主线清晰,轻松易懂,包含复杂句子成分的句子少,短句子多,每一个句子都能够独立表达一个完整、明确和清晰的意思,受众可以从听感上较为轻松地跟上主持人的思路。主持人从容地播报,观众自然地接收信息。即使是长句子,由于表达方式和内容都能用简单的语法呈现,因而十分清楚。停多连少,语句之间没有环环相扣非常紧密的思维,因此也可以从容地播报,甚至是"说"。

所以从新闻播报的经验来说,越长的句子,附加和修饰的成分就越多。句子成分越复杂,越容易让人在听感上产生混淆,在理解上增强难度。由于稿件无法改变,就要求播音员用紧张的节奏、"声停气不停"的停连、用尽量短的时间快速播报出主要内容;而短句子,成分简单的句子组成的段落,结构相对简单,逻辑相对松散,节奏可以从容些、松弛些。

中国传媒大学张颂教授将播报的语言特点总结为:"字正腔圆、呼吸无声、感而不入、语尾不坠、语势稳健、讲究分寸、节奏明快、语流晓畅。"[①]这也正是对新闻播音的总体要求。

在学习新闻播音的过程中,我们通常会通过学习语言表达技巧来达到播音作品的完美。在我们的播音教学中,可以有一个角度,就是从语法的角度来学习播新闻。语法应该是弄清句子意思、理解新闻内容的最关键的一环。在弄清楚语法的基础上,通过广义备稿,便可以播出新闻的内在语、新闻价值,遇到任何类型的新闻稿件,都可以从容应对。

第二节 实例剖析

很多人认为播新闻头绪很多,难度很大,有时"顾首不顾尾",有时"眉毛胡子一把抓",初学者经常感到一筹莫展。本节主要从四个方面阐释如何抓住播读新闻的重点。处理好这四个方面的问题,就大体能够呈现出一篇准确、完整、清晰的新闻。

一、抓基调,要得体

播报新闻除了做到叙事清楚、新鲜感强之外,最重要的就是要把握好基调,其中包括对新闻的基本色彩和规格分寸的明确把握。这样,在气息的持久、跃动,用声的扎实、明亮,语气的色彩、分寸,吐字的饱满、有力等方面才能恰当得体。

二、找重点,要鲜明

体现新闻价值和实现新闻目的的语句和意群,就是重点。而重点最终是要

---

① 张颂:《关于新闻传播的思考》,《现代传播》1998年第4期,第12页。

落实在重音上,找准"少而精"的重音,播出鲜明笃定的内涵,就是播好了重点。播好重点的难度不在于技巧,在于对新闻的理解和对知识的积累。简单地说,今天的历史是昨天的新闻,今天的新闻是明天的历史。任何一条新闻都不是横空出世的,它是事物、社会发展到一个阶段的新鲜点、转折点、着重点。不了解社会现实,不了解所播新闻的前因后果、缘起背景,就不能很快、很准地找到这一条新闻的新闻价值和内容重点,当然也就播不好重点内容的内在语。因此,播新闻不仅要动口,更要动手、动脑、动心。所谓动手就是遇到新闻中自己不熟悉的词汇、术语就去查找资料弄懂,不要认为只要不念错别字就行了。所谓动脑就是新闻的"新鲜"之处在哪里,有何意义,对谁会有什么影响?所谓动心就是不否认新闻的客观性、平衡性,但新闻并不是冷冰冰的,在平实叙述事实的背后隐藏着新闻媒体、主流舆论的态度、感情、倾向,在播报的时候要有所暗示。

三、"穿成线""抱成团"

"穿成线""抱成团"是业界对处理新闻的逻辑脉络、结构布局、层次关系的形象化表述。所谓"穿线"就是表达一个完整意思的句子时通过恰当的停连把意思说清楚、连贯,不要"蹦词儿",不要见到标点符号就停顿,更不要把每个由标点符号分割的分句播得支离破碎、杂乱无章。所谓"抱团儿"就是意群、层次内部要连贯紧凑,形成一体;意群之间、层次之间的逻辑关系要清晰,起承转合要恰当。播读时要注意上一个意群、层次的尾句、尾音怎么收,如何建立与下一个意群、层次的承接关系,下一个意群、层次的首句、首字音如何起,才能转承上一个意群、层次的意思。"穿线""抱团儿"的主要技巧就是停连的位置和方式、语势的灵活变化。要做到"穿线""抱团儿"就要有全局观,不能光把注意力放在句子单位甚至更小的词语单位上,要从层次入手,看整篇新闻的内容是如何叙述的。简而言之,上口播的时候,要细致、灵活地处理音节、词语、片语等,但备稿的时候,要从层次、意群、句子等"小单位""大单位"着眼、规划。

四、重事实,要朴实

新闻的基本功能就是以叙述的方式对新闻事实进行呈现,以事明人。抒情和议论的表达手法在新闻的写作中并不常见,即便采用这些方式也只是辅助或者加强对事实的呈现。因此,播报新闻时要注意态度、语气朴实无华,不要为突显自我而拿腔拿调,不要故作亲切流畅而有"唱调",不要怕出错而有"保险调",更不要为追求所谓的个性表达而有怪声怪调。播读新闻跟其他样态的有声语言表达一样,不排斥个性化,但不要舍本逐末、缘木求鱼,要以服务受众为目标,以传达新闻事实为目的,自然真诚,要警惕矫揉造作的创作心态。

下面结合六条新闻讲解如何实现以上四点。这六条新闻是新闻节选,涉及时政新闻、社会新闻,有国家大事也有社会热点,有基调庄重严肃的,也有轻松趣味的。

例1

全国宣传思想工作会议19号至20号在北京召开。中共中央总书记、国家主席、中央军委主席习近平出席会议并发表重要讲话。/他强调,宣传思想工作一定要把围绕中心、服务大局作为基本职责,/胸怀大局、把握大势、着眼大事,找准工作切入点和着力点,/做到因势而谋、应势而动、顺势而为。(气息平稳扎实,顿号联结的并列成分连而不乱,连而不急,字正腔圆,归音到位。注意:字正腔圆、归音到位是体现播读此类新闻规整性、庄重性的重要技巧。同时要注意"因势而谋、应势而动、顺势而为"的语势、重音和尾音的处理。)

中共中央政治局常委、中央书记处书记刘云山出席会议并讲话。(这句话固然重要,但更重要的是下一段的内容,关键播好下一段的第一句话"习近平在讲话中强调"要高起,才能将这条新闻的重点突出。)

习近平在讲话中强调,经济建设是党的中心工作,意识形态工作是党的一项极端重要的工作。/党的十一届三中全会以来,我们党始终坚持以经济建设为中心,集中精力把经济建设搞上去、把人民生活搞上去。/同时,只有物质文明建设和精神文明建设都搞好,国家物质力量和精神力量都增强,全国各族人民物质生活和精神生活都改善,/中国特色社会主义事业才能顺利向前推进。(2013/08/20)

(标有着重符号的词语是重音,在这条新闻中,播读重音一般采用加重声音的方式。有"/"标记符号的位置,注意层次的转换。另外,在"只有物质文明建设和精神文明建设……向前推进"这句话中,要处理好有并列关系的"搞好""增强""改善",通过轻重格式和归音方式、调值的高低以示区别。)

例 2

就 CNN 等少数西方媒体将/"10·28"汽车冲撞天安门金水桥无辜人员和游客事件△与中国民族宗教政策挂钩,甚至对涉案恐怖分子表示同情,外交部发言人洪磊△在 11 月 4 号的例行记者会上表示,这种行为是对恐怖分子的纵容,中方对此表示强烈不满。

据央视报道,10 月 28 号中午,恐怖分子乌斯曼、艾山等 3 人驾乘一辆吉普车闯入长安街的便道,故意冲撞游人和群众,造成 2 名游客死亡、40 人受伤。案件发生之后,国内外媒体纷纷对恐怖分子的犯罪行径△表示谴责。然而美国有线电视新闻网 CNN 却在报道中别有用心地称△恐怖分子为"值得同情的对象",遭到了中国网友的群起反击。(2013/11/4)

(这条新闻的基调是严正的,批驳西方媒体双重标准的态度鲜明,捍卫中国立场的气势要表现出来,但要注意分寸。第一句是一个"就……表示"的句式,长句内部成分复杂,要注意句子内部的停连和语势的变化,确保意思不断、不乱。在重音的处理上,由于没有对比重音、反义重音等,所以重音不要突兀,用吐字清晰、有力、沉着的方式即可。整条新闻对气息的要求较高,要平稳、扎实、有力度。)

例 3

昨天上午,十二届全国人大常委会第五次会议△在北京人民大会堂闭幕。会议表决通过了/《关于修改〈消费者权益保护法〉的决定》。这是《消保法》实施近 20 年来的首次大修。新法将于 2014 年 3 月 15 号开始实施。修改后的《消保法》对△网络购物、霸王条款、消费者个人信息保护、惩罚性赔偿等方面△都有了更完善的规定。(2013/10/26)

(这条新闻跟老百姓的生活密切相关,是我国法律的完善,是件于国于民都很重要的大好事,在基调上要明快。因为与国民生活密切相关,因此特别要处理好这句话"对网络购物、霸王条款、消费者个人信息保护、惩罚性赔偿等方面都有了更完善的规定"。吐字清晰明确地将四个并列的词语和词组表达出来,让受众一听就能抓住新闻的核心内容。)

第五章 新闻播音

例 4

日前,李克强应邀在中国工会第十六次全国代表大会上作了经济形势报告。这份报告也被称为生动的"经济形势公开课"。报告中透露,我国财政赤字率已经达到2.1%,同时,李克强强调,再多发票子有可能导致通货膨胀。对于目前的经济发展形势,李克强说,去年四季度,因为国际国内多重复杂因素交织影响,经济增长率只有7.8%,今年继续下行,一季度是7.7%,二季度是7.5%。"我们关注GDP,其实关注的是就业"。(2013/11/5)

(这条新闻是常见的时政新闻,但由于李克强总理表达上极具个人特点,使得新闻报道也形象、生动起来,"经济形势公开课""再多发票子"等表述时尚、通俗,因此播读这条新闻既要规整又要生动。)

例 5

奥运游泳冠军孙杨因无证驾驶汽车,今天下午被杭州市公安交警部门罚款,并处行政拘留7天。昨天下午2点10分左右,在杭州市体育场路武林广场西跑道附近,一辆白色保时捷卡宴与900路公交车发生刮擦事故,保时捷卡宴司机为奥运会游泳冠军孙杨。杭州交警随后查实孙杨系无证驾驶,根据《道路交通安全法》第九十九条之规定,对其违法行为做出上述处罚。(2013/11/4)

(这是一条有关体育明星的社会新闻,但是负面的。社会新闻的播读不必强求规整,在节奏上可以更流畅明快些,语势可以采用低平、小幅度、快节奏的方式,声音的状态可以松弛些,近距离、小音量即可。态度保持客观。)

例 6

台北动物园的熊猫宝宝"圆仔"出生100多天了。刚学会爬行的小家伙,俨然成了好奇宝宝,一听到声音就四处探索。而它的妈妈圆圆看到圆仔跑远了,总要赶忙把圆仔叼回安全的地方。只不过,面对体重已经超过了7公斤的小家伙,妈妈可是叼不动了!(2013/10/27)

(这是一条有趣的社会新闻,在写作上强调趣味化特点,接近生活口语。因此播读时要注意语势和节奏的变化,多连少停,语气上轻松活泼些,重音的强调方式也可以稍微夸张些。)

第三节 实训技巧

本节选取的训练材料主要有以下特点：(1)兼顾新闻的主要类型，重点训练时政新闻、经济新闻、国际新闻、军事新闻、科技新闻、体育新闻、民生新闻、娱乐新闻等的播报。(2)每条新闻除了题材、内容有类别差异，在写作方式上也各具特点，播读时要符合新闻写作特点的要求。(3)要根据新闻的规格、题材、性质确定播读的基调、样态，把握好分寸，得体准确。(4)播报新闻既要符合共性规律，也要播出播音员、主持人的个人特点，特别是在"软新闻"的播报上要活泼灵动。

由于篇幅的关系，本节不提供"分解动作"训练的材料，比如单独的导语训练、长句训练、结构训练、背景训练等，而是将这些基本的训练材料都融合在整篇新闻中。如果有必要，请教师挑出相应的部分进行针对性训练。

一、时政新闻的播读

时政新闻被称为"报纸的灵魂和心脏"，对广播电视媒体亦是如此，对国家、政党、人民、社会的新近或正在发生的政治思想、政治会议、政治事件、政策法规、领导人活动、政治外交的报道，是非常重要的新闻内容。这一类型的新闻对播报的规整性、清晰度、稳实感要求很高；对发声吐字的要求主要是气息扎实、持久，吐字饱满清晰；对语势的要求主要是平稳从容，连而不急，停而不拖，尾音常扬而不唱；对基调的共性要求是庄重大气，同时也要根据内容而有具体的变化。忌气僵声捏，吐字紧压，态度轻浮，语势婉转。

（一）会议

纪念毛泽东同志批示"枫桥经验"50周年大会今天在浙江杭州召开。会议指出，要深入贯彻落实党的十八大和习近平总书记重要指示精神，从坚持和发展中国特色社会主义的战略高度，继承和发扬优良传统，以与时俱进的精神，研究新情况、把握新规律，创新群众工作方法，加大依法治理力度，完善工作制度机制,不断提高新形势下群众工作能力和水平,切实解决好涉及群众切身利益的突出问题,确保人民安居乐业、社会安定有序、国家长治久安。

会议强调,要把群众路线与法治方式结合起来,运用法治思维和法治方式预防化解社会矛盾,推动形成办事依法、化解矛盾靠法的法治环境。

(二) 通知

中央党的群众路线教育实践活动领导小组印发《关于认真学习贯彻习近平总书记在河北调研指导党的群众路线教育实践活动时讲话的通知》

本台消息:近日,中央党的群众路线教育实践活动领导小组印发《关于认真学习贯彻习近平总书记在河北调研指导党的群众路线教育实践活动时讲话的通知》,要求各级党委(党组)认真学习贯彻习近平总书记重要讲话精神,推进教育实践活动取得实实在在的成效。

《通知》指出,习近平总书记的重要讲话,明确了第一批单位教育实践活动的工作重点、基本要求和方式方法,指出了第二批教育实践活动的努力方向,对推进教育实践活动深入开展具有重要的指导意义。各级党组织和广大党员、干部要按照讲话精神,抓紧抓好教育实践活动各项工作。

《通知》强调,开展好教育实践活动,要进一步增强思想自觉和行动自觉,引导广大党员、干部主动克服不以为然的思想、等待观望的态度、消极被动的情绪,甚至是与己无关的想法,积极投身教育实践活动,在坚持党的群众路线方面做到知行合一。要始终坚持和弘扬"两个务必",引导广大党员、干部自觉用"两个务必"对照检查和总结反思自己在"四风"方面的问题,始终做到谦虚谨慎、艰苦奋斗、实事求是、一心为民。要把握教育实践活动的三大关系,充分调动领导干部和广大群众两个积极性,引导领导干部端正态度,引导群众多提意见建议;着力打牢学习教育和查摆问题两个基础,原原本本学、联系实际学、深入思考学,自觉查摆问题;切实抓住整改落实和建章立制两个关键,加大力度解决问题,尽快建立健全为民务实清廉制度。要贯彻和体现整风精神,把批评和自我批评摆在重要位置,把开门搞活动作为重要方法,把严格执行纪律作为重要措施,始终以严的标准、严的措施、严的纪律,促使党员、干部积极主动查找和解决问题。要着力解决突出问题,引导广大党员、干部针对查找出来的作风问题,逐一分析原因,制定整改措施。要保证活动健康发展,切实加强组织领导和督促指导,党委(党组)主要负责同志要把教育实践活动牢牢抓在手上,中央督导组要认真履行职责,切实加强工作督导。要切实做到领导带头示范,督促各级党员领导干部坚持从严标准，带头学习理论，带头听取意见，带头查摆问题，带头开展批评和自我批评，带头整改落实，带头推进制度建设，结合教育实践活动加强领导班子思想政治建设。

来源：中央电视台《新闻联播》，2013年8月8日，纯口播。

（三）政策

地方政府职能转变和机构改革工作电视电话会议11月1日在北京召开。中共中央政治局常委、国务院总理、中央编制委员会主任李克强发表讲话。他强调，要全面深入贯彻落实党的十八大和十八届二中全会精神，做好政府改革这篇大文章。中央政府改革是上篇，地方政府改革是下篇，要整体构思，通盘考虑，上下贯通，把整篇文章做好，更多释放市场活力，更好地服务人民群众。

李克强说，地方政府职能转变和机构改革是行政体制改革的重要组成部分，有助于进一步理顺政府与市场、政府与社会、中央与地方的关系，保证中央政令畅通，发挥好中央和地方两个积极性，促进政府高效协调运转。对于激发市场和社会创造力、推动经济转型升级，具有十分重要的意义。

李克强指出，新一届国务院组成后，面对错综复杂的国内外经济形势和经济下行压力，我们把转变职能作为第一件大事，紧紧抓住不放。目前已取消下放334项行政审批等事项，简政放权成为深化改革的"马前卒"和宏观调控的"当头炮"，成效不断显现。今年以来全国各类企业登记数比去年同期增长25%，其中民营个体企业增长37%，带动了民间投资以23%左右的速度增长，社会投资和创业热情进发，经济出现稳中向好。加快改革与调整结构叠加的效果，超出人们预期。

李克强要求，地方政府职能转变要重点抓好"接、放、管"。接，就是接好中央下放的审批事项。中央明令取消的，要不折不扣地放给市场、社会，不得截留。放，就是把地方本级该放的权力切实放下去、放到位，特别是对不符合法律规定、利用"红头文件"设定的管理、收费、罚款项目应一律取消，决不能打"小算盘"、搞"小九九"，防止"上动下不动、头转身不转"。管，就是把该管的管起来、管到位。在减少事前审批的同时，加强事中事后监管，规范监管行为，克服随意性，着力构建统一开放、公平竞争的市场环境，让创业"火"起来。对假冒伪劣、坑蒙拐骗尤其是损害人民生命健康的食品安全等领域违法违规行为，要严惩不贷。建立健全"黑名单"制度，让违法者付出承受不起的代价。要加强保障民生的基本公共服务，保住基本、补上短板、兜好底线，促进社会公正。

李克强指出,地方机构改革要着力搞好"控、调、改"。控,就是严控地方政府机构编制总量,确保财政供养人员只减不增。调,就是调整优化机构编制结构,重点强基层、强一线,转变"头大腿细"现象。改,就是通过深化改革,挖掘机构编制潜力,满足事业发展需要。中央各部门不得以任何形式干预地方政府机构设置和编制调整。

李克强说,政府职能转变和机构改革是一场自我革命,要民意为先、舍利为公,有敢啃"硬骨头"的勇气,义无反顾、一抓到底。同时,防止出现"一放就乱、一管就死"的怪圈。他最后强调,要加强基层政府的改革和建设,提高服务管理能力,关心基层干部,为他们的生活和工作提供切实保障,特别是不能拖欠工资。

中共中央政治局常委、中央编制委员会副主任刘云山主持会议,赵乐际、栗战书出席会议。中央编办和广东、上海、吉林三省市政府主要负责人在会上发言。

来源:中央电视台《新闻联播》,2013年11月1日。

(四) 仪式

庆祝中华人民共和国成立64周年
首都各界向人民英雄纪念碑敬献花篮

鲜花献英烈,壮歌酬壮志。今天是中华人民共和国成立64周年纪念日。上午,党和国家领导人习近平、李克强、张德江、俞正声、刘云山、王岐山、张高丽等来到北京天安门广场,与首都各界代表一起,向人民英雄纪念碑敬献花篮,深切缅怀为民族独立、人民解放、国家富强、人民幸福英勇献身的革命先烈,表达全党全国各族人民继往开来、奋力推进中国特色社会主义伟大事业的坚定信念。

首都北京细雨霏霏,寄托着人们对革命先烈的哀思;长安街两侧花团锦簇,表达了亿万人民对中华人民共和国的深情。壮阔的天安门广场上,五星红旗高高飘扬,人民英雄纪念碑巍然矗立,位于纪念碑两侧的巨幅电子屏上,"热烈庆祝中华人民共和国成立六十四周年""坚定不移沿着中国特色社会主义道路前进"的标语十分醒目。

此时此刻,240名身着白衬衫、佩戴红领巾的少年儿童整齐列队,在纪念碑下热情放歌,银铃般的歌声回响在天空,人们聆听着中国人民献给祖国母亲的赞歌。

临近 10 时,习近平、李克强、张德江、俞正声、刘云山、王岐山、张高丽等党和国家领导人步行来到广场中央,出席向人民英雄纪念碑敬献花篮仪式。

今年,从党的十八大这一新的历史起点出发,以习近平同志为总书记的党中央高举中国特色社会主义伟大旗帜,以邓小平理论、"三个代表"重要思想、科学发展观为指导,坚持依法治国,坚持改革开放,坚持走群众路线,带领全党全国各族人民,为着全面建成小康社会的宏伟目标努力奋斗,为着实现中华民族伟大复兴的中国梦奋力前行。

10 时整,敬献花篮仪式开始。30 名陆海空三军礼兵迈着铿锵有力的步伐,分两列行进到纪念碑前持枪伫立。

少年儿童面向人民英雄纪念碑,唱响中国少年先锋队队歌,表达他们继承革命先辈的光荣传统、踏着烈士的足迹前进的志向。

在人民英雄纪念碑北侧,9 个大型花篮一字排开,花篮的红色缎带上写着"人民英雄永垂不朽"8 个金色大字。

伴随着深情的《献花曲》,18 名礼兵抬起 9 个花篮,缓步走向人民英雄纪念碑。花篮是由中共中央、全国人大常委会、国务院、全国政协、中央军委,各民主党派、全国工商联和无党派人士,各人民团体,首都各界群众,中国少年先锋队分别敬献的。

习近平等党和国家领导人步伐稳健,沿着花岗岩铺就的台阶登上纪念碑基座,在花篮前驻足凝视。朵朵明黄的文心兰,象征各族儿女欢庆起舞;颗颗心形的红掌,寓意亿万人民凝心聚力;簇簇绽放的百合,祈福祖国安宁昌盛。

习近平缓步上前,轻轻整理花篮上的缎带。

接着,习近平等党和国家领导人瞻仰了人民英雄纪念碑。洁白的碑身静默无声讲述着中华民族近代以来曲折而光辉的历史。碑身四周的 10 幅汉白玉浮雕,再现了中国人民波澜壮阔、气吞山河的奋斗历程,彰显着中华民族百折不挠、自强不息的伟大精神。习近平等绕行纪念碑基座一周,观看浮雕。

紧随党和国家领导人,朝气蓬勃的少年儿童们向纪念碑走去,凝望浓缩中华民族奋斗历程的纪念碑,决心沿着前辈的光辉足迹,接力前行。

首都各界代表依次登上纪念碑基座。人们注视浮雕上的英雄群像,追思革命先烈的丰功伟绩,感受今天来之不易的幸福生活,表示要紧密团结在以习近平同志为总书记的党中央周围,为全面建成小康社会、实现中华民族伟大复兴的中国梦而不懈奋斗。

部分在京中共中央政治局委员、书记处书记,全国人大常委会、国务院、全国政协领导同志以及中央军委委员出席仪式。

敬献花篮仪式由中共中央政治局委员、北京市委书记郭金龙主持。中央党政军群有关部门和北京市负责人,各民主党派中央、全国工商联负责人和无党派人士代表,也参加了敬献花篮仪式。

(五) 领导人事务

1. 出访短消息类

本台消息,应印度尼西亚共和国总统苏希洛、马来西亚最高元首哈利姆邀请,国家主席习近平2号上午乘专机离开北京,对上述两国进行国事访问并出席在印度尼西亚巴厘岛举行的亚太经合组织第二十一次领导人非正式会议。

陪同习近平主席出访的有:习近平主席夫人彭丽媛,中共中央政治局委员、中央政策研究室主任王沪宁,中共中央政治局委员、中央书记处书记、中央办公厅主任栗战书,国务委员杨洁篪等。

2. 会见

国家主席习近平3号在雅加达会见印度尼西亚国会议长马尔祖基。

习近平表示,我同苏希洛总统一致决定将两国关系提升为全面战略伙伴关系。中方愿同印尼方加强战略沟通,推动经贸、人文等领域交流合作,中国全国人大和印尼国会有着良好合作关系。希望双方继续加强交流,相互借鉴,为推进两国关系做出更大贡献。

马尔祖基欢迎习近平到访印尼国会并发表演讲。习近平主席是在印尼国会发表演讲的第一位外国元首,印尼国会深感荣幸。他表示,近年来,印尼同中国友好合作关系发展顺利。两国立法机构交往密切。印尼国会支持两国关系发展,愿同中国全国人大加强联系,为促进双方经贸、投资、基础设施建设、教育等领域交流合作发挥积极作用,推动两国关系更上一层楼。

印尼国会各专门委员会负责人参加会见。

3. 领导人其他新闻

9月26号下午,中共中央总书记、国家主席、中央军委主席习近平在北京亲切会见了第四届全国道德模范及提名奖获得者并发表了讲话。在讲话结束时,习近平把目光转向了坐在第一排最右边的一位老人,饱含深情。

会见结束后,91岁的龚全珍老人表示,听了总书记的讲话她很受鼓舞。

1957年下半年,龚全珍陪伴甘祖昌放弃优越的都市生活,回到山区教书育人。1986年3月丈夫病逝后,龚全珍决心继续实现丈夫改变家乡面貌的心愿,

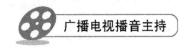

她把自己大部分工资都用在了建水库、修马路、支援农村建设上，而自己却过着节衣缩食的生活。

9月26号晚，龚全珍老人与第四届全国道德模范及提名奖获得者们一同出席了《圆梦中国德耀中华》第四届全国道德模范授奖仪式，龚老的故事也再次感动了现场的每一个人。

二、地方重要新闻的播读

地方重要新闻包括地方领导人的政治事务、地方重大新闻事件、民众密切关注的新闻事实等，由于内容重要，因此相对规格也较高，要求播读时态度庄重亲切，语势流畅明晰，吐字发声饱满灵活，注意色彩和分寸的把握。当然，具体到内容要有基调的具体调整。

例1

记者从北京市公安局新闻发言人处获悉，警方初步认定，"10·28"事件是一起经过严密策划，有组织、有预谋的暴力恐怖袭击案件。目前，已初步查明案件涉案人员相关情况，5名在逃涉案人员现已全部抓获。

"10·28"驾车冲撞致人伤亡案件发生后，北京警方迅速行动，会同多地公安机关连夜工作。经现场勘查，北京警方查明肇事车辆为一悬挂新疆牌照吉普车，警方在车内发现汽油及盛装汽油的装置、两把砍刀、铁棍，车上还发现印有极端宗教内容的旗帜。经深入侦查后查明：28日12时许，乌斯曼·艾山、其母库完汗·热依木及其妻古力克孜·艾尼3人驾乘吉普车闯入长安街便道，沿途快速行驶故意冲撞游人群众，造成2人死亡，40人受伤。嫌疑人驾车撞向金水桥护栏，点燃车内汽油致车辆起火燃烧，车内的乌斯曼·艾山等3人当场死亡。

在新疆等地公安机关大力配合下，北京警方先后将玉江山·吾许尔、古丽娜尔·托平提尼亚孜、玉苏普·吾买尔尼亚孜、布坚乃提·阿卜杜喀迪尔、玉苏普·艾合麦提等5名同伙抓获。

经初步审查，嫌疑人玉江山·吾许尔等人供述了他们与作案人相识、结伙策划并实施暴力恐怖活动的情况，并称没想到乌斯曼·艾山等人在北京制造暴力恐怖行动后仅仅10余小时，警察就将他们抓获。目前，警方已在嫌疑人暂住地发现"圣战"旗帜、长刀等物品，案件仍在进一步审查中。

来源：中央电视台《共同关注》，2013年10月30日。

例 2

据《华西都市报》报道,今天,18 万余人将走进 2013 年下半年四川省公开录用公务员笔试考场,参与 3354 个职位的竞争。本次公务员考试计划招录 6544 人,竞争最激烈的岗位是成都市中级人民法院行政人员,715 人报考只取 1 人。而引人注意的是,此次考试有 103 位博士参加。

此次涉及的主要是各市(州)公开录用公务员考试、省直机关和垂管系统公开录用公务员考试、全省法院检察院系统录(聘)用工作人员考试、全省监狱劳教系统公开录用公务员(人民警察)考试等。据四川省人事考试中心数据显示,2013 年下半年全省公招四级联考启动,即省、市、县、乡四级机关统一考试录用公务员。本次考试应考人数有 187 981 人,共设招考职位 3354 个,拟录用名额 6544 人,报考人数与录用名额之比为 29∶1。

其中,省直机关和垂直管理系统公招 728 人,法院系统计划招录 1138 人,检察院系统计划招录 670 人,监狱劳教(戒毒)系统计划招录 207 人,德阳等 15 市州计划公招 3801 人。

报考人数最多的职位是简阳市乡镇机关综合管理职位,共 1717 人报考,录用 35 人,竞争比例为 49∶1。

据了解,竞争最激烈的岗位是成都市中级人民法院行政人员职位,715 人报考仅录用 1 人,报考人数与录用名额比例高达 715∶1。

而与 700 余人追逐同一岗位形成鲜明对比的是,攀枝花市米易县白坡彝族乡人民政府、甘孜州甘孜县森林公安局、德格县乡级宗教管理服务人员几十个岗位无人报考。

来源:改编自网络,http://www.wccdaily.com.cn/shtml/hxdsb/20131103/160656.shtml。

三、其他各类新闻的播读

(一) 经济新闻

经济新闻与科技新闻、军事新闻、体育新闻一样,带有一定的专业性,内容一般比较抽象、凝练,从听觉感知上看有一定难度。因此对播读的基本要求就是事实要素必须清晰准确,对专业术语熟练掌握,通过恰当的停连和重音将凝练、扼要的内容阐释到"一听就懂"。

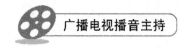

例 1

世界银行 28 号发布最新《营商环境报告》，营商便捷度年度排名上新加坡高居榜首，其他名列前十的经济体为中国香港特区、新西兰、美国、丹麦、马来西亚、韩国、格鲁吉亚、挪威和英国。而中国今年位列第 96 位，比去年的第 91 位有所下滑。主流的批评意见认为，这份排名长期以来一直饱受争议，排名靠前的国家不过是采取了符合世行口味的自由经济政策，而投资者对其营商环境的真实评价，和世行报告反差很大。

这份名为《2014 年营商环境报告：理解中小企业规管》的报告调查范围涵盖全球 189 个经济体。营商环境排名涉及企业面对的 10 个问题：创建公司是否容易、获得建设许可是否便利、能否方便连通电网、能否方便确立企业所有权、能否方便获得信贷、投资是否得到保护、税务是否合理、资金流是否通畅、合同是否得到尊重、客户和供应商能否建立健康关系。报告称，过去一年间，全球共有 114 个经济体的政府明显加快了改善营商环境的步伐，改革措施比上年增加 18%，营商环境的改善为本地企业家扩大经营奠定了基础。

这条新闻的并列成分多，播读时要注意怎样区分并列成分，利用语势的高低、重音的强弱、语气的差异等区别对待，否则听上去会僵持、散乱，不"抱团儿"。

例 2

截至目前，已有 28 个省（区、市）发布了前三季度地区生产总值（GDP），加总后达到 423909.97 亿元，比国家统计局公布的全国数据高出 37148.27 亿元。专家表示，虽然存在多方因素影响，但是 GDP 考核导致地方政府政绩观扭曲是问题产生的重要原因。

国家统计局此前公布，初步核算，前三季度我国国内生产总值为 386761.7 亿元。然而仅就记者汇总的 28 省（区、市）GDP 数据，就已经高达 423909.97 亿元，高出全国 3.7 万亿元，这还不包括内蒙古、甘肃和西藏三个省（区、市）。考虑到这三个省（区、市）仅上半年的 GDP 就接近 1 万亿元，前三季度地方 GDP 之和很可能要比全国高出 5 万亿元以上。

虽然地方 GDP 之和高于全国的现象二十几年前就有，而且也不是国内特有现象，但是自 2011 年以来这一差距却在迅速拉大。2012 年这一差额已经达到

57167.39亿元,是10年前的12倍还多;今年前三季度已公布数据的28省高出全国GDP的数据就已经与2010年全年基本持平。

最近,国家统计局的人士对此做出了四方面解释:首先,中国经济进入21世纪后出现快速增长,2003年全国GDP只有139537.19亿元,2012年已经达到576498.46亿元,翻了两番,这必然会带来地方GDP之和高于全国的部分随之增长;其次,年度GDP核算分为初步核算、初步核实和最终核实三个步骤,从近年情况来看,最终核实数据往往比初步核算数据要低,而地方一般不特意对外公布最终核实数据,公众掌握的都是初步核算数据;再次,国家统计局近年来加强了对数据质量的把关,推出的四大工程建设在很大程度上能够保证国家数据更加精准;最后,由于地方政绩考核往往与GDP挂钩,在扭曲的政绩观影响下,个别地区可能存在数据注水现象。

经济新闻中数字多,播读时要注意播出不同数字的内涵来,是多还是少,是提高还是降低,是好还是坏。有时还要把数字的对比含义表达清楚。

例3

2013年,A股虽然经历了1849的低潮,却也在自贸区的保驾护航下,嗅到"小牛市"的味道。本月,金融界网站联合问卷网、数字100市场研究公司,发起中国股民幸福指数大调查第二季。调查发起方根据调查结果计算并发布了《2013中国股民幸福指数报告》(以下简称《报告》)。《报告》还显示,2013年中国股民幸福感调查中,认为自己"非常幸福"的比例占9%,"比较幸福"占31%,"一般幸福"占32%,"不太幸福"占18%,"很不幸福"占11%。也就是说,仅约三成股民感到"不幸福"。与此形成鲜明对比的是,2012年认为自己"很不幸福"的股民比例为48%。

请注意百分比的对比,在2013年的中国股民幸福指数调查中,"'很不幸福'占11%",而新闻最后的背景补充"2012年认为自己'很不幸福'的股民比例为48%"。重点是要照应新闻开头的"A股虽然经历了1849的低潮,却也在自贸区的保驾护航下,嗅到'小牛市'的味道"。因此,"11%"和"48%"的对比要体现清楚。

(二) 国际新闻

国际新闻通常是年轻人不太关注的,有些人对国际新闻涉及的背景知识比较陌生,再加之新闻中大量出现音译的人名、地名、专业词汇等,更加大了播读的难度。因此要播好国际新闻补充国际事务、国际关系的背景知识非常重要。因为涉及国家之间的关系问题,播读国际新闻要特别谨慎,不懂就问,自我把关,否则引发国际舆论的争议后果严重。

例1

(中新社华盛顿11月2日电) 在日本媒体声称美日制定"钓鱼岛共同防卫"计划后,五角大楼否认此事,重申美方在钓鱼岛问题上的立场没有改变。

10月25号,日本媒体援引美国国防部相关人士的话称,为防钓鱼岛"有事",美日制定了"共同防卫计划",更明确了美军和日本自卫队的具体作战行动。

对此,美国国防部发言人杰弗里·普尔(Jeffrey Pool)1号在答复中国媒体问询时强调,日本媒体的报道不准确,"存在诸多失实之处"。

普尔重申,美国在钓鱼岛问题上的立场没有改变,鼓励中日以和平方式解决问题,避免采取导致局势紧张的行动,"防止出现可能破坏地区和平、安全与经济增长的误判,这一点至关重要"。

11月1号,中国外交部发言人华春莹已经表示,中方注意到日本媒体有关报道,美方向中方做出澄清,表示日方有关报道不符合事实。

这是一个多月内日本媒体再次对钓鱼岛问题做出不实报道。9月中旬,有日本媒体声称,美国国务院副国务卿伯恩斯会见日本公民党党首山口那津男时表示,美国就钓鱼岛问题"支持日方"。

其后美国国务院发言人珍·普萨基重申,美国对钓鱼岛最终主权归属"不持立场",她确信"美方官员无论是在私下还是公开场合,传达的都是这一立场"。

这条新闻中有大量引述,请注意整体基调和播读引述话语的语气。另外,要注意这条消息的层次转换,处理不当就会令受众感到像一团乱麻。要注意时间线索、不同立场方的态度和观点。

例2

据新华社消息,叙利亚境内反对派20个政党23号在叙首都大马士革召开为期一天的"拯救叙利亚大会",讨论当前的叙利亚危机及其解决途径。

大会筹备委员会主席、叙反对派组织"全国民主变革力量民族协调机构"

("全国协调机构")秘书长拉杰·纳赛尔在大会开幕式上呼吁与会各党派团结起来,为拯救面临危险的叙利亚国家和人民做出贡献。他同时呼吁冲突各方放弃暴力,叙政府军与反对派武装立即停火。

纳赛尔说,应当停止分裂叙利亚社会的活动。这些活动将叙利亚推向教派冲突边缘,进而将把叙利亚变成各方冲突战场。他强调,对叙利亚现政权进行全面变革是建设新叙利亚的入口。

俄罗斯驻叙利亚大使库勒姆哈姆杜夫在会上呼吁通过谈判和对话解决当前的危机。他强调"应当停止通过提供资金和武器对叙利亚危机进行外部干预的任何活动"。

中国驻叙利亚使馆临时代办冯飚和伊朗驻叙利亚大使参加了这次会议的开幕式。"全国协调机构"是目前叙境内最大的反对派政党联合组织,由15个叙利亚境内政党组成,主张通过和平的方式进行民主变革,建设民主、多党政体和现代世俗国家。

这条新闻中涉及多方参与者,要明晰他们之间的关系。请读者以这条消息为由头,补充关于叙利亚危机的背景知识,弄清楚叙利亚反对派组织、俄罗斯的态度和主张是什么。这条消息中的长句较多,请注意既符合语意又突出重点的停连。另外,要处理好恰当停连和句子流畅的关系,运用好"声停气不停"的呼吸技巧。括号中的内容不播。

例3

来关注正在广西南宁举办的第九届中国—东盟博览会,缅甸是本届博览会的主题国。为了向中国和世界宣传和推介缅甸的新形象,缅甸方面在博览会期间举办了一系列丰富多彩的活动,包括国家商品馆开馆仪式、缅甸国家领导人与中国企业家座谈会、缅甸国家推介会等。一些缅甸商人还包机到南宁参加展会,缅甸总统还在接受本网记者专访时表达了对外国直接投资的期待。

据了解,今年缅甸共使用了84个展位,重点展示农产品与食品、珠宝玉器、木材与木制品及手工艺品等优质产品,并推介缅甸本土优秀品牌企业。我在采访期间看到,缅甸展区的玉石、柚木等传统产品,很受中国消费者的喜爱,许多参展的缅甸商家都显然是学过中文的,与中国消费者的交流都十分顺畅。吴苗丹是缅甸工商协会的负责人,他告诉我,中缅两国的贸易活动一直就非常多,"缅甸一直非常重视中国市场,尤其是每年一届的中国—东盟博览会。何况今年缅甸是主题国,所以我们就更忙了,今年我们协会包了3个航班来参加展会。"

据了解,今年缅甸为扩大缅甸作为主题国的影响力,还首次安排本国企业参加农业展、华南城轻工展,而且,在商品展示、展馆设计等方面都努力突出缅甸自己的特色。缅甸"亚洲声望"(ASIA FAME)媒体集团主编吴亨拉为缅甸在这届博览会上展现出来的自信和开放感到骄傲,"我读过邓小平传记,他说过,不管白猫黑猫,能抓到老鼠就是好猫。我们就是应该学习中国人的这种精神。缅甸现在经济开放了,外界更应看好这片市场。我相信,在不久的将来,亚洲将是世界经济的中心,中国将会排在世界经济的第一位,而缅甸也将成为世界经济的'小老虎'。"

除了富有朝气和诚意的商品展示,缅甸这次还特别注重招商引资方面的工作。缅甸总统吴登盛在本届商务与投资峰会开幕式上介绍,为了扩大外国对缅投资,缅甸开放了更多的投资渠道,以吸引来自世界各地的投资者。而为了吸引外国直接投资,缅甸还修改了相关法律,简化办事程序,提供一站式注册服务。

这条新闻提供了很多具体信息,在写法上也有散文化的倾向,在播读时要注意区别叙述性文字和直接引语的播法。与前几条消息相比,这条偏"软",因此在气息的强度上不要太硬,音色可以偏暖、明亮,多连少停,整体基调强调积极、合作。

(三)科技新闻

例1

未来的电商是大数据电商,马云曾这样定义未来的电子商务。但是,大数据电商是个什么样子,阿里集团从未给予精准的定义,也未在实际操作层面予以展示。一切均停留在想象之上。不过,今年光棍节(11月11号),大数据电商将首度揭开神秘面纱。10月15号,阿里集团在杭州召开"双11"新闻发布会。

按照天猫副总裁王煜磊的解释,未来的大数据电商至少包含如下三个方面,一是"O2O",即线下与线上的结合;二是实交化,即用户与厂商之间的积极互动;三是个性化,即千人千面。王煜磊表示,"双11"将围绕上面三个方面做文章。

往年的光棍节打造的是线上购物狂欢。随着移动互联网发展,今年的光棍节将打造一场"O2O"线上线下的集体狂欢。王煜磊表示：今年天猫"双11"将打破线上线下商业界线，整合覆盖全国1000多个市县的3万家线下门店，通过天猫无线客户端与线上全面打通。他还透露，GAP、IT、玩具反斗城、宝岛眼镜、银泰、海尔、鄂尔多斯、宏图三胞等300多个品牌将同时参加天猫"双11"购物狂欢节。

注意专有名词播清楚，例如"O2O"。这虽然是一条科技新闻，但内容与普通受众生活息息相关，写法也不晦涩难懂，播读时语气可以轻松一些。要注意清晰地交代"大数据电商"的内涵。

例2

（新华社电）英国环境、食品和农村事务大臣欧文·佩特森日前表示，一些组织极力反对转基因农业技术应用于亚非欠发达地区，这种行为是"不道德的"，这可能导致数百万人由于食物不足而过早死亡。

据英国媒体10月14号报道，佩特森指出，转基因技术有助于解决粮食供应危机，但一些非政府组织和个人近年来一直反对使用这种技术，阻止转基因农作物在亚非欠发达地区推广，这给解决世界性粮食问题的努力蒙上阴影。

佩特森说，任何一种转基因技术都必须基于科学研究，相关作物必须证明其安全性，但这并不意味着可以对其进行毫无根据的反对。

一些环保组织称"食用转基因等'非自然的'食物会引发特殊健康风险"。佩特森对此表示，这种担忧没有任何科学依据，"全球有1700万农民种植着1.7亿公顷转基因作物，我从未听说一例与此相关的健康问题"。

正如新闻中提供的一些环保组织认为转基因食品会威胁人类健康，关于转基因技术的应用的争论难有定论，所以播读这篇稿件时要注意态度，虽然消息中的观点都很鲜明，但播音员要只转述观点，保持客观立场。

例3

下面播送天气预报。

今年第29号台风"罗莎"，今天中午12点从台风级减弱为强热带风暴级，下午2点钟中心位于北纬20.4度、东经114.4度，也就是距离万宁市东偏北方向大约460公里的南海北部海面上，中心附近最大风力10级，风速达到28米每秒，七级大风范围半径200公里，十级大风范围半径50公里。预计，"罗莎"将

先在南海北部海面徘徊少动,之后折向西南方向移动,逐渐向本岛东部海面靠近,强度继续减弱。受"罗莎"和冷空气共同影响:

今天下午到后天夜间:南海北部海域、南海中西部海域将有7—9级大风,阵风11级,其中"罗莎"经过的附近海面旋转风9—10级,阵风12级;本岛文昌、琼海到陵水一带海面,偏北风7级,阵风9级,北部湾海面,本岛三亚、乐东到海口一带海面,偏北风5—6级,阵风7级,本岛四周沿海各港口所刮台风二号风球不改变;西沙群岛附近海面,偏北风5—6级,阵风7级,今天夜间起逐渐增大到6—7级,阵风8级,中沙群岛附近海面,东北风6级,阵风8级,南沙群岛附近海面,东到东北风5—6级。

初学者播天气预报,往往播完了却不知道今天温度几何。天气预报中数字多、地名多、地理位置多、专业术语多,这些抽象的、冷冰冰的信息经常误导播音员"见字出声",不动脑,不走心。播天气预报的要领是:心态要稳定,吐字要清晰有力,气息要持久、灵活,方位感要非常明确,并且在播读时通过内在语的技巧暗示出来,数字的含义也必须明确表达出来。一些外语译名要多上口练习。

(四) 军事新闻

例1

我国第一艘航空母舰"辽宁舰"的正式服役,也引起了邻国印度的极大关注。印度媒体报道认为,中国首艘航母交付现役旨在向日本展示实力。

25号,《印度时报》对中国第一艘航母交付现役进行了报道。文章开门见山指出,在中日因为钓鱼岛问题导致局势紧张这个时候,中国第一艘航母"辽宁"号交付现役,无疑是在向日本展示军事实力。

《印度时报》援引分析人士的话说,"辽宁"号是中国购自乌克兰并进行改装的航母,目前主要用于训练和测试任务,并为2015年中国自主建造航母打下基础,并不具备实际的作战能力。此时此刻中国航母的交付现役,它的象征意义要大于实际意义,不仅提升了中国在亚太地区的影响力,更主要是在向日本展示中国海军编制的完善和军事实力的提升,并透露出一个信号,中国在主权问题上,态度是坚决的,不排除以武力解决争端。

同时,《印度时报》也指出,中日在钓鱼岛问题上形势日益紧张,内在原因是各自政府都面临换届的压力,如何妥善处理好钓鱼岛问题和两国之间的关系,是双方领导人都要慎重考虑的问题。

这条消息的主体是转引《印度时报》的报道，不是中国政府或媒体的观点，因此播读时要保持客观态度。新闻并不是对"辽宁号"航母本身进行介绍，而是着重阐发它的意义，播读时要注意语气平实端正，把握好分寸感。节奏要稳，语速适中，基调积极。

例 2

据中国国防科技信息网报道，美国海军计划在 2014 财年授予通用动力公司一份合同，用于改进美国海军水面作战舰艇上的电子战系统，这也被美国海军军方高层列为最高优先级项目。

美国海军作战部长乔纳森·格林纳特上将在今年 8 月发布了最新的"海军作战部计划导航"，其中指出了拖延电子战系统更新对海军产生的影响。此计划中并未列出美国海军在未来追求的性能，而是强调了充分利用已有的或者近期可实现的性能的具体措施。

其上一年度的计划指出，通过在下一代干扰机和 SLQ-32 电子战系统方面投入资金，可更好地利用电磁频谱的重要性。这一年度的计划更进一步指出，美国海军舰队需要额外增加 20 架 E/A-18G "咆哮者"电子战飞机，并且水面电子战系统改进计划将为美国海军驱逐舰增加电子战探测和对抗能力。

美国海军海上系统司令部发言人科林·洛克在 10 月 17 号的一封电子邮件中表示，海军在 2014 财年将总共采购 22 个系统，这些系统将安装在现有的、新建的舰艇及岸上的场站。

根据美联邦政府采购公布网的消息，水面电子战系统改进计划 Block 1B3 将针对反舰导弹的早期探测、分析、威胁预警和防护的能力提供增强型舰载电子战，该项目能提高探测和识别特殊信号的能力。

严格地讲，新闻中不应该出现英语单词或短语，但在难以翻译为汉语的情况下，播音员只能播英语读音，注意要发音准确。军事新闻中也经常出现技术术语、专有名词，要确保播读准确、顺畅，比如"海写作战部计划导航""拖延电子战系统更新""下一代干扰机""SLQ-32 电子战系统""E/A-18G 咆哮者电子战飞机"等。同时，也要注意这些名词或短语与句子其他部分衔接得自然、流畅。

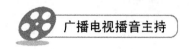

（五）体育新闻

例 1

北京时间 10 月 30 号上午，美国篮球职业联盟 2013—2014 赛季常规赛拉开大幕。在本赛季首次洛杉矶德比中，缺少了科比的湖人队"爆冷"以 116∶103 战胜快船队。

保罗·加索尔拿下 15 分 13 个篮板，尼克·杨 13 分，史蒂夫·纳什 3 分 5 次助攻。替补出场的泽维尔·亨利得了 20 分，乔丹·法玛尔 16 分 6 次助攻，乔迪·米克斯 13 分，乔丹·希尔 12 分 8 个篮板，克里斯·卡曼 10 分 8 个篮板。湖人全场三分球 29 投 14 中。

布雷克·格里芬为快船拿下了 19 分 7 个篮板，德安德烈·乔丹 17 分 11 个篮板，克里斯·保罗 15 分、11 次助攻和 6 个篮板，J. J. 雷迪克 13 分。替补出场的贾马尔·克劳福德 15 分。

开场后近 2 分钟，加索尔接纳什传球勾手命中。快船新援雷迪克与保罗搭档，两人各还以一球，快船反超。本节还有 8 分 10 秒时，乔丹抢断之后下快攻，到前场后接保罗传球，滑翔单手暴扣，快船以 11∶6 领先。加索尔连续两球命中，其中包括一记三分。首节过后，湖人只以 28∶30 落后。

第二节还有 10 分 05 秒时，格里芬空中接力暴扣，巴恩斯此后被吹恶意犯规，威廉姆斯罚中一球后，亨利连续两次投篮命中，在他投中三分后，湖人以 38∶35 超出。格里芬两度篮下得手，他还助攻两次，快船连得 9 分，以 44∶38 重新取得优势。本节最后 40 秒，格里芬两度扣篮，快船上半场以 57∶55 略占优势。

下半场仅打了 10 秒，格里芬就上篮得手，2 分钟后，乔丹扣篮成功，快船以 63∶55 略为拉开差距。尼克—杨连续三次罚球命中，布雷克紧接着三分得手，湖人仍与这个同城对手打得难解难分。湖人一度将比分扳成 40∶40，不过本节最后 4 分钟只投中两球，三节过后，他们以 75∶79 落后。

第四节开始后，法玛尔和米克斯相继命中三分，米克斯紧接着还"打三分"得手，湖人迅速以 86∶83 超出。亨利和约翰逊此后也远投得手，本节打了不到 5 分钟，湖人投中 4 个三分球，以 94∶86 领先。

希尔和法玛尔相继得手，湖人又连得 8 分，在比赛还有 3 分 49 秒时以 104∶89 取得了 15 分的优势。

希尔连续两次得手,在比赛还有 2 分 52 秒时,他补篮得分,湖人以 108∶91 领先。克劳福德两度三分命中,但亨利和米克斯也相继还以颜色,湖人保持两位数的优势。

快船见无力回天,撤下了全部主力,新赛季首战以失败告终。

这条新闻主要是报 NBA 战况,请注意比分(数字)的播报,在对比中清晰地说明各个数字背后的含义。并不是每一个比分都意涵丰富,一般的报分要清晰,要在语流中稍加区分,重要的比分要敢于强调,比如导语中的"116∶103",缺少科比的湖人队"爆冷"战胜快船队,表达出内在语。体育新闻的播报强调快节奏,语速较快,因此更要注意气息的扎实、灵活、加强吐字的力度和弹性。

例 2

在今天凌晨举行的意甲比赛中,乌迪内斯在意甲主场 22 场主场不败的纪录被阵容不整的意甲"领头羊"罗马打破。罗马在客场以 1 比 0 力克对手,追平尤文图斯在 2005—2006 赛季创下的 9 连胜的意甲最佳开局纪录。在积分榜上,罗马积 27 分排名第一,同积 22 分的那不勒斯和尤文图斯分列第二和第三。

罗马主帅加西亚被迫对三前锋组合做出调整,意大利国脚弗洛伦齐继续打主力,另两名前锋换成博列洛和利亚伊奇。罗马在前 8 轮比赛只有 1 个失球,其坚固防线经受住考验。开场仅 3 分钟,乌迪内斯前锋穆列尔射门击中门柱。乌迪内斯队长迪纳塔莱曾经 13 次攻破罗马大门,这名"老妖"前锋被成功冻结了。第 38 分钟,穆列尔送出直传,巴西中场加布里埃尔左脚吊射越过门将德桑克蒂斯,罗马中卫卡斯坦奋力回追在球门线上解围。

当比赛进行到第 66 分钟,罗马右后卫麦孔累积两张黄牌被罚出场,"红狼"的连胜纪录受到严峻考验。第 78 分钟,加西亚做出关键换人,用美国中场布拉德利换下中锋博列洛。布拉德利上赛季是罗马中场的绝对主力,本赛季被新加盟的荷兰中场斯特鲁特曼抢走主力位置,但这两名竞争对手之间打出很好的配合。第 82 分钟,斯特鲁特曼传出好球,布拉德利在禁区边缘冷静施射攻入全场唯一进球。

这条新闻的特点是描述足球比赛的过程,请注意节奏和画面感。除了交代比分、名次,描述场上比赛过程,新闻中也有大量的评价和判断,请注意这些观点的表达要自信、自然。

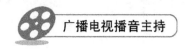

（六）民生新闻

例1

导语：近年来，官员宴席腐败被广大民众所诟病。而湖南即将施行的限宴新规，将给这一歪风套上"紧箍咒"。

（切图）湖南省纪委、监察厅颁发的《关于党和国家工作人员操办婚丧喜庆事宜的暂行规定》将于今年11月1号起施行。规定明确提出，党和国家工作人员不准大操大办婚丧和其他喜庆事宜。婚礼宴请人数最多不得超过300人，也就是不得超过30桌；葬礼应从严控制规模；禁止动用执法执勤等特种车辆，不准违规动用公务用车，婚礼车队和殡葬车队规模不得超过8辆；另外，除婚礼、葬礼外，其他宴席只能请亲戚。种种严厉的规定也被网民称为湖南史上最严的"限宴令"。对此，绝大多数网友是举双手赞成。但是也有网友认为，做寿、生子是人生大事，这都不准办酒，是利用公权干涉私权。对此，湖南省纪委调研法规室相关负责人的答复是："既然你是党和国家工作人员，就应当遵守党纪政纪、国法，正如网友说的，你接受不了，可以退党，可以辞去公职。如果因为这而要求退党、辞职，我想不会有人挽留。"

看来，湖南省整治宴席腐败这股歪风邪气的决心是挺大的。那今天的互动话题就想问问大家，湖南将出史上最严"限宴令"，拟禁止官员办生子祝寿宴，你怎么看？欢迎大家通过我们的短信平台10623456158，发送短信"8＋内容"，参与我们的互动，我们将会在下期节目中选取观众留言与大家分享。

通常民生新闻在写作上比较注意"浅""软"，因此播读时语势变化可以更灵活、多样些。语流的起伏稍大，重音强调的方式除了加重还可以用拉长音程、调值变化、虚实声结合、前后停连、加强语气等方法。民生新闻的播读更倾向于生活化语言表达，也可以恰当流露个性化的表达。电视口播时，切入和切出画面时，播音员的视线可以有所设计，比如，视线从看摄像机镜头向左或右前下方转向30度角，这样看上去比一直直视镜头更自然些。

例2

导语：大爷真是好样的！（这一句是承接上一条新闻的，承上启下。）接下来要给大家介绍的这位也有自己的拿手绝活。现在，螃蟹是正当季的热门美食，一般市面上的螃蟹都是被"五花大绑"的,那么你知道怎么将张牙舞爪的螃蟹绑得老老实实吗?在江苏南京,就有一位号称8秒绑好一只螃蟹的"无影手"。都被称作是"无影手"了,真的有这么厉害吗?(用疑问句制造与观众的显性互动,播读时要注意用生活中的语气,不能念字。)

正文:

(出标题)

(配音)在南京高淳,有一批专门靠捆绑螃蟹为生的女工,这个活计当地人也叫做"扎螃蟹"。一般每年的9月到11月,这种活还很抢手的,除了有在固定店里做专职工作的,还有一大批扎螃蟹的女工是"打游击战"的,她们以扎螃蟹的数量计算劳动报酬,收入在每只五毛钱左右,一般一天能挣两百块钱左右,扎得快的话更多,但不一定每天都有活。估算下来,这些以扎螃蟹为生的女工,做得好,一个月下来也有五六千元的收入。

(同期)主播:听说你们店里有一位绑螃蟹特别厉害的高手,想知道是哪一位。就是那一位,哪一位?这边?是您吗?请问一下您绑螃蟹有多厉害啊?最高纪录是多少?大概(绑一只)在八秒左右吧。

(配音)现在已经是门店经理的姜福美说,自己绑十多年螃蟹了,对螃蟹的性情已经十分了解。

(出镜)主播:究竟这位姜经理绑得有多厉害呢?我们请来了两位也比较厉害的女工,我们让三个人来同时绑十只螃蟹,来看看谁最先绑好。

(同期)一小段比赛现场(加速,短片段,用音乐垫下)

(结束画面 姜经理停下来)

(出镜)主播:好!姜经理已经率先完成了十只螃蟹的捆绑。我们来看一看这边完成得怎么样,这边一共是绑好了六只。那边是绑好了四只。总共两个人加起来才绑好了十只,那边姜经理一个人就完成了十只,我觉得姜经理真的可以说是绑螃蟹的一姐了。

(配音)小试牛刀之后,姜经理准备要真正展示传说中的"无影手"了。绑好一只螃蟹真的只要八秒钟吗?千万不要眨眼,测验开始!

(同期)计时现场

(配音)6.8秒!姜经理的纪录再次被刷新,号称八秒一只的"无影手"当真是名不虚传。姜经理介绍,绑螃蟹的正确手法,要先用拇指和食指握起螃蟹的右后方,把蟹腿收起来,再抽三四根香草,横几圈、竖几圈,一拧、一系,剪掉多余的香草,立马,一只张牙舞爪的螃蟹就变得服服帖帖了。

（播后）为什么我们吃的螃蟹都是五花大绑的呢？姜经理表示，这是为了防止螃蟹到处爬，给它们节省力气，延长生命。同时还为了蒸、煮时避免断了蟹脚，因为螃蟹遇热后会挣扎。此外，现在我们吃的螃蟹，很多是用棉线捆绑的，用香草捆绑的螃蟹，在蒸出来时则要多一股清香的香草味道。长知识了吧！

这条民生新闻绘声绘色地介绍了一位劳动能手，语气丰富，可以稍作夸张。发声的位置可以稍微高一些，体现出对扎螃蟹女工劳动技能的赞叹。

例3

导语：知识就是力量啊！（承上启下句。）接下来我们就来给大家传播点儿常识。近日，在微博上流传着一则消息，说在黑暗中看手机，容易失明，这是真的吗？（语气上制造出一些悬念。）

正文：

（同期）记者：很多人对手机是越来越依赖，早上起来第一件事就是看手机，晚上睡觉最后一件事也是玩手机。不过这些人可得注意了，因为最近网上疯传这样一条消息，说是长期在黑暗的环境当中看手机，会引起眼底癌症，甚至会引发失明。

（配音）有人发微博称，晚上关着灯玩手机半个小时以上，会引起视网膜黄斑部病变，而这个部位一旦病变，就相当于眼底得了癌症，严重的话会导致失明。此微博一经转发，很多人都吓一跳。

（字幕）（身份）市民：我不玩（手机）睡不着觉。

（字幕）（同期）市民小刘：真的假的？我就是因为在看那个（手机），然后我这个眼睛突然一下子看不清了。

（配音）小刘告诉我们，她每天晚上至少要玩一个多小时手机才睡觉，最近突然觉得右眼看东西很模糊，特地来医院做检查。难道网上的传言是真的？（语气可以稍作夸张。）

（字幕）（身份）赵英杰眼科医院副主任医师：这个说法没有科学依据。

（配音）赵主任说，手机屏幕发出的光并不强，不足以损伤视网膜。而视网膜黄斑变性本身的发病机理也没有完全明确，往往与遗传、高龄、代谢障碍等因素有关。

（字幕）（身份）赵英杰眼科医院副主任医师：引起黄斑变性最常见的是老年性黄斑变性，还有一个是高度近视的黄斑变性，这个比较常见。

（配音）不过医生也表示，黑暗中长期看手机容易引起视疲劳，因为黑暗中眼睛的调节系统的负担会加剧，会导致近视加深。

（2013年10月26日 苏州台 记者 黄灿）

四、新闻栏目

例1

（开始曲+垫乐）

1.《城市轨道交通运营管理规范》国标发布，地铁信号故障将会"限制次数"，按标准10号线故障频率已经超标。

2. 北京消防嘉年华今天开幕，新成立11个消防中队，其中，央视新址专门成立了一个消防中队。

3. 吉林省前郭县今天中午12点26分再次发生4.5级地震，吉林省地震局认为属于余震，是正常能量释放。

4. 住建部计划取消经济适用房，郑州、烟台已经开始试点，"经济适用房"为什么要退出历史舞台？

5. 美国国防部否认制订日美"钓鱼岛防卫计划"，一向在钓鱼岛问题上态度含糊的美国为什么要明确表态？

（以上为导听部分，作为节目的开始播音状态热情洋溢，节奏明快，重点突出。但如果有消极或负面的新闻，要注重调整语气，既与导听的整体特点保持一致，又要注重新闻的具体色彩和分寸。）

稍后《新闻2013》为您梳理今天的这些焦点新闻事件。时间到了傍晚的6点02分，听众朋友您好，我是东山博，今天是2013年11月3号，星期日。

您好，我是杨洪，先来看看北京的天气实况，马上来连线北京市专业气象台高级工程师——张焕月，请他来介绍一下：

（连线）

1. 大风终于把雾霾吹走了，今天的天气实况怎么样？

2. 明天就是周一了，给大家说说下周的天气趋势吧？（对话提问，注意要自然。）

再提醒您一下今明两天具体的天气情况是这样的：

今天夜间：晴，偏转北风一二级，最低气温3摄氏度，最大相对湿度80%。

明天白天：晴间多云，北转南风二三级，最高气温 17 摄氏度，最小相对湿度 25%。

空气质量：明天白天，城六区空气质量指数 95—115，空气质量 3 级，属于轻度污染。

在收听节目的过程中，《新闻 2013》为您准备了节目收听互动奖品。您只需要答对我们的问题，就有机会获得印有北京新闻广播标识的"多功能数码收音机"一个。今天的问题是：今天在节目中提到，住建部计划取消的保障性住房是哪种，经济适用房还是公租房？（答案：经济适用房）（括号中的内容不播。）

在我们节目进行过程中，您都可以给我们发送短信，答案发送到 1062—8821—828，我们会在 19 点结束之前，抽取今天的获奖听众。

记录北京新闻动态，《新闻 2013》关注发生在北京的重要新闻，我们先来看：《城市轨道交通运营管理规范》国标发布，地铁信号故障将会"限制次数"。

记者今天上午从国家标准委了解到，《城市轨道交通运营管理规范》国家标准发布，要求列车正点率应大于或等于 98.5%，信号系统故障率不应高于每列每万公里 0.8 次。也就是说，以 1 列车为例，跑 1 万公里发生信号故障的频率次数应该不高于 0.8 次。

最近大家对 10 号线多次发生故障记忆犹新。而以北京地铁 10 号线为例，5 月"跑圈"以来已经发生 7 次故障，仅 10 月就发生了 5 次故障，业内人士表示，这已经超过了国家标准。同时，记者了解到，目前北京地铁最容易发生的故障是信号故障、道岔故障、屏蔽门故障等。10 号线这 7 次故障中，有 3 次是因为信号故障。

再来看：

今天是北京市第 23 个"119"消防宣传日，名为"北京消防嘉年华"的互动主题活动在陶然亭公园举行，拉开了今年 119 宣传周的序幕。详细情况，我们来听听新闻广播记者左天驰的报道：

（左天驰）：可能不少人还记得，2009 年央视新址北配楼由于违规燃放烟花引发大火。刚才录音中也提到了，中央电视台新台址将专门成立一个消防中队全面护卫消防安全，新中队暂定名为中央电视台消防中队，除了承担央视新址的消防护卫之外，还要对周边地区开展消防工作。

再来关注一下"双十一"商家的促销活动：

电商"双十一"促销已经拉开序幕。这几年网购越来越火，很多人喜欢在实体店试好衣服之后，把货号抄下来，上网找同款商品，享受网购的低价格。但是这次"双十一"记者对比发现，实体店与淘宝天猫店货品的重合度不高，想在线下抄货号、线上购买的市民可要小心了。

记者走访了朝阳大悦城、三里屯太古里、大望路新世界百货、燕莎奥特莱斯等商场，在杰克琼斯、UGG、达芙妮、GAP等品牌店，记者随机挑选部分基本款商品，抄下货号，随后在天猫官方网店查找发现，网店内很难找到同款商品。

朝阳大悦城GAP店的店长王女士表示，GAP天猫和实体店是两套系统，重合部分最多40%，并且都有的商品编码也不同。业内人士表示，实体店与天猫官方网店许多货品不重合，是各品牌的营销策略之一。

再来说说：热播节目引关注，但"亲"爸玩具却难寻。

最近，《爸爸去哪儿》《小爸爸》等亲子节目的热播，终于给老爸们打了一场翻身仗，但也有爸爸发现，商场里的亲"爸"玩具选择太少了。记者走访统计发现，儿童玩具中亲子互动类占比只有1成左右，尤其亲"爸"玩具更是在市场上很难找到。（播"亲'爸'玩具"时要注意调侃的味道。）

昨天，在国瑞城地下2层的一家儿童玩具专柜，记者目测有40多种儿童玩具满满地摆在货架上，娃娃、模型、奥特曼、积木等应有尽有。但当记者询问有没有爸爸和儿子一起玩的玩具时，销售人员还是露出了为难的表情，表示"这个还真没有"。

在新世界百货里的另一家玩具店，记者统计发现，总共在货架上的玩具有60多种，但销售人员给记者推荐的"父子玩具"只有六七种，基本都是各种益智类"积木"。销售人员表示，这类玩具父母都可以和孩子一起玩，叫"亲子玩具"更合适一些。但记者在产品包装上看到，画着的多数是母亲教孩子玩的场景。

记者在4家商场内走访发现，带孩子在游乐区玩DIY画画、四驱车游戏的，超过8成是母亲。商场业内人士分析说，"男主外、女主内，虽然是老话，但直到现在实际上还是这样。女性一直在家庭中扮演比较重要的角色，照顾孩子的重任多数也落在妈妈身上，包括买玩具、带孩子到商场游乐区，多数都是母亲。所以商家在设计产品时也会考虑到这一点，儿童互动玩具自然也更倾向母亲多一些。"

（广播新闻节目中常以间隔音乐来区隔不同的新闻，如果没有间隔音乐就需要主播用表达技巧进行区分。）

最近，麦当劳推出的延长套餐超值计划引起关注，其中，全面延长了超值套餐15元起的时段——除了早餐时段外，都可以购买到超值套餐。但有市民发现，虽然延长了优惠时间段，但超值套餐的价格却比原来上涨了2—3元。

昨天,看到广告后的市民孔小姐特意到家附近的麦当劳买15元超值套餐,却发现,原来花15元在中午或者晚上都能买到的麦辣鸡腿堡套餐,现在涨到18元了。她质疑,这不就是变相涨价么?对于这次调整是否属于涨价行为,截止到目前,麦当劳方面并没有明确做出回应。

……

天冷了,不少小区已经开始试供暖了。不过,王先生打进新闻热线65159063说,目前供暖费按建筑面积来收,他觉得不太合理。

(供暖费1)

热线编辑向物业领域资深律师包华咨询,他首先向大家解释了供暖的整体概念。

(供暖费2)

既然是整栋楼作为供暖的整体对象,包华表示以哪个面积收供暖费仅仅是计费方式上的区别。

(供暖费3)

再来说一条和自供暖补贴有关的事儿:

姬女士打进新闻热线反映说,她居住的小区今年8月份更换了燃气表,没想到这导致自采暖补贴不能正常入账。她和邻居们为此奔波多日,也没有下文。负责发放补贴的公司和燃气公司各执一词,让人不知所措。那到底怎么回事?今天,新闻广播记者弓健进行了一番调查采访,来听听她发回的报道:

弓健(报道):

还是一条热线方面的消息:

张女士打进新闻热线说,今年60岁以上老年人免费接种流感疫苗的工作已经开始,但自费接种流感疫苗目前却无法进行。

(流感疫苗1)

热线编辑高翔联系通州区多家医院都被告知,目前自费接种的疫苗还没到位。随后编辑又向海淀、西城等区县的医院咨询得到的是一样的答复。宣武医院表示,医务人员也都还没有接种流感疫苗。

(流感疫苗2)

编辑向北京市疾病预防控制中心咨询,值班人员表示不了解自费接种疫苗的相关情况。而北京市公共卫生服务热线12320是这么说的……

(流感疫苗3)

(以上三条热线调查的口语化强,播音时要注意。)

第五章 新闻播音

北京时间 18 点 30 分,汇聚全天新闻精华,接下来杨洪、东山博为您梳理今天国内方面的热点新闻事件,首先来关注:

吉林省前郭县今天中午 12 点 26 分再次发生 4.5 级地震,震源深度 10 千米。震区震感明显,松原、长春有感,白城、吉林部分地区有感。吉林省地震局认为,这次 4.5 级地震是 10 月 31 号发生的两次地震之后的一次强余震,属于正常能量释放,但当地要注意防范 4 级左右强余震的发生。

那么,这次 4.5 级余震带来了哪些影响,有没有造成人员伤亡?我们来听听吉林台记者江川从当地发回的报道:

……

这里是杨洪、东山博正在为您直播的《新闻 2013》,我们再来关注:住建部计划取消经济适用房,郑州烟台已经开始试点。

在中国大力推行了 15 年的"经济适用房"可能将正式成为历史了。据《中国证券报》报道,住建部相关司室已经开始汇总"试点"公租房并轨运行的城市有关情况,并准备在年底召开的全国城乡建设系统工作会议上,提出相关鼓励推广要求,这也意味着公租房将成为住房保障的主体。同时,饱受各界非议的经济适用房供应将逐步减少直到在全国全都取消。

所谓"公租房并轨"是指公租房与廉租房并轨运行,然后通过财政发放房租补贴的方式,对"城市低保人群""城市中低收入人群"有区别地提供住房保障的手段。目前,上海、合肥、石家庄等特大型城市和省会城市已经开始进行"公租房并轨"试点工作。而北京市也已经开始筹备在相关公租房项目试点廉租房公租房并轨运行和管理。

与此同时,经济适用房也在陆续"退场"。此前,河南省郑州市已经开始"三房合一"的"大并轨"试点,原有经济适用房、廉租房、公共租赁住房并轨运行,经济适用房不再销售,统一出租。在郑州之后,山东省烟台市也开始进行类似的"大并轨"试点。

那么,经济适用房到底存在什么问题,为什么跟不上时代的脚步呢?我们通过一小段背景,来回顾一下"经济适用房"的发展历程:

……

洞悉国际新闻动态,《新闻 2013》独特视角带您观世界,我们来浏览今天国际方面的消息:美国国防部否认制定日美"钓鱼岛防卫计划"。

日本媒体上个月声称美国和日本共同制定了"钓鱼岛共同防卫"计划,其中明确了钓鱼岛一旦有事,日本自卫队与美军将会有应对的具体作战行动,这也引发了国际社会的密切关注。但就在本月初,美国国防部却否认了这件事,重申美方在钓鱼岛问题上的立场并没有改变。

那么,一向在钓鱼岛问题上态度含糊的美国这次为什么明确表态呢?美国在钓鱼岛问题上的立场又是什么呢?我们来听听中国国际广播电台驻美国记者吕晓红发回的报道:

(吕晓红1):

我们注意到,这是一个多月内日本媒体再次对钓鱼岛问题做出不实报道。9月中旬的时候,就有日本媒体声称,美国国务院副国务卿伯恩斯会见日本公民党党首山口那津男的时候表示,美国在钓鱼岛问题上"支持日方"。那么,对于日本方面的这些动作,美国的学者或者政客是怎么看的呢?继续来听吕晓红的报道:

(吕晓红2):

最近媒体爆料美国对德国总理默克尔的手机进行监听,使美德关系紧张,而美国也再一次陷入了国际社会的声讨之中。最新消息显示,德国总理府代表团与情报部门官员在白宫与美方会谈的时候达成了一项双向协议,规定两国相互间不搞监听活动,协议将在明年年初正式实施。

美国国务卿克里承认,美国国家安全局的某些窃听行为确实"过分",他将与总统奥巴马共同防止美国国安局再次采取过当行动。而有报道说,德国政府目前正同身在俄罗斯避难的美国中情局前雇员斯诺登取得联系,试图谋求请他协助调查监听事件。对此俄罗斯方面表示,不会阻挠斯诺登与德国合作。

对于愈演愈烈的监听丑闻,巴西与德国最近联手向联合国提交了一份反窃听草案,建议联合国采取措施制止像窃听这种侵犯隐私权的侵权行为,同时呼吁联合国成员国表明态度保障网络隐私。

这项草案共有11项内容,虽然没有点名批评美国,但多处内容都有明确的针对性。比如,此前美国一直强调他们的监控行为是为了防止恐怖袭击。对于这一点,草案里面指出,为了保障公共安全,的确可以进行适当的情报收集活动以及保护有关的机密资料,但是前提条件是各个国家都应该履行国际人权法所规定的各项义务。决议重申,非法采集个人信息"构成高度侵犯行为"。

其实,根据之前媒体的报道,联合国总部本身也成了美国监控的对象,联合国也已经就此同美方进行了接洽。那么,对话有什么进展?对于巴西与德国提出的这份草案,联合国又会有什么样的安排?有关情况,我们来听听中国国际广播电台驻联合国总部记者徐蕾莹发回的报道:

第五章 新闻播音

……

再来看：中国雾霾袭击韩国中部，导致当地口罩销量激增。

韩国一家网络商城运营商1号声称，这家网络购物中心最近口罩和清洁剂销售量激增，比去年同期"增加将近六倍"。而原因则是来自中国的雾霾袭击了韩国中部，在当地居民中引发呼吸系统疾病。

今年1月，韩联社就有过类似报道：2012年11月底到2013年1月，韩国出现了4次高浓度微尘现象，韩方专家认为微尘来自中国，其中3次是沙尘暴，经过中国工业区的时候与空气污染物相结合，飘散到了韩国。

那么，韩国部分地区最近空气质量下降真的与中国雾霾有关吗？2011年，韩国安阳大学和水原大学发表了一份联合研究报告，其中显示，2011年首尔市PM2.5的污染总量当中，来自中国等周边国家的污染占49%，首尔本身的污染占21%，仁川、京畿道等周边地区的污染占26%。从数据可以看出，外来污染几乎占到了一半。

看来，抗击雾霾需要多国联手。我们注意到，今年6月，韩国总统朴槿惠访问中国期间，两国发表了《充实中韩战略合作伙伴关系行动计划》，其中包括"双方将在大气环境、沙尘暴、生物多样性及环境产业领域加强交流合作"。

节目最后为您带来一条温馨提示：今天凌晨冷空气抵达，大风终于把北京的雾霾吹走了，但是，北京市气象局的预报也显示，随着风力的逐渐减小，大气中污染物的扩散程度不会太好，预计下周三左右，雾霾可能会杀个"回马枪"，提醒大家注意防护。

现在我们来公布今天有奖收听的正确答案。今天的问题是"<u>住建部计划取消的保障性住房是哪种，经济适用房还是公租房？</u>"，答案是"<u>经济适用房</u>"。今天的获奖听众是手机尾号<u>0854</u>的听众，将获得印有北京新闻广播标识的多功能数码收音机一个，近期我们的编辑会和您取得联系。

今天《新闻2013》到这里就全部结束了。主持人杨洪、东山博，责任编辑韩亮，感谢您的收听。稍后将会为您转播中央电视台的《新闻联播》节目，欢迎您继续收听。我们明天再会。

来源：北京人民广播电台新闻广播《新闻2013》，2013年11月3日播出。

《新闻2013》是地方重要的新闻栏目，视野关注国内外，重点聚集本地新闻。对播音的要求较高，整体风格既端正大气又亲切自然，涉及百姓生活的内容又需要语气丰富、生动。播音员要根据节目定位、风格、新闻的性质、色彩、编

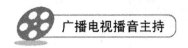

辑和写作的特点等调整播读的状态、语气的色彩和分寸等。

例2

男主播：各位观众，晚上好！

女主播：晚上好！

男主播：今天是1月22号星期六，农历十二月十九。欢迎收看《新闻联播》节目。

女主播：首先向您介绍这次节目的主要内容：

胡锦涛参观访问美国芝加哥佩顿中学并参加美国中西部中国企业展。（省略）

胡锦涛圆满结束对美国的国事访问回到北京。（省略）

习近平在吉林省调研。

2010年我国民航业实现利润收入437亿元，排名全球第一。

多部门做好应急预案，加强联防联控，最大程度降低南方雨雪天气对春运的影响。

"三下乡"活动在全国展开，基层百姓寒冬中感受欢乐与温暖。（省略）

专家警告南非洪灾可能引发水体污染。（省略）

英国前首相布莱尔再次出席伊战听证会。

以下是详细报道……

（以上为内容提要的口播，搭档主播要各负其责播好自己的内容，同时要将句尾妥善处理，"包给对手"利于搭档衔接。）

……

女主播：20号至22号，中共中央政治局常委、中央书记处书记、国家副主席习近平冒着严寒，先后来到吉林省的吉林市、长春市调研。

在吉林化纤集团、一汽轿车生产线，习近平仔细观看生产过程和产品，了解生产经营情况，看望一线工人和技术人员。他指出，加快转变经济发展方式、加大经济结构调整力度必须大力发展高新技术产业和战略型新兴产业，改造传统产业，促进产业高端化、规模化、集聚化发展。

在丰满发电厂中科院长春光机所，习近平兴致勃勃地同干部职工和科研人员进行交流。他强调，要把政府推动与充分发挥企业主体作用有机结合起来，着力推动重点技术、关键技术、战略技术的研发与应用，为加快经济发展方式转变提供有力支撑。

去年七八月,吉林省遭受历史上罕见的严重洪涝灾害。习近平专程来到受灾最重的永吉县,详细了解受灾群众安置和灾后恢复重建情况,强调要进一步采取有力措施,确保受灾群众基本生活有保障、有地种。

男主播:在长春市春城农贸综合市场,他仔细了解农产品价格、春节商品供应等情况,叮嘱当地党委、政府确保市场供应,确保价格总水平基本稳定,让老百姓过一个欢乐、祥和的春节。

在长春市南关区自由大路居民小区,习近平来到居民家中了解"暖房子"工程成效,强调要进一步抓好这类暖人心的德政工程。在长春市宽城区兰家镇小城子村党支部村民服务中心,习近平参加了村党支部评议党员履行承诺活动,肯定他们在创先争优活动中通过承诺、践诺、评诺推动党组织和党员服务群众的做法,强调要将这一经验长效化、机制化。

在长春市绿园区党组织服务民生指导服务中心,习近平充分肯定长春市普遍建立党组织服务民生指导服务体系的做法,强调基层党组织要把工作的出发点和落脚点放在密切联系群众、诚心服务群众上,着力抓好组织体系、骨干队伍、活动载体、工作制度、场所阵地等要素建设这些基础工作。

习近平还来到吉林大学,亲切看望假期留校学生,勉励他们志存高远、脚踏实地,打牢知识基础,提高综合素质,做到德智体美全面发展。考察结束时,习近平召开党政领导干部座谈会,听取吉林省委、省政府工作汇报,对吉林省近年来经济社会发展和党建工作给予肯定。他指出,实现"十二五"时期良好开局关键在党、关键在领导干部,各级党委要紧密结合新的形势和任务,以改革创新精神加强和改进党的建设,特别要着力建设一支高素质领导干部队伍,为推动科学发展、促进社会和谐提供坚强保证。

(以上为重要的时政新闻,搭档主播要协调好基调、用声状态、语势的处理,节奏和语速要适中,态度要端庄、积极、字正腔圆,清晰有力。在总体庄重大气的基调中,要根据内容微调音色、语气,比如视察吉林化纤集团、一汽轿车生产线与到长春市南关区自由大路居民小区看望居民,在语气上就要做出区分,播读后者的语气要更恳切、更亲和。)

女主播:民航局日前公布的2010年生产数据显示,去年我国民航全行业完成利润总额437亿元,排名全球第一。

女主播:良好的市场环境和对运力的有效控制使得去年我国三大国有航空公司——国航、东航和南航利润大幅提升。其中,东航去年一年的利润达到2009年的10倍,国航也成为去年全球市值最高的航空公司。

中国民用航空局局长李家祥:这个数字在全球各个国家中间是最突出的。去年全球航空业预测盈利是100亿美金,100亿美金也就是600多亿人民币,中国民航业占了430亿。

男主播:今天,国新办举行新闻发布会,国家发改委、铁道部、交通运输部等6部门介绍了2011年春运工作相关情况。从春运前三天的总体情况来看,整体运行情况平稳有序。

春运三天来,全国共完成公路客运量近1.98亿人次,同比增长12.3%。截至今天下午5点,南方地区高速公路基本畅通,全国仍有3条国道、32条省道局部路段因结冰暂时受阻,公路部门正在抓紧抢通,预计明天可全部恢复通行。全国道路运输量继续增长,预计今天达到6700万人次。目前,中短途客运需求大幅增长。

交通运输部副部长冯正霖:通过加强对营运车辆的动态监管,有效提高了重点营运车辆特别是高速公路车辆运营的动态监管力度和应急处置能力。

女主播:春运前三天,全国铁路共发送旅客1492.3万人,比去年同期增长17%。铁路部门及时公布全国铁路和重点地区客流、列车开行、车票销售等信息,方便旅客信息查询。

女主播:全国公安机关严格进站检查,严防旅客携带危险品进站上车。同时调整警力,确保道路运营安全。

公安部副部长黄明:对高速公路、重要干线公路明确要求不封路。边降雪、边除雪,同时采取警车带道、重车压道、分段放行,保持道路的通行。

女主播:随着华东、中南、西南地区的降雪减弱,当地机场航班逐渐实现正常运行,预计今天民航运送旅客也在70万人以上。

女主播:连续的雨雪凝冻天气把1000多名想从贵州六盘水回毕节过年的农民工困在了原地。19号,两地采取联动护送,让这批农民工如愿回家。

持续的凝冻天气导致贵州山区部分公路客运停运。眼看春节就要到了,1000多名从毕节到六盘水打工的农民工开始着急了,到处打听回家的客车何时能开通。六盘水和毕节相距200公里,两地交通部门了解到情况后,紧急协商出了"两地联动护送千名农民工回家"的行动。六盘水市交通部门专门为这1000多名农民工调配了30辆长途客车。两市公路管理部门的职工联合上路,铲冰除雪。19号上午10点30分,1000多名农民工乘坐的30辆大客车在六盘水市公安、交通部门的护送下出发了。盘山公路全部被冰雪覆盖,车队的时速只能保持在18公里左右。车队行驶到毕节境内时已是晚上8点多钟。毕节市交通、公安部门的人员冒雪接过了护送车队的任务。晚上10点左右,经过近11个小时的艰难行驶,这1000多名农民工终于抵达毕节市客运站。(与前面几条新闻相比,这条消息写得较口语化,播读时要注意有所调整。)

男主播:本台消息——国务院法制办、住房和城乡建设部负责人就21号公布实施的《国有土地上房屋征收与补偿条例》的有关问题接受了记者的采访。负责人就制定条例的总体思路、在制定条例过程中开展了哪些工作、为了保障房屋被征收群众的利益、条例对补偿作了哪些规定等9个问题回答了记者的提问。负责人强调,工作的重点是保护被征收群众利益,妥善处理实践中的问题。

女主播:现在播送本台短评——《"公"字当头有和谐》。

《国有土地上房屋征收与补偿条例》体现了"公"字当头。明确公平,先补偿、后搬迁,补偿不仅要公平,更要及时、到位,彰显了法治精神;立足公正,更清晰、更严格界定了什么是公共利益,确保公共利益与个人利益协调、平衡发展。"公"字当头有和谐。《国有土地上房屋征收与补偿条例》的颁布实施,为房屋征收的公平正义奠定了法治基础。和谐征收将推动工业化、城镇化建设健康发展。(为消息配发的短评,既要承接好消息的语势,又要在语体上清晰区别出特点。播读时,承接的部分要慢起,气息稳,开合度大,给转换语体准备好条件。评论部分的语流起伏可以大一些,重音的强调要突出些,语速适中,态度鲜明,讲道理的语气浓一些。)

女主播:全球最大的燃煤电厂二氧化碳捕集项目近日在华能集团上海石洞口二厂通过专家组鉴定,达到国际领先水平。这个项目每年可将捕集到的12万吨二氧化碳变废为宝,应用到工业和食品产业中。

男主播:塔里木油田克深7井日前用我国自行研制的电动钻机完成8023米井段钻探,并见油气显示。

女主播:28家掌握关键技术和配套技术的轨道客车企业昨天落户长春轨道交通装备产业开发区。高铁列车在长春形成产业群,将提升我国高速动车组的自主创新能力。

男主播:中国银联最新统计显示,2010年农民工银行卡实现交易金额155.8亿元,同比增长32%。农民工银行卡手续费一般低于普通银行卡,以方便农民工"打工地挣钱、家门口取款"。

女主播:中国第27次南极考察队内陆队日前完成了对大气、冰川等多学科考察的全部任务,从南极昆仑站启程返回中山站。预计将于春节前后抵达中山站。

男主播：武警天津总队官兵和驻地公安民警近日开始实施"警警混编联控"巡逻，建立起点、线、面交叉，覆盖全市的社区平安新模式。

男主播：山东青岛日前建成新型动态治安防控体系，体系依托基层派出所、流动警务室、公安视频和社会视频监控等警务资源，构成了从中心城区到周边地区无缝衔接的立体治安防控体系。

女主播：浙江宁波日前查获国内首例KTV场所音乐电视曲库侵权大案，共查获没有著作权人证明的境内外音乐电视作品5万多首。目前，侵权作品已全部从曲库中删除。

女主播：近期连续的强降雨天气引起南非境内多个省份洪水暴发。南非全国水资源论坛21号警告说，连续的降雨和洪水将引起地下水位上升，加速酸性矿井水的侵害，从而可能引起严重的水体污染。

（以上都是简讯，篇幅短小，但播读时不能掉以轻心，要分出轻重，敢于迅速、准确、鲜明地拎出重点、突出重音。）

女主播：今天下午，日本第二艘货运飞船HTV2号利用H2B火箭在南部鹿儿岛县的种子岛宇宙中心发射升空，并进入绕地球轨道。HTV2号货运飞船预定于27号飞抵国际空间站，为空间站送去重约5.3吨的物资。2009年9月11号，日本在种子岛宇宙中心发射了首艘太空货运飞船HTV1号。

男主播：韩国海军21号成功解救了本月19号在印度洋海域被索马里海盗劫持的韩国货船，船上21人全部获救。韩国联合参谋本部说，韩国海军特种部队借助驱逐舰和直升机的射击掩护，登上被劫持货船。船上的13名海盗中8名被击毙、5名遭生擒，整个营救过程持续近5个小时。

女主播：英国前首相布莱尔21号再次就伊拉克战争问题出席听证会，为其发动伊战作辩解。这是布莱尔自去年一月接受相关问询后再次接受调查。英国伊战调查委员会共向布莱尔提出106项书面问题，包括发动战争的合法性、布莱尔与美国前总统布什密谈的内容以及情报的可靠性等。据悉，伊战调查委员会已听取了多位与伊战有关证人的证词，其中部分证词与布莱尔的证词相矛盾。

男主播：古巴邮政公司21号宣布，全面中断与美国的邮递业务，原因是美国近期对包括古巴在内的一些国家寄往美国的邮件包裹实施更严格的安检，使邮递时间增长、邮递成本增加。古巴和美国1961年断交，1963年8月美国切断和古巴之间的邮政直通，多年来，双方邮件只能通过加拿大或墨西哥传递。

女主播：卡塔尔半岛电视台21号播出了据称是"基地"组织头目本·拉登

的一段最新录音讲话。拉登在讲话中要求法国从阿富汗撤军,以交换去年9月在尼日尔遭"基地"组织北非分支绑架的法国人质。对此法国外交部表示,法国仍将继续坚持在阿富汗的军事行动。

男主播:俄罗斯近日宣布,将在国际空间站建立一座太空旅馆,接纳普通民众进入太空旅游。太空旅馆将由4个仓位组成,最多可容纳7名客人。房间内将设有餐桌、食物加热装置以及运动设施等,可以保证旅客在此居住半年。整个太空旅馆预计于2016年完成。

(以上是国际新闻,在无关乎国家立场和正义的情况下,要注重态度的平衡、客观,以强调事实为原则,尽量不突显态度。)

男主播:各位观众,今天的《新闻联播》节目播送完了。

女主播:感谢您收看,再见!

男主播:再见!

(结束语部分要稳住,不能匆忙,避免虎头蛇尾、草草收场。)

来源:节选自中央电视台《新闻联播》,2011年1月22日。

思考题

1. 新闻播音能不能带态度、有感情,为什么?
2. 新闻播音的重点有哪些?
3. 新闻播音的难点有哪些?

第六章 现场报道

本章要点

1. 广播电视现场报道的概念。
2. 广播电视现场报道的特点。
3. 广播电视现场报道的选题。
4. 广播电视现场报道的组织。
5. 广播电视现场报道的关键技巧。

第一节 理论阐释

一、什么是现场报道

1938年3月12日,美国哥伦比亚广播公司(CBS)记者爱德华·默罗(Edward R. Murrow)在德军进占维也纳的同时,向美国听众发回了他的第一篇战争报道:

> 我是爱德华·默罗,此刻正从维也纳报道。现在是凌晨2点30分,希特勒本人还未到市内。看来,没有人知道他会在什么时候到这儿。但是绝大多数人预料他会在明早10点之后的某一时刻到达……我是几小时前乘飞机从华沙取道柏林来这儿的。从飞机上鸟瞰维也纳,我发现她跟从前没

有两样。但是维也纳确实有所变化……人们在这里把武器举得要比柏林高一些,而且,人们说起"嗨,希特勒"这样的字眼声音也要高一些……年轻的纳粹冲锋队员乘车在街道四周游荡。他们乘着军用卡车、各种型号的装甲车,唱着歌,向人群投扔橘子皮。几乎所有的重要的大楼都设有武装警卫,包括我现在临时广播的这座楼房。整个城市有一种断定要发生某种事情的迹象,每个人都在等待着,想知道希特勒在什么地方,什么时候会到达这里。

这次报道被视为广播史上的第一次"现场直播"。此后默罗与他的同事又进行了一系列出色的现场报道,推动了奉行"孤立主义"的美国听众越来越关心欧洲事务,从而把美国同欧洲在心理上联为一体。1940年不列颠空战时期,默罗发回的"这里是伦敦"(This is London)的报道非常成功。1940年8月8日,他在伦敦特拉法加广场进行了一个在广播史上深受赞佩的现场报道:"我站在屋顶上,俯瞰着伦敦全城。此时万籁俱寂……探照灯此刻正向这一边移动,你们就会听到两颗炸弹的爆炸声,听,炸弹响了!"默罗一贯用缓慢、拉长的深沉语调强调"this",代表了"我就在现场",他的报道尽可能贴近战争一线,让听众听到隆隆的飞机声、爆炸声等一切与轰炸场景有关的元素,为美国听众提供了一种身临其境的战火体验。默罗来自战斗前线的生动报道不仅让他缓慢、沉着、抑扬顿挫、颇具特色的声音妇孺皆知,还促进形成了一种新闻体裁——广播现场报道。[①] 在此之前,美国的受众只能在报纸和新闻纪录片上获得战事报道,时效性和现场感不尽如人意。现场报道使广播这个前有报纸、纪录片,后有电视媒体日益挤压生存空间的媒体焕发了新的活力。后来,默罗主持的《现在请看》也成为电视现场报道的典范。

(一) 现场报道的概念

广播电视现场报道,是指记者在新闻事件现场,以目击者、采访者或参与者的身份用音响、图像和口头方式报道新闻的报道体裁。

广义的广播电视现场报道包括记者借助电子新闻采集和传输设备,在新闻现场而进行的报道,如现场直播、现场采访、现场的口头播报等;狭义的现场报道专指记者在新闻现场根据自己的观察,当场口述自己的见闻,直接将新闻事实报道给听众。需要强调以下几点。

[①] 参见维基百科,"爱德华·默罗"词条。

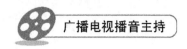

1. 在现场

第一,新闻现场是新闻事实刚刚发生、正在发生或者将要发生的时空。"现场"本来是个空间概念,但在时效性竞争激烈的今天,记者要在现场直播报道,那些事后的"补报"缺少与事件同步的未知感和鲜活感,因此"现场"实际上还具有时间概念。比如2013年3月29日吉林通化八宝矿区瓦斯爆炸引发35人死亡的矿难,如果记者一周后在医院报道事故处理后续工作,新闻价值就大大削弱。

第二,新闻事实在此地发生具有报道价值。有些新闻事实离开它所发生的地点,就会在新闻价值上打折扣,记者要突出"这一个"现场的意义,国外称之为On-the-spot Report。比如2013年7月6日乘坐韩国韩亚航空公司飞机的中国乘客在美国旧金山机场罹难的现场报道,与国内航空公司的飞机在国内机场发生事故的报道在新闻价值的侧重点上有所不同。

第三,记者必须亲临现场,亲眼所见,转述的事实必须交代信息源。比如2008年"5·12"汶川特大地震灾害报道中,有名记者进行现场报道连线时并不在新闻现场,她必须交代清楚连线的地点和报道内容的时间点,不能做虚假的现场直播。

2. 口头报道

这里指的是记者在现场边观察、边采访、边记录、边报道。没有书写的条件,也不允许全盘照稿子念。

(1) 直播。

现场报道最好是直播,因此国外常用现场直播报道(live coverage)来强调它的零时差、零距离特点。

(2) 现场报道的手法、形式灵活。

现场报道的手法、形式灵活,可拆分,可组合,可长可短,在新闻节目中可以搭配其他任何形式的新闻体裁。

现场报道是广播电视新闻的重要体裁之一。现场报道可以是广播录音报道、电视专题报道的组成部分,也可以是独立的节目或栏目。

在广播中,现场报道与其他录音报道形式的主要区别体现在采制方式上,即强调不经后期加工,一次性从新闻现场进行报道。录音报道在广播节目中的比例非常大,是通过后期编辑、剪辑的方法将前期记者采访、录制的同期声、音响与后期整理的音乐、口播整合成一个完整节目的类型。这类节目常常是围绕一个新闻事件或者一个新闻人物,从不同的角度收集素材,精心构思报道结构,以比较复杂的手法报道事实,突出主题,实现传播意图。录音报道比现场报道报道点和报道线索更多、采访更丰富、结构更复杂、编辑思想更精细;而现场报道往往是在一个现场、一个时间段内报道一个相对比较集中、发生发展过程比较短的新闻事实。

(二) 广播电视现场报道的特点

广播电视现场报道与平面媒体报道相比,现场感强、时效性强;广播现场报道与电视现场报道相比,技术简单、传播便捷;与一般口播相比,现场音响的特色与效果丰富逼真;现场报道与专题报道相比,不经录音、剪辑、复制等后期工序,结构精练,运用灵活。

简单地说,广播电视现场报道是现场报道、现场记录、现场转播"三位一体"的新闻体裁。详述之,现场报道有以下特点:

(1) 现场报道以时效性和现场感突出新闻价值,表现手段是图像、音响、同期声。

(2) 记者边看、边听、边感受、边记录、边说,真实、具体、鲜活、典型地再现现场。

(3) 口头报道采用多种语言表达样式,如解说、叙述、描述、提问、评论等。

(4) 记者是新闻事件现场的"导游"。

二、现场报道的选题

(一) 现场报道的题材特征

从不同的分类原则来看,可以分成这样两类。一类是从新闻事实是否可预见分,可分为突发性新闻和预见性新闻。一类是从新闻事实的发展状态分,可分为动态性新闻和静态性新闻。

突发性新闻中,一般具有以下条件的新闻更适合做现场报道:(1) 动态性新闻。(2) 现场感强的新闻。(3) 场面集中和内容单一的新闻。(4) 事件性新闻。这样的题材一般新闻冲突感强,发展变化节奏快、有悬念感,便于操作,也给受众带来感官、情绪上的触动。

预见性新闻,一般是指经由特定组织、部门、相关人士提前发布时间和计划的新闻,比如,重大时政会议、体育赛事、庆典活动、文艺活动等。记者报道可预见性新闻,可以提前准备相关资料、可以提前策划报道方案,甚至可以事先组织语言腹稿。

静态性新闻通常不适合做现场报道,现场音响、画面单一,事件进展通常缺乏起伏跌宕的情节和细节。但是有一类新闻人物访谈比较适合做现场报道。在新闻人物工作场所或者新闻事件发生地进行现场访谈,交谈的音响、画面和同期声会大大提升报道的真实性、联想性和可看性。

突发性和预见性新闻、动态性和静态性新闻常常是相互交叉的,比如常见突发的动态性新闻、可预见的动态性新闻、突发的静态性新闻、可预见的静态性新闻。突发的动态性新闻对记者来说是最有挑战性的,对听众来说是最具有现场报道魅力的。

无论是以上四种题材中的哪一种,能够成为现场报道的新闻符合一些基本标准,即这些题材要具有本地关注性、普遍关注性、及时性、异常性、冲突性、显著性、重要性、影响性等特点。

(二)获得题材的两个重要方式

有经验的广播一线记者有"线报"、有"跑口"、有广泛的信息源,能够激发选定题材的灵感。现场报道的新手想要找到适合题材非动脑筋不可。

1. 眼到心到,挖掘生活

第一,要成为观察家,看似惯常的事情,要发现它们的变化;发觉异常的事情,要思考它们的价值。可以先从非动态的、非突发的、非活动性的题材练起,比如,路边拆除违章建筑的情况、大学门口快递包裹堆积成山影响交通的现象、早晚上下班交通高峰期间地铁乘客的表现,等等。

第二,要成为"顺风耳"。"听说"是传统社会搜集信息的重要手段之一,也是个获取选题的好方法。职业敏感的记者对无意中的交谈都会充满"警觉",比如"图书馆里新开了家咖啡馆",这句话也许能提醒你"这个做选题如何"。谁开的?在哪个位置?装潢风格怎样?多大规模的?生意如何?师生反应如何?价格怎样?为什么要开咖啡馆?当然"道听途说"的信息要首先加以核实。

第三,要腿脚勤快。我们经常说"跑新闻",深入生活现在被称为"走基层",无论是"跑"还是"走",都说明"宅"着是找不到合适选题的。可以说,如果腿脚不勤快,再善于观察、再有体会都是空谈。只要腿脚勤快,经常跑一些新闻"易发地",有些突发事件可能会"撞"上你。

2. 善于利用媒介

把阅读报纸(新闻杂志)、浏览网页(微博、博客、论坛、讨论组等)、听广播、看电视甚至接触广告都作为获得题材的方式。可以从其他媒介上获知一些可预见性的新闻。

(三) 头脑激荡做选题

1. 了解现场报道的结构

(1) 单点报道。适合单一现场、单一脉络、过程较短的题材,一般以时间顺序为结构原则,即按照新闻事件发生、发展和结束的时间顺序来结构现场报道。

(2) 多点布局。适合多个报道点、脉络复杂、过程较长的题材,一般以报道目的为核心或突破点,围绕报道主题结构现场报道。通常运用于可预见性、复杂的新闻事件。比如,第二部分中提供的案例,西安世界园艺大会开园仪式、奥运圣火登顶珠穆朗玛峰、王家岭煤矿透水事故矿工救援升井等,在一个大的新闻事件中,有多个新闻现场,需要设置多个报道点,不是一两个记者能够完成的,现场直播时要及时调度各个报道点的新鲜点,所以前期的报道策划尤为重要。

(3) 系列成篇。有些新闻事件持续的时间很长,过程和结果不可预期,重大的新闻价值使得媒体会策划一个系列对它进行报道。比如,2008 年的中国南方雨雪冰冻灾害、汶川地震灾难、北京奥运会;2009 年新中国成立 60 周年;2010 年的上海世博会、南方春季旱情;2011 年日本地震和福岛核电站泄漏事故、美国"占领华尔街"运动、西方多国联军空袭利比亚等;2012 年中共十八大召开等。系列现场报道是由一个个"现场报道因子"构成的,在学习过程中可以从"一地一事"的报道开始。

2. 积累经验和常识,筛选恰当的选题

播音主持是大众传播中的最后播出环节,它所需要的传播技能和媒介素养,要求播音员、主持人积累方方面面的媒介经验。在案例观摩和研究中,要分析那些成功的、失败的、有优点的、有缺点的、有特点的现场报道,从中吸取经验教训,真正了解现场报道的机理,在学习技巧和观念的同时产生现场报道的感性认识。

在社会生活中积累常识,换位思考:如果你是听众,你想获取哪些信息?要反复问自己"这个有必要吗?""还想知道什么?""这个有新闻价值吗?""换个说法行不行?"面对一个新鲜事,你最津津乐道的是什么,也需特别留意。

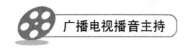

3. 激发和保持好奇心，追寻报道的新鲜点、趣味性

好奇心是人的天性，当一切都过于正常时，你要想想"正常的背后存在异常吗？"

积累了一些媒介素养、媒介经验之后，要谨防墨守成规，面对常规选题的时候多追问一下：还有没有其他的可能？能不能发现新的事实、新的角度、新的落脚点？打破常规和定律，发挥想象力，不要放弃"试试看"心理，这些都能够保护我们的好奇心，引导我们做出令人耳目一新的报道。

有些看似常态的新闻，比如交通事故、自然灾害等，做选题策划时可以借鉴经验预设报道方向，比如伤亡情况、财产损失情况、事故原因及影响等。但到达新闻现场就要充分调动好奇心，看常规的选题里有没有"反常规"。新闻现场的瞬息万变有时是超越想象力的。保持好奇心和对经验的反思要在找选题、做提纲、现场观察与报道、获取反馈等过程中一以贯之。牢记，也许惊喜就在你即将离开现场的时刻。

三、现场报道的组织

（一）现场报道的基本要素

现场报道与其他新闻报道一样，基本要素包括事实、逻辑、趣味、有用性。对事实的要求：真实、确凿、全面、具体。对逻辑的要求：规整、严密、简洁、开放。对趣味的要求：贴近生活、细致入微、遵守新闻伦理规范、语言生动。有用性的含义：信息有效、信息量大、知识性、服务性、启发性。

（二）如何组织报道

1. 现场报道的整体架构

请记住一个英文词缩写——FORK（叉子），现场报道要像叉子一样能够稳、准、快地为受众抓取新闻事实。

FORK 即 Focus、Order、Repetition of key words、Kiss off。[①]

（1）"Focus"原意是"聚焦"，在报道中是指要迅速精准地辨别事实的新闻价值，用简洁清晰的语言吸引受众的注意，惯用"红灯技巧"，即在 30 秒之内用

[①] 〔美〕卡罗尔·里奇：《新闻写作与报道训练教程》（第 6 版），钟新、王春枝主译，中国人民大学出版社 2014 版。

一句话把听众最应知、最想知、最重要、最异常的新闻事实说出来,像红灯一样一目了然。

(2)"Order"就是报道的结构顺序。从现场报道的特点来看,那些内容较单一、时空相对集中、现场事态发生、发展的进程起伏多变的事件性新闻题材,更适宜作现场报道。采取的常用结构有时间顺序结构(编年体结构)、事实重要性顺序结构(倒金字塔式结构)、悬念叙事("讲故事"结构)、聚焦点过渡到主题(视窗结构)。

(3)"Repetition of key words"就是重复关键词。比如,2013年7月6日的旧金山机场韩亚航空公司飞机着陆事故中,人们初步猜测机尾撞到防波堤是导致事故的可见原因,所以关键词"防波堤"在不同角度的报道中反复被提到。

(4)"Kiss off"就是消息源各自集中。这里特别强调,第一,报道中必须明确消息源,不涉及保密的单位、机构的名称或人名要具体指出,忌讳使用"据有关部门""有人透露""听说""有人"之类语焉不详的指代。第二,由不同信息源提供的信息在报道中所处的位置和所具有的功能不同,要各安其所,妥善集中使用。

2. 现场报道的步骤

请记住另外一个英文单词缩写——SPOT(现场)。在新闻现场,报道就是由这样一些行为及其结果构成的,即 See、Participate、Organize、Talk。

(1)"See",观察。

在对预知性事件的报道中,要随时印证和检验事前的准备与现场情景是否吻合;对于突发性事件的报道,观察要准确、迅速、细致,搜索并捕捉到新鲜和异常画面。

现场报道中的观察不是"看"的动作,强调"看"的结果,即看到什么。

(2)"Participate",体验。

在报道过程中要调动自己的主观能动性,全方位地捕捉、分析和判断身处的新闻现场,包括看、听、嗅、触、摸甚至是尝,调动视觉、听觉、味觉、触觉、皮肤觉等多种感知觉,记录现场,理解现场,表述现场。

(3)"Organize",组织报道。

组织报道要遵循一定的结构方式,上文简单介绍了时间顺序结构(编年体结构)、事实重要性顺序结构(倒金字塔式结构)、悬念叙事("讲故事"结构)、聚焦点过渡到主题(视窗结构)等十分常见的方式,在新闻现场中可以"对号入座"。一般地,过程短暂的动态性事件经常采用时间顺序结构;突发的动态性事件经常采用倒金字塔式结构;脉络较多、发展较慢、有一定时间跨度的新闻事件报道可以采用"讲故事"结构;而可预见性的、静态的新闻场景报道则可以用视窗结构,即从一个有趣的、新异的、引人关注的局部开篇,接着将其拉进大的新闻场景,勾连与主题的关系,然后全面报道事实,最终给听众一个新闻场景或新闻事件的全局。

(4)"Talk",表达。

现场报道是一种记者口头报道的新闻体裁,口头报道的方式一般是叙述、描述、采访、评论、串联等。

四、现场报道的关键技巧

(一) 如何描述

在新闻现场,记者就是听众的眼睛、耳朵和身体其他感官的延伸。所以,准确、具体、细致、生动地描述、感受现场是记者必备的技能之一。

1. 描述的前提

首先调动自己的所有感知觉,视觉、听觉、嗅觉、触觉、皮肤觉等,使之处于活跃的"备战"状态。

(1) 调动视觉去观察。

观察现场时注意"框"和"点"。"框"就是现场的范围有多大,范围内的总体情况如何;"点"就是聚焦点,要善于在大的范围内发现细节。比如2010年11月15日上海静安区胶州路728号教师楼发生火灾,记者在现场不仅看到楼体外的脚手架被熏黑垮塌,周围围观群众很多,还发现在摇摇欲坠的脚手架上有惊慌逃离的居民。这个点就是细节,听众会因此很担心逃生居民的生命安全。

观察现场时要注意物体的动和静。"动"指的是现场活动的变化趋势、速度和频率,比如体育比赛的现场报道就要观察运动的姿势、速度等。"静"指的是现场的格局、相关事物的位置、气氛等。比如每年的钱塘江观潮报道中,记者对观测点的设置和安保设施、采访点的安插和意图等做了清晰的描述,这就是格局和位置。

观察时要注意现场特殊事物的色彩,这是听众"看不见"的,记者要做听众的眼睛,为听众的联想和想象提供具体依据。比如报道水体的污染、园博展、庆典游行等,描述色彩能够还原现场的具体真实。

观察现场时要注意相关事物的维度,比如是单面还是立体;长度、宽度、厚度、高度等尺寸如何;有关联的事物间的相对参照位置是怎样的。比如报道"南海一号""南澳一号"明代沉船水下考古发掘、老山汉墓发掘等,描述船体、文物的概况、墓坑的情况等都需要有交代尺寸和相对位置的意识。

(2) 调动听觉做听众的耳朵。

听众在广播电视实况报道中听到的音响是记者选择性剪辑呈现的,并不是现场所有的声音都要被采用。注意三点:第一,有典型画面和音响。第二,有些音响和画面需要记者同步解说、扩大,以便听众轻易理解。第三,捕捉画龙点睛的同期声。而在现场报道来不及做后期剪辑的情况下,记者应选取典型现场、音响发生的地点采集画面和声音。

(3) 调动味觉、嗅觉、触觉。

记者通过自己的感知觉,把新闻现场的气味、口感味道、温度、湿度、软硬度、舒适度等用语言描述出来,有利于听众身历其境。比如风土人情、饮食起居等题材的报道需要记者调动多种感官,选择典型性、代表性的感觉进行描述。

2. 描述的技巧

(1) 做听众的眼睛、耳朵,注意逻辑,一切为"还原现场"服务。

(2) 描述细节,注意语言简练。

(3) 描述现场人物和其他物体的相对位置或位移。

(4) 如果现场有当事人、相关人能够描述现场,不需要记者代言。

(5) 恰当运用形象的类比和比喻,但要贴切、平实、简洁。

(6) 慎用形容词、副词,多用动词。

(二) 如何采访?

1. 采访谁

(1) 选择新闻事件当事人、新闻事件相关人、旁观者等做采访对象。

新闻事件相关人指的是在新闻事件现场并与新闻事件有关者。比如,在一个火灾救灾的现场,失火建筑的主人、所有权者就是当事人;消防员、消防队长、保安员、殃及建筑的所有权者、救火的群众等就是新闻事件相关人;围观的人就是旁观者。

(2) 注意采访对象类别的平衡,性别、年龄、来源(主场不同者、阶层或教育水平有差异者)等要均衡。

这主要是针对头绪较多、发展情况复杂的新闻现场而言的。比如,一个被拐卖儿童被救与家长见面的现场,采访对象不能仅有妈妈,要有不同年龄的爸爸妈妈、不同地区的家长、爷爷奶奶、其他亲属等。

2. 倾听的技巧

语言策略中常讲"会听才会问",俗言道"会说的不如会听的"。"听"是一个全方位了解事实、了解交谈对象的过程,"不会听"会影响到记者对新闻事实的把握和报道。

(1) 集中注意力,注意"此刻"听到什么,使自己的思路和采访对象思路一致。

(2) 批判地听,保持警惕,"是不是事实""是不是详尽""是不是具体""是不是依据充足""是不是可以做同期声"。

(3) 保持安静,做出恰当反馈,礼貌打断。

(4) 边听边察言观色,确定被访者情绪和话语的真实性,以免发生误读。

(5) 保持即兴反应的敏感度,补充遗漏问题,不要固守既定程式或者预案执行。

3. 提问的技巧

提问的基本目的是获得答案,而不是"为问而问"。一般"为问而问"是提不出好问题的,可能造成:第一,采访对象听不明白。第二,采访对象无话可说。第三,采访对象对记者产生不良情绪、反感、轻视或抵触。第四,采访对象拒绝回答问题。第五,采访对象顾左右而言他,偏离采访目的。

(1) 提问的基本信息涉及 5 个 W(what, when, where, who, why)、谁会受到影响、影响是什么。

(2) 提问中要有跟进问题,涉及事情的详细经过、为什么会这样、背景是什么、举例等。

(3) 可拓展的提问涉及正反两方面的意见有什么、提问者对答案的解释、验证等。

(4) 问题分开放式、闭合式问题。闭合式问题有利于迅速弄清事实概要,是目的性极强的问题;开放式问题是请被访者举例、谈感受、讲过程,是挖掘非预测性事实和细节的问题。将开放式问题和闭合式问题有机组合起来,形成"集束问题",有助于提高采访效率。

(5) 问题要简洁、明了、短小。

(6) 尖锐的问题一般放在问题顺序的稍后位置。

（7）特殊问题处理的方法主要有沉默对峙、归咎他人、概要总结式诱导、涉及情感性问题要"换位思考"、运用"媒人功能"（请人搭桥或引用他人的说法）等。

（8）电话采访要注意：自报家门、融洽气氛、精练问题、阐明疑惑、抓住细节（事件的顺序）、控制节奏和时间、核实信息。

（三）如何采集音响

采集音响的技巧主要是针对广播现场报道而言的。广播现场报道对音响的要求是：典型、精练、异常。

广播现场报道中的现场音响是指被报道的新闻事物所发出的真实音响及其环境发出的各种声音。报道中运用现场音响是为了指明环境、渲染气氛和表现烘托主题。那些能直接说明主题、表现主题的音响叫做"主题音响"或"骨干音响"。有些音响虽不能直接说明主题，但能表现新闻事件的时间、地点、条件和气氛，叫做"烘托主题音响"又称"环境音响"。[①] 掌握一些关于音响的基本知识，有利于在现场迅速判断哪些是主题音响，哪些是环境音响。记者要善于寻找有环境音响的地点作为报道点，要善于捕捉到主题音响并且依托主题音响，配合清晰、对位、画龙点睛的解说。

在抓现场音响时，还要注意前后呼应，有头有尾，不要让人觉得音响零乱，逻辑混杂。有的音响，特别是主题音响需要在现场报道中反复出现，可以给人以强烈印象。而那些可有可无，甚至妨碍内容清晰的音响一定要尽量规避。

采集音响必须对话筒等采录设备的性能非常熟悉，了解这些设备在现场工作时的优势和劣势。报道和采集时最好戴耳机，这样可以及时判断音响的质量。切记要保证现场报道中音响的质量，否则听众有可能因为刺耳的音响和混杂的现场声而换台。

在本章的最后要强调现场报道的新闻伦理问题。新闻报道中有一种报道手法叫做"介入性报道"，是指报道者对所报道的新闻事实表现出明显的主观参与意识，通过对某一新闻事件或问题进行报道，有意识地对事件的发展态势施以一定的影响，最终促进问题的解决，或达到某种效果而采用的新闻报道方式。有些记者不是以旁观者和采访者的角色存在于在新闻现场，而是参与到新闻事

[①] 参见仲富兰：《广播电视新闻学》，上海外语教育出版社2006年版，第93—97、145—146页。

件当中,成为新闻事件中的一个因素。比如,在 2008 年的汶川地震报道中,有些记者不忍坐视受难者在残垣断壁下呻吟,一边参与救灾一边进行采访,这就是介入式报道的一种形式。介入式报道方式无可厚非,但有些采访行为则触犯了新闻伦理中的敏感问题。比如,也是在汶川抗震救灾的现场,有的记者对着刚刚从暗无天日的废墟中被救出来的伤者伸出话筒,问"你现在的心情怎样?""你有什么要说的吗?"而且穷追不舍。这样的行为令人反感,被受众指责为"冷血""添乱"。这种"被介入"在现场报道中越少越好。

制造"媒体事件"、伪造现场、在现场妨碍公务、为报道妨害社会公共安全、为报道侵害采访对象的合法权益或者伤害采访对象的身心健康都是违反新闻伦理的现象,甚至是违法行为,必须杜绝。在此需要重申的是,真实、全面、平衡、公正的现场报道才是具有新闻价值的报道,这是记者基本的职业操守和新闻道德。

第二节 实例剖析

对于初学者而言,掌握现场报道的基本功很重要。其一就是掌握描述的技巧。例 1 就是现场描述的优秀作品。

例 1

冬季用煤高峰来临 记者体验井下 420 米采矿生活

主播:眼下是用煤高峰期,煤炭生产压力增大,同时也是安全生产事故的高发期,现在各地煤矿都开始了安全生产大检查行动。

中国之声两位记者满朝旭、徐江帆为实地探查井下安全情况,马上将下到山西潞安集团常村煤矿的井下,体验井下 420 米的采矿生活。最新情况,我们来连线前方记者满朝旭。

主播:大概什么时间会下井?

记者:我大概在 20 分钟以后就下井,(按照 20 分钟内要做的事情的顺序——更衣、携带自救装备描述。启示:最简单、最直截了当的顺序是最清晰的结构。)现在我在更衣室,这个是矿工的浴室,我们准备换上衣服。现在工作人员已经把衣服给我们拿来了,因为我们自己的衣服是只能穿内裤,其余都要穿规定的衣服。这个衣服现在看有这么几件:上身要穿三件,先要穿一件贴身的内衣,再套一个保暖的棉衣,最外面穿工作服。下身是两件,我们要先穿一件棉裤,再穿工作服的裤子,衣服材质是棉的,因为棉的不容易起静电,井下有瓦斯,如果有一点火星的话,很容易引发事故。另外值得注意的有两件东西。一个是腰带,腰带就是一条红色的绳子,红色代表平安和吉祥,每一个矿工下井之前都要系一条红色的腰带来讨一个吉利。再一个就是脚上的袜子,严格意义上来说,下井穿的袜子,有点像我上大学时进计算机教室穿的鞋套,那个袜子口是松的,有两根带子,套在脚上以后还要系紧,脚上的鞋就是过去下雨时穿的那种胶皮靴子。每人还有一副手套,衣服基本上就是这些了。(在描述工服的同时解释工服的各种功能。款式、质地、颜色都是有目的的描述,与"安全"二字息息相关。启示:描述不能所见即所得、漫无目的,要有意图、有目的。)

一会儿我们穿好以后要去领三样下井必备的东西:一个是井下的照明灯,还有一个是安全头盔,另外一个据说是挎在腰上的金属盒子,这个盒子是最重要的东西,它叫个人自救装备,据说里面有一个类似防毒面具的东西,当井下发生瓦斯突出的时候,戴上这个东西可以维持半个小时的呼吸,从而脱离危险的区域。(在描述中强调自救装备最突出的特点。)

我们大概是7点半开始下井,从地面到地下420米的工作面大概要走50多分钟的路程。到了工作面以后我和记者徐江帆会分成两路,我这一路要去移动救生舱看看那里的情况,徐江帆将会赶赴永久避难洞室,看看那儿的情况,到时候我们将会通过在这两个避险设施里的通信电话发回消息。(有节目的全局观念,呼应节目接下来的内容,思路清晰。)

来源:中国人民广播电台中国之声《新闻纵横》,2010年12月2日播出。

有些现场报道是由演播室主持人连线现场记者,进行即时交流,一问一答。现场记者有时是只回答主持人提问,有时是把现场的新闻事实全面、周到或重点地报道。

在下面的这次连线中,现场记者描述下井工服时按照从上身到鞋子、从外衣到内衣的顺序,突出了矿工工服的特点,并且使用形象类比的技巧,"下井穿的袜子,有点像我上大学时进计算机教室穿的鞋套,那个袜子口是松的,有两根带子,套在脚上以后还要系紧……"描述工服和必备安全配件时细致、具体、清晰。

现场记者不一定被演播室主持人控制,因为主持人不了解现场情况。现场

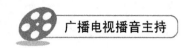

记者要明确自己的报道职责,在此基础上尽量提供丰满信息。

这篇报道是系列报道,因此在该时间段现场记者做了下面内容的预告,有利于留住一部分听众,吸引他们继续听下去。

建议读者在央广网站上点播该次节目的录音,现场记者的报道在口语表达方面尤为出众,字正腔圆、语言干练、清晰、思路流畅,有新鲜感和现场感。

例2

记者体验井下采矿生活 避难硐室的采访

主播:山西潞安集团常村煤矿井下避险系统的应用情况。刚才导播告诉我说,现在我们中央台记者徐江帆已经赶到了常村矿400多米井下的永久避难硐室,下面我们就来连线他。

主播:介绍一下你看到的避难硐室是什么样的情况?

记者:我现在已经来到了常村煤矿的永久避难硐室里面,这个硐室建在北三采区的运煤巷道和运料巷道中间,整个硐室就像一个大窑洞(描述中用类比手法),大概40米长,3米多宽,3米多高,硐室分为缓冲区和生存区两个部分,缓冲区在两头各十来米长,主要用来缓冲有害气体,里面放着10个一米多高的蓝色高压氧气瓶,6个灭火器。缓冲区还有一个卫生区,里面有马桶。打开第二道门就进入中部的生存区,大概有70平方米左右,墙壁上是一排仪器仪表,还有一些操作流程的文字介绍,洞室正中间摆放着四排不锈钢座椅,座椅下面放着矿泉水、压缩饼干等食品,以及碘酒、包扎带等一些急救药品,还有卫生纸之类的生活用品。(这段描述是从整体到部分、从范围到细节的描述,突出了关怀人性的设施,马桶、生活用品、急救药品。)在我的头顶上是一根直径4寸左右的大管子,从上面贴的标签来看,这是给硐室提供氧气的。有关技术人员跟我说,硐室能够抵抗3兆帕左右的冲击力,对于一般的爆炸、透水、顶板事故都能起到防护作用。(重点突出的细节。)硐室可以同时容纳80到100人避难,它的基本功能和刚才我的同事满朝旭给大家介绍的移动救生舱相似,只是空间比它大很多。除此之外它还有一个比移动救生舱更大的优势,就是有一个直通地面的钻孔,这个可以说是矿工的生命通道,(掌握了丰富细致的背景资料。)这方面我们请今天正好在井下带班的矿领导,李明舒(音)副书记给大家介绍一下,顺便说一下,矿领导下井带班制度在常村矿一直执行得很好。("顺便说一下"的内容体现了记者强烈的报道意识、宣传意识。)

李书记:永久避难硐室和移动救生舱有一个最大的区别,就是硐室里有应急救援钻孔,你往这边看就是我身边的这个钻孔,钻孔里粗一点的钢管是提供氧气的,细一点的钢管是提供流质食物的,像牛奶、稀饭、豆浆都可以从这个管子从地面供下来。这边蓝色的是光缆,作用是保持硐室与地面的视频通话和监测监控,它能把硐室里的氧气、瓦斯、一氧化碳、二氧化碳的浓度传到地面指挥中心,也就是说灾害发生后,即使井下的供电、通信、供水系统全部中断,我们还可以通过钻孔内附设的供氧系统、供电系统、通信系统、监测监控系统、视频供应系统维持硐室内地下人员的长期生存。一旦发生灾害,我们的职工都会有序地往避难硐室撤离,到了硐室以后先打开外面的第一道防爆门,进入缓冲区,再打开里面的第二道密闭门进入生存区,然后再打开氧气阀门,启动室内的应急供氧系统,再通过墙面上的传感器观测氧气、瓦斯、一氧化碳、二氧化碳浓度,并通过这部应急救援电话向地面的指挥中心汇报情况等待救援。平时我们已经对井下的职工进行过严格的紧急避险的培训和应急救援的演练,现在所有职工都能够熟练操作,这就是我们这个永久避难硐室的总体情况。

来源:中国人民广播电台中国之声《央广新闻》,2010年12月2日播出。

同例1相同,这篇报道的描述和叙述技巧很突出,与其他记者的报道先后呼应,便于连续收听的听众产生对井下情况的整体感。

这篇报道中有个对带班领导的采访,带班书记以当事人的身份说明永久避难硐室的功能有权威性。内容详尽、清晰。缺点是时长偏长。

从记者的描述中我们可以看到他对避难硐室的资料有充分的前期准备,因此到现场他可以说明每个物品对遇险矿工的重要意义。

例3

上海黄浦区延安东路瑞福北大楼火灾

今天下午3点30分左右,上海黄浦区延安东路瑞福北大楼发生火灾。中国之声连线中央台驻上海记者周强,关注火灾最新情况。

主持人:介绍一下火情。

记者:我和记者满朝旭正在延安东路385号瑞福大厦北大楼。这栋楼是一栋23层的居民楼,6层位于东南角的居民家发生了火情。

据保安人员介绍,他在下午3时20分最先发现着火冒烟,迅速向消防部门报警,并想办法灭火,但一直未能成功。消防人员赶到后,才将火扑灭。

据现场工作人员介绍,屋里有一位老头和一个老太,他们都受了轻伤,伤势

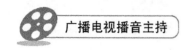

不是很严重。一人被用担架抬出,一人被人背出,均已被送到医院救治。

刚才我和记者朝旭坐电梯到6楼,想到房间看一下具体情况,但有关部门正在现场核查事故原因,现场是警戒状态,我们没有进去。

主持人:火已经灭了,是吗?

记者:已经灭了。(应该说明火灾持续的时间。)

主持人:没有蔓延到其他房间?

记者:没有蔓延。另外,记者看到,楼道墙壁及棚顶均被烟熏黑。(这一点补充得很好。)

来源:中国人民广播电台中国之声《新闻晚高峰》,2011年4月23日播出。

灾难性报道中地点、程度、伤亡是最重要的信息,连线中首先都应报道清晰。

因火灾已经成为过去时,很多信息需要从信息源那里得到。这篇报道的信息源比较丰富。但"据现场工作人员介绍"应该再具体些。

记者的报道受阻,这个信息必须要报道出来,什么原因、怎样应对都要有所交代。

记者必须要深入新闻事件最核心的现场,比如本报道中的6层东南角起火居民家,即使受阻也必须有这样的努力。

第三节 实训技巧

本节提供了若干广播电视现场报道和相关的节目类型,照顾到静态性、动态性、突发性新闻现场,也选择一些多点位报道的新闻现场。这些报道的选题具有典型性,报道的结构和要点具有示范性,请读者将这些实例作为样本,从中找到一些现场报道的实用技巧。

例1

记者亲历搭乘京沪高铁 感受"地面飞行"

主持人:昨天京沪高铁首次面向媒体揭开了它神秘的面纱。早晨9点10

分,上百位记者从北京南站出发,13点58分就已到达上海。京沪高铁以300公里的时速,全程运行4小时48分,真正实现了"千里京沪一日还"。接下来就让我们跟随中央台记者的脚步,一起走进车厢,感受京沪高铁。

记者:我现在就是在380BL动车组的车头,我们今天的高铁之旅就从这儿开始。这个车动感十足。流线型的车头,划出优美的曲线,也有人称之为"猎豹动车"。当它以时速300公里行驶时,相当于每秒推进83米,想想我只要眨一下眼睛,就跑出去80多米,这不就是离弦之箭吗?!

车头身后是观光座,如果坐在这里,你不仅可以从身边取出电视,看一些存储在里面的电视节目,还可在这儿欣赏司机开车。通过可调节座椅一直可以调整到平躺的状态,中午旅客就可以躺在这儿睡觉。

在整列动车组列车上还设有一等车、二等车、商务车、餐车。如今的座位号也做了改变,原来只是从小到大排座位号,现在我们要在每一排后边加上字母,来体现乘客所在的位置是靠窗,还是靠过道,比如A/F代表车窗的位置,C/D表示过道的位置。我现在就坐在1D的位置,所以我是坐在靠过道的位置上。这样大家可以根据自己的需要来买票,这是不是也更人性化了呢?

现在大家旅途上经常会用到电脑等移动电子设备,每排座椅下都有一个电源插座,这样使用电子设备也更方便了。

一同参加活动的《首都建设报》记者蒋志颖说:把普通的一支烟立在了一个小小的桌子上面,直立不倒,可见这个车有多大的稳定性,这个是在我的意料之外。再一个服务员服务得特别细致,刚刚我有点肚子不舒服,乘务员连着问了我三次,真的有种回到家的感觉。

记者:接下来,我们去餐车看看。我现在已经来到餐车。在这里是一组简单的沙发座,中间是餐桌,感觉就像进入到港式茶餐厅。很多记者也在这里,他们已经开始剪辑制作片子了。再往前走,就能看到餐吧的吧台,乘务员脸上始终挂着甜美的微笑。

首先映入眼帘的是餐饮台,如果你进入其中,会觉得像走进家里的厨房一样,但不一样的是这里的电器都是不锈钢样式的,眼前的透明的大冰箱里,放置着各种冷饮、冰激凌等饮料和小食品、零食。炎热的夏天,你不妨到这里来选择你喜爱的饮料。旁边是热水机,如果您想喝咖啡和热茶,乘务员就可以提供给您。

再往旁边是清洗池,洗好水果后,一会儿果盘就送到眼前了。有6个微波炉,随时加热饭菜。还有保温柜、冷冻柜——其中还分为冷冻和冷藏,温度都可以进行自动调节。无论是荤素搭配,还是营养平衡,餐饮中心都会提供更专业的服务。

另外,列车不仅设有残疾人乘坐区,还有无障碍通道及残疾人卫生间,同时车上还提供婴儿护理台等人性化的服务设置。中央电视台记者丛威娜说:很多细致的服务都是不为人知的,这让人感觉很贴心。

丛威娜:比如说每节车厢前面有报警的装置,它会提示你如果发生火灾的时候你摁哪一个钮,另外我们还注意到车上除了乘务人员还专门有机械师,他全程一直在监控整个车的安全运行的状态,我觉得就像一个全能的维修师,如果车上有什么异常的情况他都能够排查、维修。

记者:当我们乘坐京沪高铁体验从北京到上海不到5小时的动车旅程时,除了时空距离、心理距离的大幅缩短,我们也更深切地感受到高铁动车带给我们的安全、平稳、方便与舒适。

来源:中国人民广播电台中国之声《新闻纵横》,2011年6月16日播出。

分析:

(1) 这篇报道重点从京沪高铁列车的舒适度、便捷度和服务人性化角度报道,主题突出,基调鲜明。

(2) 这是一次媒体记者的"体验之旅",报道中引用了其他媒体记者的感受和评价。

(3) 记者细致具体地描述了列车上人性化的装置和服务。

(4) 描述中使用了生动的类比,"当它以时速300公里行驶时,相当于每秒推进83米,想想我只要眨一下眼睛,就跑出去80多米,这不就是离弦之箭吗?!"

(5) 这是一个典型的体验性、宣传性现场报道,因此主观感受和评价比较多。并不是所有的题材都适合这样的方式。

例2

体验井下采矿生活 记者到达420米深处救生舱

冬季是用煤的高峰期,同时也是煤矿安全生产事故的高发期。为了确保井下人员的安全,此前,不少煤矿都在积极修建和完善井下避险设施。现在我们的记者正在山西潞安集团常村煤矿的矿井下,这座矿是目前井下安全生产设施最先进的煤矿之一,也是我国最早建设井下移动救生舱和永久避难硐室的煤矿。那么,这些避险设施在井下是什么样子?又是如何发挥作用保证井下人员的生命？下面我们将把电话打到井下距离地面420米的移动救生舱内，请我们的记者满朝旭介绍详细的情况。

主持人：现在你是在420米井下，听起来信号效果还是挺好的，给我们介绍一下你是怎么从地面达到救生舱内的？

记者：我从地面到移动救生舱大概耗时一个小时，我下井的过程可以分为四个阶段：首先就是通过安检和登记之后先坐升降机，这个过程很快，大概一分多钟，这个升降机直接往下下降390米，这是个高速的电梯，每秒可以下降13米，我们到390米的地方后就换成井下电动车。这种电动车在我看来外观跟一列小火车一样的，有轨道有车厢，只不过它是用电力来驱动的，当然这个车厢很小，我1米85的个子，车厢还没我高呢，进去的时候要弯腰进去，进去以后直接就可以一屁股坐在位置上，位置整个宽度跟私家车的后排宽度差不多，一节车厢三个门，差不多最多可以容纳12个人，这一整趟车最多一次可以运120个人。第三个阶段是让我印象最深刻的，工人们坐上电动小火车以后，大概花了十分钟，就要换乘一种叫"架空单人车"的交通工具接着往下走，简单来说"架空单人车"的工作原理跟缆车是一样的，有缆绳，呈40度角往下走，这个架空单人车就是一根金属棍子，在这个棍子中下部有一个椅子，棍子的另一头是挂在缆绳上，人就坐在下部的椅子上往下走，工人们把这种交通工具戏称为"猴车"。为什么叫"猴车"呢？因为你坐上去以后，从后面看前面的人就像一只猴子攀着个棍在那儿待着。第四个阶段到了工作面以后徒步走到了移动救生舱，路上是有照明设施的，不是特别昏暗。

来源：中国人民广播电台中国之声《央广新闻》，2010年12月2日播出。

分析：

（1）重点分析和学习这篇报道所采用的叙述的手法，用时间顺序作为叙事结构顺序，首先告知从地面到移动救生舱耗时1小时，接着按照时序有条理地介绍四个阶段，并以时间为标识。

（2）四个阶段的叙述并不是平均用力，而是着重介绍了第二和第三阶段，因为这两个阶段非常有特点，令记者印象深刻。

（3）在叙述中大量使用类比和比喻，注意，记者用自己的身高作为参照物说明车厢的高度，以人们熟知的私家车后排座的宽度来比照车厢的宽度，形象生动，容易令人产生具体联想，形成明晰的事实认知。

（4）思路清晰，语言简洁流畅，条理分明，口语化强。

例3

首都机场第三航站楼楼顶被掀开

昨天,北京地区遭遇了大风天气,大风造成了首都机场部分航班延误。下午1点左右,10级的大风还掀开了首都机场T3航站楼顶金属板。现在距离事故已经有10多个小时,T3航站楼的情况怎么样,我们来连线一直守候在首都机场的中国之声记者陈俊杰。

主持人:陈俊杰,来给听众朋友们介绍一下T3航站楼的最新情况?破损的部位已经修复了吗?

记者:首都机场新闻中心刚刚发布消息说,经过昨天连夜的抢修,截止到今天早上6点多,破损的部位已经全部修复完毕。据介绍,昨天首都机场一共动用了100多人的维修力量进行抢修。

主持人:在这次大风中T3航站楼棚顶的几处部位受损?面积有多大呢?

记者:今天凌晨,首都机场扩建指挥部副总指挥丁建纲介绍说,T3航站楼棚顶一共有两处部位发生了破损,一处是在T3C航站楼,另外一处是在T3E航站楼,两处破损面积都不大,初步估算只有不到200平方米。

丁建纲说,整个T3航站楼的楼顶面积达到了32万平方米,因此破损的面积占到了很小的一部分。

主持人:事故发生后,首都机场受到了什么影响吗?今天航班能够恢复正常起降吗?

记者:截止到昨天下午5点,首都机场有200多架次航班延误,之后陆续有所恢复,截止到今天凌晨2点,仅剩下28架次航班延误或者取消。

需要特地说明的是,这些航班的延误或者取消不完全受这次棚顶破损事故影响,很大一部分是因为大风天气的影响。

虽然北京市气象台发布的预报说昨天的风力仅达到5级,但首都机场气象监测系统却显示,昨天瞬间最大风力达到了每秒27米,相当于11级大风。

除此外,影响首都机场航班延误的还有长春、沈阳、齐齐哈尔等地大雪,导致飞机无法起飞。

至于航班今天是否正常,首都机场党委书记李小梅在今天凌晨表示,今天的航班肯定要全部恢复正常起降,因为破损的棚顶已经修复完毕,另外今天的天气比昨天要好多了,只有微风,制造了一天大麻烦的大风将离开北京。事实上,我现在就在首都机场的出发口,已经感觉不到有风。

主持人：我们关注的一个问题是，为什么会发生棚顶破损的事故？原因是什么呢？

记者：今天凌晨，首都机场扩建指挥部丁建纲副总指挥分析了事故发生的原因。他首先反驳了网上的一些关于工程质量的质疑，他说首都机场的工程质量没有问题。他进一步解释说，目前我国建筑设计国家标准是 50 年一遇，能抗击每秒 26.8 米的大风，也就是 11 级的风力，而 T3 航站楼棚顶是按照 100 年一遇的标准设计建设的，能抗击每秒 28.3 米的大风，也就是 12 级的风力，T3 航站楼的建设标准远远超过了国家的设计标准。

记者：那么为什么还会发生事故？丁建纲说，首先设计的抗风能力是风洞实验室得出的数据，而实验室有局限性，自然界的风又有各种可能性，因此实验数据不能完全说明问题。另外，破损部位发生在航站楼楼顶的弧形段，受到特殊地形的影响，那里的瞬间风力可能会超过建设标准。

丁建纲：风洞试验毕竟是个试验，它只能模拟这个工况下去做，不能模拟大自然任何情况下的风，风是高空的，不同高度和不同造型，都会产生风的变化。主流风是西北风，我们按照主流风西北风做实验，万一突然刮了另外角度的风，我们不可能 360 度风都做实验。局部出现小概率事件，超出模拟范围了，这个局部可能就出现问题。

记者：丁建纲还说，出现问题也不排除局部施工有薄弱的地方。

丁建纲：我们施工百分之百都是一样的，我们也不敢保证，也难免，但我们明天还要检查总结，请设计人员分析，在施工地方是不是还有薄弱的地方，我判断还是局部现象。

记者：另外，丁建纲说，由于使用了 5 年多，棚顶的螺丝受到震动可能出现了松动，由于棚顶面积太大，也有检查不到的盲区。在昨天的大检查中，就发现棚顶其他部位出现了松动。

丁建纲：任何东西都是要维护的，不可能是一劳永逸的，我判断我们的检查可能还有一些薄弱，老是刮风震动它，铆钉会有松动，我们也发现了个别的，我们每年都在查，但是面积太大，工人不可能每个地方都不漏掉。

记者：事故的具体原因还需要时间调查。但是以此为戒，首都机场将在今天启动检查行动，首都机场党委书记李小梅说，将对 1、2、3 号航站楼的安全进行彻底的大检查。

来源：中央人民广播电台中国之声《新闻纵横》，2010 年 12 月 10 日播出。

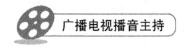

分析:

(1) 这篇报道是一篇后续报道,是静态性的现场报道。现场描述和叙述的内容较少,背景资料和调查性报道内容比较多,主要涉及程度、后果、影响、原因等内容。这也是广播现场报道的一种类型。

(2) 用数字说话,信息确定、详尽。

(3) 按照事件的时效性、重要性次序组织报道,层次鲜明。先介绍目前航站楼顶破损和修缮的情况,接着采访对主体建筑、机场运营和航班起降造成的后果和影响,再接下来追问原因。最后是密切关注事态发展,并拓宽思路谈这个事故给相关部门的警戒。

(4) 记者的报道既有自己亲身的观察和感受,也有采访来的数据和事实,内容翔实,信息量大。

(5) 采访到事件相关人,并且是权威人士。追问的问题很有质量,意在为听众解疑释惑。

例4

湖南新化:受暴雨影响 周家村房屋破坏严重

记者:我现在就在娄底市新华曹家镇的周家村,7号凌晨的暴风雨使得曹家镇损失非常严重。我所在的位置是在周家村,跟别的村子相比,房屋的损失可能更为严重一点。比如在我身后,是周元国老人的家里,我们一起进来看一下,这一家的受水情况。进来以后,可以说,暴雨发生在7号凌晨,但是我们可以看到地上还在淌水,整个家里都是淌水的。上部的电器已经全部潮湿。因为是木质房的结构,所以电器都不能够使用,而且水还一直往下滴。本来水已经舀去了不少,但是因为昨天下午又来了一场中雨,使得这个房子一直积水,没有完全退去。

我们从这房子的客厅,进到这边,可以看到咱们右手边的地方,已经散落了很多这样的瓦片。这个地方本来是这户人家的喂猪喂鸡、放饲料的地方,很多地方现在都被瓦片覆盖了。为什么会掉下瓦片?可能我出来,这间房子会更加直观一点。来顺着我的右手边看,7号凌晨的一场暴风雨,使这屋后的两棵大树直接连根拔起。树木是直接砸到了房子的屋顶上,所以说屋顶上的瓦片就直接散落了。

我们上二楼可能更加直观,来,我们一起上去。镜头支持一下。我们要沿着这个木梯子上二楼。注意安全!可以说,整个二楼的情况更加直观,地上全都是散落的瓦片,可以说是一片狼藉了,而屋顶可以用"开天窗"三个字形容。整个屋顶上都是漏洞,可以从这些漏洞来看,有些树枝树叶直接从外面插进来的,所以说如果现在再遇到下雨天的话,这些雨水是没有办法挡的,直接从外面往里面灌。据了解,当时这个屋里本来应该是睡了人的。但是当时这个人,晚上在外面打工,没回来,所以所幸没有造成太大的人员伤亡。但是据周元国老人说,当天晚上1点多的时候,听到外面根本就是放鞭炮的声音。因为外面的树是一枝一枝地被折断,而在二楼可以听到很大的响动,就是说房子垮塌的声音。他不敢上楼也不敢出去。

我们从外面看,现在家里已经晒了好多袜子,湿的皮箱,还有被子、衣服,现在全都湿了,全在外面晒。而整个村落中,很多房子也是直接受到了很大的影响。我们刚看是已经垮塌了。而从曹家镇给出的统计数据来看,整个曹家镇房屋全部垮塌的是10户,而严重受损的是50多户。但是有一个利好消息是,因为我们现在看天气还算不错,雨完全停了,而且从明天开始,湖南省防汛办给记者的一个消息是,湖南全省大部分地区将以晴好天气为主,这也有利于当地救灾工作的进一步进行。我这里的情况就是这样。

来源:中央电视台新闻频道《新闻直播间》,2013年5月9日播出。

分析:

(1) 在一个场面复杂、持续时间长的新闻现场,比如灾害、灾难性现场,要选取一个具体的、相对小的、典型的现场,以点带面,点面结合。

(2) 电视现场报道记者要善于与摄像记者沟通配合,调度镜头,带着画面说话。

(3) 抓"这一个"现场的特殊性。暴风雨灾害现场虽大同小异,但记者注意到大风将树干折断砸坏二楼屋顶、瓦片散落一地的场面,就是从房屋内部观察到的细节,也说明在灾区房屋附近有大树是很危险的。

(4) 这个现场的居民已经撤走,很难采访到同期声,但记者可以用转述的方式把新闻当事人的采访穿插进来。当然,现场同期声是最宝贵的。

(5) 有些事实可能是预测性的,不出现在报道的现场,但是如果时机恰当,记者要插入这部分内容,比如这个报道最后的预测"湖南全省大部分地区将以晴好天气为主,这也有利于当地救灾工作的进一步进行"。

例 5

荔湾 3-1 天然气平台:海上加工厂平台组块安装作业今天启动

记者:我现在就是在距离广东珠海200公里以外的南海海面上,我现在所在的船，就是我们的海洋石油229船，非常巧这个驳船跟我们的演播室的名字是一样的，229，但这个驳船比我们的演播室要大太多。他是世界上第二大的无动力梯形驳船。经过十二天的航行，1200多海里的路程，从青岛港驶到南海的作业海面上。我们的记者们从陆地上，从深圳到这个泊船上也是非常不容易的。从深圳坐了两个小时的直升机到达我们的作业支撑船华天轮号上，再从华天轮号上，坐一个用摆渡做的一个吊笼，吊在摆渡船上，再到我们这个驳船上。

我们看一下我们稍早前拍摄的这个吊笼的画面。现在看到的就是，上面同时可以有四个人在上面，扒在绳子外头。从一个船到另外一个船，东西货物是在里面，就是用这样一个方式，到达这样一个船上。即使是这样一个非常复杂的过程也是要经过之前大量的准备工作，比如说，我们要提前提交健康体检，以保证上船之后不会出现交叉性传染，还有一个就是要经过严格的安全培训。

另外，大家看我身上的这身安全服，首先来看我这安全帽，然后是一个连体的安全衣，这个衣服是阻燃防静电的，也就是我们上船作业要不得半点火星。这个衣服还有另外一个作用，就是桑拿服，因为船上非常热，有三十多度。我们穿上这样一身衣服，一身汗。我对面的摄像同事已经浑身湿透了，可想而知，我们的工作人员在施工的时候是多么的困难。之外呢，再看我的鞋，是防油、防滑、防砸的。说到防砸，前面是钢板，可以说是武装到了脚趾。只有经过这样所有的过程之后，我们才能够上船。

另外，还有一个防护眼镜，我把它带上，这个眼镜可以防风防沙，还可以防很多东西迸溅进来。带上这个眼镜之后，现在来看我们这些非常耀眼的明星，非常刺眼，实在是星光熠熠。我们的荔湾3-1的海面平台上面就是这个部分，就是这个大家伙。给大家介绍一下，这个是全钢结构，全重量是三万两千吨，是我们钢铁界的"高富帅"。

说它"高"，大概有三四层楼那么高，体量是三万两千吨。"富"呢，是说它的年产油量是120亿立方米，可以达到我们西气东输的一线的总量。"帅"呢，有两个含义，它是我们深海石油开发的一个表率，另一个含义，说它帅是因为，其他的管道都需要通过它来处理，是一个终端的处理平台，所以说他中心帅霸。

再来看细部，它总共分三层。底层是生活区，还有直升机的停机坪、主电站、吊臂。二层和三层，现在还有工作人员在做一些简单的切割工作。二层和三层是设备层，是中央控制室，是整个作业平台的心脏。所有的这些都要靠它，现在矗立在海中，我们可以看到八个导管架连接才能够实现。刚刚我们说我们这个平台是亚洲的"巨人"，是海洋石油界的姚明。要是接上腿的力量，没准可以做一个扣篮的动作了。

接下来我们的工作就是交会对接,我们都知道我们的天宫一号和神舟九号交会对接,叫做太空的深情一吻。我把我们的海上交会对接叫做深海的深情相拥。这整个动作要持续很长的时间,马上就要进行。我们先来看一下此前航拍的一个画面。这是之前我们在海上距离导管架有 300 米距离的一个画面,有八根导管架支撑驳船,我们的驳船太大了,一根就有 150 吨重。是不是取的是四平八稳之意?把我们的驳船牢牢地控制住,才能好好地在海上作业。

说一下下一步我们的海上作业。来看一下我手中的图板,下一步作业的进展,马上就要进行的是让我们的驳船进入到我们刚才看到的导管架组成的槽口当中。这个对我们的工作是非常关键非常重要的。大概 6 点半,我们的驳船会出现这样一个状态,用到这样一个情况。

说到这儿,我们要说一下天气。为什么海上作业天气这么重要。本来 19 号要作业,但是直到现在,拖到今天晚上 6 点多进行,是因为对于洋流风浪的要求是非常精细的,如果风浪太大就会碰到旁边的导管架,所以,天气非常重要,希望天公能够作美,顺利地进行作业,那么明天起我们就有一个平台,面朝南海,春暖花开。

来源:中央电视台新闻频道《新闻直播间》,2013 年 5 月 22 日播出。

分析:

(1)天然气海上加工平台是一般观众不熟悉的,现场报道在描述平台"外貌"的同时还要普及有关加工平台的用途、特点等知识。

(2)这是个相对场面较大的新闻现场,而且特殊,记者需要主次分明地释疑解惑,所以首先交代了一下如何到达南海作业海面。虽然记者的描述不够紧凑简洁,但这个构思是必须要的。

(3)记者对平台工作人员的服装装备描述得细致,对海面平台的钢结构交代得细致而有趣,形象化表达是记者的偏好,用当下流行语"高富帅"概括并解释平台的特点,便于理解、记忆,而且条理清楚。

(4)开头部分用演播室与驳船做类比,不太恰当,毕竟观众对演播室不熟悉,这样的类比仿佛是对演播室的主持人说的。另外,开头部分的语言不够简练。

(5)在一个预设性的、过程持续时间比较长的新闻现场,有必要预告下一个阶段的进展或预测。

例6

黄河内蒙古段进入开河期：开河时间较同期提前12天

记者：我现在所在的位置是在黄河内蒙古段的托克多段,我给大家介绍一下黄河内蒙古段进入开河期的最新情况。我们从内蒙古防汛抗旱指挥部了解到,截止到今天上午的十点钟,黄河内蒙古段的开河已经有44公里了,也就是到乌海段枯水沟下游的44公里的麻花沟处。2月18号是内蒙古界内的开河时间,这个时间在乌海段开河是比往年要早12天,整个内蒙古开河的时间达到常年的一个平均水平。由于黄河到达内蒙古段是进入到一个峡谷段,我们的直播车是没法到达那里的,所以我们来到了黄河的托克多段做这个报道。

我现在在的托克多段河面的冰封是在300米左右,河面宽度也在300米左右。河面基本上算是一个冰封的状态,还没有发生流离。尽管河面还没有发生流离,当地的防汛抗旱部门认为冰面还是发生了变化。我们都知道黄河在冰面是结冰了,但是下层呢,24小时不停流淌的。随着气温的回暖和水面的升腾作用,主河面的冰已经变薄,开始变酥脆了。

我现在位置就在这河滩上,河道大概有五六十米远,随着开河期来临,主河道开始变宽,封河时期大概是200米,开河期时随着上游的来水量的增加,冰面是逐渐在拓展的。

为什么说这个冰发生了变化呢？我们也从冰面上也看到一种变化,我们从当地取来一个民用的铁钎,看一下,轻轻地一砸,就可以看到这冰已经很酥很脆了,很容易就被砸开了。为什么会发生这种情况？

来看下,我们请老船工去了两块冰。老船工给我们介绍,这个冰在封冻期的时候,是处在一个横纹的状态,但是现在,冰是处在一个竖纹的状态。这是因为水温升高,水不断下渗,使冰发生一个本质的变化,这时候的冰,是非常酥脆的。我们也提醒在这个时候不要在冰面上行走。孩子们不要在冰面上玩耍,那是一个非常危险的状态。

我们再来介绍下当地的防汛抗旱部门都要做一个测冰的工作,为什么呢？就我所在区域,1月16号测得是61厘米,也是该冰面最厚的一个厚度。这跟常年相比,是一个正常的厚度。而昨天他们又对河冰进行了测量,测量的厚度是54厘米,说明冰已经开始消融了。为什么测冰呢,是防汛部门一种重要的工作。冰的厚度直接关系到防凌工作的安排。冰越厚,说明防凌的压力就越大。上游的冰开封下泄,遇到弯口,我们都知道黄河九九八十一弯,容易形成决堤,对周边的村落会形成危险。所以内蒙古各部门就开始建立 24 小时预案,24 小时密切关注水情、冰情、凌情。遇到情况,及时上报,也准备好了防汛物资。我们也从气象台了解到,内蒙古是气温一个缓慢回升的状态。气温的逐渐回升,直接会影响到开河的速度。我们也密切关注黄河开河的进展情况。

来源:中央电视台新闻频道《新闻直播间》,2013 年 2 月 23 日播出。

分析:

(1)这个报道的优点突出,开头部分把报道位置、为什么选取这个位置交代得很清楚;运用了术语,比如"流离";动手实验,用画面真实说话,直观、便捷;请内行(老船工)讲解,有权威性;适时提醒注意安全,有人文关怀;普及知识,解释为什么要"测冰"。

(2)借报道宣传当地防汛抗旱部门的工作实效,角度好,并不生硬,让观众容易接受。

例 7

西双版纳:野象频繁造访村寨

记者:你好,我现在在西双版纳的一个叫做野象谷的地方。这个地方野象出没相对比较多,就在村寨的附近,我现在所在的地方,叫大象旅馆,实际上是一个景区,这个景区可以从画面上看到。从我身后的五米之外的地方,我目测到三头野象了。大家从镜头上看,可能认为它们跟普通的大象没什么区别。其实野象是非常有野性的,它甚至是有攻击性的。因为我们是在栏杆之外,应该说我们在栏杆之内,它们在栏杆之外,我们是比较安全的。周围也有些游人,用缆车过来的,因为通往大象的游览道路已经封闭了。

我们看那边又有一头过来了。据我们了解,这边有 20 头左右的野象,不仅仅分布在我所在的区域,还有一些在游道上,所以为了游人的安全必须要封闭。身边的这些游人是坐缆车过来的,跟我们是一样的。我所在的位置是安全的。

目前我们看到的这 20 多头象,实际上是一个家族。据当地人说是叫"小短鼻",因为其中有一头象有一小短鼻的特征。目前在西双版纳,据掌握的信息,一共有 250 多头野象,这些野象分为 30 多个家族,但这并不是说所有的大象都要离开西双版纳的保护区,走进游览区、村寨、高速公路旁边等,只有几个家族经常会出来。我们大家所看到的"小短鼻"家族就经常出没,因为从去年的 12 月份,就陆续有野象家族走出了西双版纳的野生动物保护区。

分析其中的原因，我昨天跟专家了解了下，一是多年对野象的保护，它们已经不怕人了，因为已经没有人伤害它。另外村寨中的玉米、芭蕉都是大象比较爱吃的食物，与这也有关系。虽然说这个容量在西双版纳保护区里是足够的，但是毕竟从野外获取食物相对于去村寨获取更困难，而到村寨去找玉米和芭蕉比较容易，所以这也是大象走进村寨的一个因素。但是这也不能算是一个科学依据，现在的研究工具，存在一定的局限。包括无线电对大象的定位，还不能做到科学严谨。所以这只能是分析的原因之一。

另外，这里我想跟大家说一下，游人目测来看是安全的，但是这种野象，它的野性难驯，所以对村寨还是有一定影响的。在西双版纳还有一个比较突出的现象，人象之争，其实所谓的争就是大象到了村寨之后有一些破坏行为。可以说这是一种淘气，当然这种淘气对村民是会造成一定影响的。比如说它们会损坏一些庄稼，偷吃玉米啊，芭蕉啊。它们不仅吃，也对周围的田地造成损坏。也的确出现了伤人的情况。最近这几年，村民受伤甚至死亡的现象也有发生。我从专家那了解到，并不是每头野象都有攻击性，但是有的时候，它进入村寨，你跟它的距离很近，30—50米之内了，一旦遇到，那就是非常非常危险的了。确实给村民带来了一定的损失，实际上从1991年开始，当地政府也给予了一定的赔偿，但这种赔偿额是很低的。到了2004年的时候，补偿额就稍微高了一点。

我不知道刚刚有没有听到大象的吼叫声，就是说在这边能够看到这么多的野象，不光是游人的幸运，也是我们直播的幸运。因为我们从清晨一直守到了现在。那我再继续回到我刚刚说到的对村民补偿的这一块。2004年加大了补偿的力度，就是对死亡伤亡的补偿额上升到3万块钱，农作物是到了不到一半的补偿。但是在2010年的时候，当地政府又采取了另外一种办法——"公众责任保险"，就是跟一家保险公司进行合作，对村民的损失进行赔偿，对伤亡的赔偿已经到了20万元，但是对于农作物赔偿在50%左右，当地的村民认为补偿额还是有点低，就是说，一方面村民在做很大的牺牲在保护这些野象，另一方面，他们所遭受的损失希望能得到政府的支持，让他们少受损失。

来源：中央电视台新闻频道《新闻直播间》，2013年2月20日播出。

分析：

（1）大自然中的动物并不听从人的指挥，野象群何时出现、走哪个路线、出现后有什么表现，都是未知的，要在现场等。在等待的过程中，报道记者必须要给观众背景信息，否则画面和语言的信息量小，会造成浪费。所以，记者介绍了野象的种群特征、现场的安全、野象造访村寨给当地人生活带来的影响、野象破坏补偿情况等。

（2）补充背景信息的同时要时刻关注现场的变动，野象的吼叫声，或者野象有什么不同寻常的表现，都要随时纳入报道。显然，记者注意到了这一点。

思考题

1. 什么样的题材更适合做现场报道？
2. 如何组织一个比较完整的现场报道？
3. 广播电视现场报道中关键的要素有什么？
4. 广播电视现场报道基本的提问技巧有哪些？

第七章　新闻评论的表达

本章要点

1. 广播电视新闻评论的特征。
2. 广播电视新闻评论的类型。
3. 广播电视新闻评论的播音要求。
4. 广播电视新闻评论的选题特点。
5. 广播电视新闻评论的要素。

第一节　理论阐释

新闻评论不同于专业性评论,比如经济评论、哲学评论、史学评论、文艺评论、体育评论、军事评论等,它专指针对新闻现象、新闻事件、新闻人物等进行的评论,是当代各种新闻媒介普遍运用的、面向广大受众的政论性新闻体裁。广播评论是诉诸声音听觉的,电视评论是诉诸音像视听觉的。各自有适合媒介特征的节目形态和播音主持样式。

广播新闻评论是遵循广播媒介的传播特点,以便于口说耳听的方式撰写、制作和播出的新闻评论,是一种政论性的广播新闻体裁。广播评论有口播评论,有音响评论。电视新闻评论不仅适合听,也适合看,通常在交代评论对象、新闻事实的环节运用音像的表达手段。电视评论也分为口播评论、音像评论。

广播音响评论、电视音像评论带有很强的专题性,表达手段丰富,语言样式灵活多变。

一、新闻评论的特征与类型

(一) 特征

1. 新闻性

新闻评论同其他新闻体裁一样具有时效性,与国家、社会、民众当下的现实紧密相关;同时也具有实效性,不是理论性的、抽象性的评论,更具有现实意义;评论对象具有特定性,评论目的才能明确,不能泛泛而谈,力量均分;新闻评论还具有直接针对性,选取对当下有实际效果的层面和角度对现象、观点、思潮等进行评论。

2. 政论性

新闻评论一般都是从思想、政治或伦理的角度进行分析、阐明看法。一般不对专业性强的内容进行辨析、深究。这是由广播电视的舆论功能和受众特点决定的。专业性评论适合面对"小众"。

广播电视的线性传播规约新闻评论内容建构和语言表达的逻辑。稍纵即逝和不可回溯的特点,要求广播电视新闻评论要以形象化和深入浅出的说理手段阐明观点和立场。广播新闻评论的特点是短、浅、软。电视新闻评论的特点是声画兼备。

(二) 类型

1. (报刊)社论、本台评论、短评、编后话等

社论(在广播、电视媒体中的"本台评论")是代表报刊、通讯社、广播电台、电视台等媒体的权威性言论。它是新闻媒体观点的旗帜,是媒体的舆论灵魂,是规格最高的评论。内容一般为重大事件,政治色彩重,引导舆论。

短评是一种简短而灵便的评论形式,常以配合和结合新闻报道的形式播出。篇幅短小、内容简约、分析扼要、逻辑一目了然。

编后又称编后议、编辑记、编后话。它比短评更小巧,依附于新闻报道之后,是融抒情、联想与议论为一体的新闻评论体裁。其作用在于补充和深化报道主题,帮助受众理解报道更深、更广、更有力的内涵。

以上类型的新闻评论通常采用播报的方式。因评论的规格、题材、写作风格的不同,播报的方式和分量也不同。按照以上顺序,分量递减,语势、节奏的变化更丰富灵活。

2. 广播录音评论

广播录音评论,又称音响评论,是以音响为表现内容的必要材料或手段的广播评论形式。运用音响,是录音评论同其他广播评论形式相区别的主要标志。通常,音响用来交代新闻事实、新闻现场,用来表现媒体之外的意见、观点,而播音员、主持人的语言则起到架构评论、阐发观点的作用。

3. 新闻述评(记者述评)

新闻述评(记者述评)是指介于新闻报道和新闻评论之间,兼具两者特点和优势的一种边缘体裁,它既报道事实,又对新闻事实做出分析、评论,有述有评,评述结合,以评为本。新闻述评与广播录音评论、电视图像评论在体裁上有交叉的部分,在广播录音评论、电视图像评论中,"述"和"评"由音响、画面、语言共同承担,因此播音员、主持人的语言同音响、画面的有机配合显得尤为重要。在广播电视的新闻述评中,播音员、主持人一方面为图像配音,一方面要通过语言串联音响和图像。串联的内容可以有述、有评、有抒情。

4. 即时评论

即时评论是最短小、最灵活的新闻评论,比编后还要简短,有时只是一两句话。它散见于各类新闻节目中,特别是在民生新闻中,常常表现为评论性串联。这种类型的评论最讲究立论切入点,一语中的、回味无穷是很高的境界。

5. 新闻话题讨论(辩论)和谈话

新闻话题讨论(辩论)和谈话是常见的广播电视评论的类型,一般时长较长,涉及内容题材广泛,形式开放活泼,结构松散但创造空间大,能够就一个话由展开角度丰富、内容充分的评论。在讨论(辩论)、谈话的评论类型中,主持人的提问、起承转合的话轮构建比评论还重要。

6. 新闻图评

新闻图评多出现于电视节目中,是一种依附于新闻图片的评论形式。它在对图片内容进行说明、交代、强调、延伸的同时,画龙点睛地进行评论,声画兼备,主要靠引发联想和想象诉诸观众认知和情感。

在播音主持专业范畴讨论新闻评论的表达,主要分两个层面,一是播新闻评论,二是评论新闻,都主要从表达的角度阐释。

二、新闻评论的播读

(一) 广播电视新闻评论的播音创作心态

播读新闻评论的创作心理总体用"我有理"概括,以便从基调上确定播读新闻评论的"合法性""合理性"。"我有理"的表达由三个层面的"内驱力"来实现。第一,主体驾驭感要强,确立表达的自信,通过对内容、观点的把握驾驭自己的语言而不是被文字牵着鼻子走。第二,不吐不快的播读热情要高,波澜不惊不适合广播电视传播,播音员、主持人要用自己的热情激发受众的好奇,吸引受众的注意力,进而抓住受众的心理状态的变化,激发他们思考自己正在表达的观点。第三,以理服人的态度要明确,任何虚张声势、强词夺理的语气都要杜绝。另外,在以理服人的态度里隐含着"以情动人"的心理基础,因为情感一般决定着态度的价值取向和行为倾向。

(二) 广播电视新闻评论的播音要求

播读新闻评论的基本要求是观点鲜明、逻辑严密、论证有力。

1. 观点鲜明

(1) 态度明确。

新闻评论播音是具有主观色彩的,作者的态度和倾向性会非常明确地体现在稿件当中,播音员要想将作者的意图表现出来,就必须秉持和作者同样的态度来进行播音创作。

表现态度的重要手段是语气,只有语气恰切到位,才能准确地表达态度。比如褒奖时,语气积极、轻快、愉悦,批评时,语气不满、严肃、激愤。

(2) 立场坚定。

立场坚定才可能有鲜明的观点,摇摆不定会给人以一头雾水的感觉。坚定的立场往往会带有一定的原则性,原则本身就是观点的框架,所以播音员自身需要确定立场,树立原则,才能把观点讲明。

(3) 强调论点。

一篇评论文章的论点往往由中心论点和分论点组成。

中心论点在文章中起着提纲挈领的作用,播读时应该予以重点强调。强调的方式包括上扬突出、下抑加重、拖长强调等,应视具体文章区别处理。

分论点也需强调,但不要和中心论点一样用力。分论点是为中心论点服务的,最终目的是论证中心论点,所以要把分论点融入文章的层次之中,视上下文进行相对的强调处理。

2. 逻辑严密

(1) 层次清楚。

评论文章是逻辑思维的产物,论证的过程往往是一环扣一环,条理清晰、井然有序的。播音时,应清晰把握文章层次转换的内在目的,用语势的变化、重音和停连的确定、语气和节奏的转换等手段将文章的层次关系表达清楚。

(2) 重点突出。

评论文章的重点除了论点以外,还有论证过程中关键的逻辑。重音在表达论证过程中起着关键作用。准确处理重音才能准确地表现论证的逻辑,突出论证的价值,直指人心。层次间的重音要注意协调,否则忽强忽弱的处理方式会给人上下文脱节、前言不搭后语的感觉。

3. 论证有力

只有观点鲜明、逻辑严密才能为论证有力打好基础,为实现论证有力的效果做好表达上的准备。从写作上讲,有力的论证靠的是严密周全的逻辑关系,恰当充分的论证方法是以理服人的主要手段;从语言表达上讲,有力的论证是基于对论证方法的准确贴切的理解,最终体现在语气、节奏和重音上的态度。语气大方笃定;节奏从容沉着;强调重音的方式以恳切的、推心置腹的、低而有力的加重声音为主,其他方式是配合语气发生变化的。另外,重音的吐字非常讲究,要求清晰、饱满、有力但不生冷僵硬。

(三) 需要注意的问题

播读新闻评论一般用中声区实声,只在感情色彩浓厚的文字上用虚实结合的声音。气息要扎实,以体现自信、坚定的播讲心态;也要持久,特别是在比较铺排的逻辑表达上,气息不够持久就很难生成气势。吐字要饱满有力,字正腔圆,否则会削弱说理的力度、可信性和权威性。

1. 逻辑与重音

重音体现逻辑,播评论时关键在于重音确定的准确性,就是说重音的位置很重要,而重音的表达方式注意要沉着、恳切,不要太花哨,不用或少用色彩浓重、语气夸张的手法。

第七章 新闻评论的表达

2. 讲道理与节奏

讲道理时循循善诱,但不是"老太太拉家常",不同类型和风格的评论有不同的讲道理的节奏。比如,驳论型紧凑、有力,重要社论凝重、舒缓,成绩或祝贺性评论明快、高亢。

整体节奏不能太快,要在关键性的地方留有回味和思考的余地和时间。

两种可能出现的问题:

(1) 语言松散,节奏过缓。常出现在主题较大的政论或社论播音上,由于有的播音员对重大选题或评论对象理解得不够深刻、具体,不容易做到设身处地,也不容易与文章内容产生共鸣,播出时容易出现见字出声、高高在上的感觉,逻辑不紧凑,语言也松散,缺乏引人保持注意的恰当节奏。

(2) 语速过快,节奏过急。常出现在驳论型文章的播出上,由于容易对事件产生或悲或愤的感情,也就容易激动,这时如不能冷静处理稿件,就容易出现语速越来越快、节奏稳不下来的现象,导致评论内容的清晰度受到影响,使受众只感受到激情,却没能真正接收到评论的实质内容。

3. 寓情于理与情理交融

新闻评论从选题、立论到说理都是试图反映社会现实生活中的矛盾并解决它,从其本质上说反映了评论者感情上的问题。新闻评论虽然主要以理服人,但说理的过程中不仅有说理,还要叙事和融情。实践告诉我们,只要对事物认识得深刻透辟,表达时势必会油然而生感情,感情和说理交织在一起洋溢在评论的字里行间,才能有生气,有色彩,有波澜,才能以情感人,继而以理服人。

但是,这里的用情不是滥用,是有分寸和控制的,总的说来是态度鲜明,感情真切、质朴、含蓄。感情表达不到位表现为:

(1) 感情苍白,语气平淡。由于受新闻播音的影响,很多人在新闻评论播音中也过于追求"客观",缺少感情的投入和鲜明的态度,播音时语气平淡。以理服人的同时我们也需要"以情动人",情感是新闻评论播音语言表达的支撑,这种情不同于散文的抒情,而是紧扣在说理之中的,是论证说理的重要手段。语气是表达态度和情感的手段,所以播音员应该学会"晓之以理,动之以情",把握恰如其分的语气。

(2) 感情过激,语气夸张。评论文章的感情表达是相对含蓄的,在播音的过程中也应把握火候,到位的同时不可过火,不能以朗诵或演讲的感觉去处理新闻评论播音,也不宜将过多的个人情感过于直接地表露,要考虑到节目播出的环境和受众的接受能力。

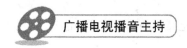

三、评论新闻

评论的体裁在广播电视节目中运用广泛,有专门的评论节目,有综合性大板块新闻节目中的评论环节,有专题性节目中的评论内容,甚至在综艺娱乐节目、脱口秀节目中都有具备评论性质的内容。本教程暂不涉猎这许多形态和类型,只阐述新闻性节目中的评论。

（一）广播电视新闻评论的选题特点

互联网传播技术使平面纸媒、电子媒介等共享同质传播环境,无论是报纸、杂志,还是广播、电视都可以在网络平台上运用文字、图片、音频、视频进行传播,将来的广播电视传播有可能是播音员、主持人在演播室里用声音、图像传播,在网络上同时有文字、图片的即时互动或用超链接提供引申材料。基于互联网技术的媒介融合纵然会让媒体作为传播宰制发生翻天覆地的变革,但受众接收音频和视频传播的总体特点相对稳定。其基本规律是逻辑简练、节奏明快、新鲜感强、内容形象化程度高和表达容易被理解和接受。从选题开始,就要符合视听传媒线性传播的要求,最大限度地降低受众接受的费力程度,减少传播效果的熵值。因此广播电视新闻评论的选题具有以下特点：

1. 切口小,延展空间大

切口小是指选题的角度小,便于迅速凝聚评论者和受众的兴趣点,避免泛泛空谈或艰深偏狭。延展空间大是指选题具体,让人有话可说,同时提供在论证过程中发散或掘深观点的可能性。

2. 动态化,化长篇为系列

虽然事物发生发展具有连续性,但做评论要及时抓住最新动态,突显动态变化对当下和将来受众生活的影响,容易吸引受众的注意。需要长过程观察、多侧面和多层次分析的选题可以用转换角度的方法来处理,找出符合当下社会心理需求的切入口,做系列评论。

3. 鼓动性,理性与感性并重

广播电视的线性传播特点直接影响严密推理的传播效果,而有声语言、图像语言有直接形象的感染力和移情作用,特别适合于表现鼓动性内容。将诉诸理性的选题以感性的角度和方式呈现,是面向媒介素养参差不齐的大众的有效方式。

4. 受众广,热点、焦点优先

选题须是广大受众共同关心的问题,而且是热点和焦点问题,这样会将受众的兴趣和思考迅速嵌入,减少铺垫、起兴的过程。避免选取专业性强的议题。但是随着现代生活的复杂性增强,受众也需要通过大众传媒接受与切身利益紧密相关的专业知识和观点的教育,比如经济、法律、医疗、环境、国际关系等专业领域的选题也可以用深入浅出的方法涉及。

总的说来,新闻评论的选题是个起点,选好题意味着对有价值的新闻进行再开掘,能给受众带来更深远的思想裨益。选好题是新闻评论成功的决定性一步,是非常艰难和复杂的,它必须是媒体定位、受众需求的契合点,是评论者的认识结构与新闻事实之间的契合。①

(二) 新闻评论的要素②

1920年,美国弗林特(Leon Nelson Flint)所著的评论教科书《社论:一项对写作效力的研究》一书提出:"广泛地说,一篇社论中包含着新闻报道中的事实,加上那些相关的事实;观点:预测性的观点,或者揭示那些隐藏在事实中的危险的观点;一些情感要素;写作动机;道德品质,态度,语调,风格;还有服务性价值。"③看起来似乎很复杂,其实最重要的要素就是新闻由头和评论对象、观点和论点、论据、论证方法。新闻评论中的态度、情感要素、动机、服务性、语言风格等是写作的普遍要素。

1. 新闻由头和评论对象

通常新闻由头(news peg)放在评论的开头部分,用于挑开话题、引出议论的材料。新闻由头可以是新闻人物、新闻事件、具有新闻性的社会现象、社会问题、观点或舆论等。

以新闻事实为对象的评论,思想始终集中于这个事实,即使引述其他事实也是为了说明这个事实,最终得出一个关于这个事实的判断。在本章第二节"实例剖析"所详解的例子中,第一段"湖南的'限宴令'11月1号就要实施了,这是湖南省纪委监察厅的新规,规定称:11月1日之后,除了婚礼、葬礼外,公务员操办生日、乔迁等喜事,不得宴请包括同事在内的非亲属人员"叙述了一个新

---

① 马少华:《新闻评论教程》(第二版),高等教育出版社2012年版,第151页。
② 同上书,第51—121页。
③ 转引自上书,第21页。

闻事实,从11月1号开始,湖南实施"限宴令",这条新规规定除婚礼、葬礼外,公务员不得宴请同事操办生日、乔迁等喜事。这个新闻事实就是评论对象,整个评论就是针对"限宴令"展开的观点阐发。

很多评论只拿具体的一条新闻做由头,生发出去,议论带有普遍性的问题。新闻由头只是"这一类"事实论据中的一个。以新闻事实为由头的评论,从它出发展开议论和思考,得出一般性结论,最终已经离开"这一个"事实。比如,同样是在评论开头叙述了这样一件新闻事实,但接下来的评论开始围绕"如何将反腐倡廉做到实处"展开议论,那么第一段就只是个引子。通常,时长较短、规格较低的短评、图片评论等会将新闻由头作为评论对象,而大型讨论和谈话节目会由新闻事实展开,上升到论证普遍意义的层面。

2. 观点和论点

大多数情况下,新闻评论所讨论的问题,是真或伪的问题,是或非的问题,利或害的问题,善或恶的问题,总之是判断问题。在形式逻辑中,判断就是对"对象"有所断定,就是肯定或否定对象具有(不具有)某种属性。对"对象"的看法,究竟是什么?来龙去脉?怎么发生(出现)的?受什么影响?与什么有关?将向什么方向发展?具有什么意义?好还是坏?美还是丑?判断根据不同的分类标准可分为事实判断、价值判断、具体判断和普遍判断。

事实判断是有关过去、现在、将来,以及事物之间关系的推论。对已经确认是真的事实,经过认识(包括逻辑推理),推断出另一个事实存在的可能性。一般说来应该是客观的。应保持"情感中立""价值中立"。

价值判断是以一定的价值尺度判断事实的价值,判断事实与人的关系——事物对我们的价值。价值观与判断主体紧密相关,其时代背景、文化内涵、阶层等都会影响到其价值判断。基本的、非派生的价值判断,就是所谓的价值原理。

具体判断是就事论事,适用于对具体对象的判断,比如对新闻事件具体的原因、性质、发展做出判断。

普遍判断是对一般情况进行判断,具有普遍的适用性。

有判断才能出观点,正确的判断是正确观点的前提,所以在新闻评论的学习中最重要的就是判断的训练。培养学生的判断力是训练评论主持人的根本。判断力是主持人学识经验的体现,特别是在价值判断中,因为价值判断不一定具有短期验证性。这也是做新闻评论时下判断再谨慎都不为过的原因。

观点表现为对事实的认识、对事实的判断。观点是具有主观见解性质的话语,用于分析阐释自己的看法和主张。可以分为四种:(1) 只被论证而不对别的观点起论证作用的观点;(2) 不被论证而只对别的观点起论证作用的观点;(3) 既被论证又对别的观点起论证作用的观点;(4) 既不被论证又不对别的观点起论证作用的观点。

观点从事实中来,要结合评论者自己的知识经验、认识结构、判断力对事实做出判断。它萌芽于对新闻事实的追问、第一印象、动情点、质疑等,但要特别注意的是,不要轻易将"第一反应"作为观点。

论点和观点有效,也有区别。论点一般为只被论证而不对别的观点起论证作用的观点。

3. 论据

论据是事实,可以是自己亲眼所见、亲身经历;可以是具有公开性、可信性、权威性的事实。论据也可以是被普遍认可的常识、观点、专业知识。论据最好满足以下要求:(1) 没有争议;(2) 与论点和评论对象相关;(3) 接近;(4) 新鲜。

论据常常是一篇评论能否触动受众内心、引起共感共鸣的证据,首先事实的力量是令人折服的,其次恰当、新鲜的论据能开阔受众眼界、令其增长知识。能够恰当、贴切、灵活地运用论据,首先要求主持人心胸开放,不要画地为牢,要以好奇的心态留意有价值、有趣味的资料;其次,积累丰富、充分的资料是个长期工作,要有好记性,更要有记录、管理、整理、更新资料的技巧;最后,收集资料可以着重四个维度——时间维度、空间维度、内容维度、制度对比维度。①

4. 论证方法

论证就是证明自己的观点的过程。论证的策略有很多,从观点传播的格局来看,一元化的、自上而下的观点传播,往往是呼吁性的、祈使性的、阐释性的;多元化的、平等交流的观点传播,往往是说服性的、争论性的、论证性的。

论证的方法有形式逻辑(普通逻辑)和非形式逻辑。形式逻辑的推理方法包括归纳、演绎、类比、归谬法。而非形式逻辑的论证方法包括征兆关系推理、喻证法等。

运用形式逻辑的论证方法时,要警惕一些常见逻辑错误。比如,在演绎法中,有:(1) 除大项、中项、小项之外,出现第四概念;(2) 中项不周延;(3) 在前提中不周延的,在结论中也不得周延。在归纳法中,有:(1) 轻率归纳;(2) 不完全归纳。在类比法中,有:(1) 以比喻代替类比;(2) 相类比的两类事物跨度

---

① 马少华:《新闻评论教程》(第二版),高等教育出版社2012年版,第77页。

过大;(3)类比事物与受众距离太远。在归谬法中,有"稻草人"谬误、滑坡谬误、反问谬误、复杂问题谬误、感觉谬误、烟幕谬误等。

(三)主持人评论中常见问题

根据节目类型的不同,主持人在节目中的功能不同,所需要的能力侧面不同。大致需要这几个侧面的能力——判断力、认知和评价评论的能力、组织和架构评论(嘉宾)的能力、独立成篇或观点串联式的评论能力。

1. 认识中的误区

(1)执着于绝对真理和全能全知。生活是复杂的,问题是变化的,主持人忌武断,忌过度自信。比如一谈到社会问题就归结到制度、体制上。

(2)凭直觉和经验,感情用事。主持人不能以自己的经验或者一己之见做简单类比;感情用事虽能讨好一部分人,但总体上会破坏平衡、理性的形象。

(3)优越感。有些主持人由于经验丰富或者学识渊博,会产生优越感,而不当和错误常常发生在自以为有优势的地方。

(4)认为只有事实才能支持观点。专业知识、理论、观点、常识等都能够作为论据支撑观点,只要论据合理,逻辑正确。被普遍接受的观点或判断有时也是事实。比如,地球是圆的。

(5)常识的粗疏和扭曲。比如,"屁股决定脑袋""自圆其说""多数人的民主""最大的人权是生存权"等,都是人们认为理所当然的常识,但这些都不一定是正确的常识。

(6)逻辑的混乱和错误。在论证方法部分说明过,不再赘述。

2. 即时互动性评论节目中应注意的问题

这里是指在讨论式、辩论式、谈话式、访谈式评论节目中,主持人应注意的问题。一般以上类型的评论节目会邀请一位到多位嘉宾(评论员、专家、业内人士),如何与嘉宾合作、发挥嘉宾的最大作用、实现"外脑"价值是主持人在即时互动性评论节目中的重要功能。组织构建评论内容是根本职能。

做选题时或者播出前向嘉宾交代谈话的框架,主持人可以用骨干、重点的内容去试探嘉宾,适当的时机下可以提醒嘉宾详细阐明。

主持人与嘉宾就话题磨合过度,"剧透"过多,会失去即兴的新鲜感,嘉宾不愿重复或者"重演",现场录制的氛围不容易紧凑、鲜活,甚至出现沉闷、拖沓的气氛。

主持人与嘉宾"背对背"准备选题,直播时容易出现"交锋真空"。在谈话节目中,有些主持人希望呈现谈话的即兴感、新鲜感,因此不主张事前与嘉宾做细致的沟通或演练。主持人和嘉宾对话题进行双盲式的准备,这对主持人的提问能力、承上启下的串联能力、嘉宾的知识储备和即兴反应能力构成极大的考验。针对有储备的提问,嘉宾能够迅速调动知识信息积累,能够快速组织语言,边想边说边调整;但对出乎意料的提问,嘉宾可能会回避问题,所答非所问,兜圈子。因此,主持人有必要将节目的目的和内容的框架交代给嘉宾。

主持人要善于控制自己和嘉宾的话份,及时打断或转换话轮,可以用赞同、质疑、评价、语气词、手势等方式,但更重要的是运用气势。可以抢话、打断,但注意态度真诚、集中在内容本身、不突显和炫耀自己。

主持人要注意时长控制与说什么、说到什么程度、说不说得清楚、说得精彩不精彩之间的矛盾。

谈话中最好不要采用机械的"一问一答"的方式,要形成开放、多边的谈话场域。提问的方式有很多,需要谈话节奏快时,多提些封闭性问题;需要深入分析特别是呈现嘉宾个人的认识和观点时,多提些开放性问题。为达成开放的谈话场,主持人要善于把握提问的时机,机不可失,时不再来或机再难来,错过提问的机会,容易形成谈话节奏单一的局面。转换话论、分配嘉宾话份不一定只运用提问的方式,还可以使用陈述式、祈使式、感叹式发问的方式,在那个具体明确的语境下,嘉宾能够自然承接。

当嘉宾说错、状态不佳或者思维混乱时,可以采用追问、阐释、感叹的方式"解救"嘉宾,给嘉宾以调整的契机。

根据嘉宾不同的专业偏好、个性特征、语言思维的表达的特点,主持人要采用有差别的交谈方式,调整自己说话的语气,抛出不同类型、因人而异的问题。

第二节 实例剖析

本节以北京人民广播电台新闻频率《新闻大视野》2013年10月28日播出的一篇短评作为实例来剖析,该稿件是编发的《北京晨报》的评论。

　　湖南的"限宴令"11月1号就要实施了,这是湖南省纪委监察厅的新规,规定称:11月1日之后,除了婚礼、葬礼外,公务员操办生日、乔迁等喜

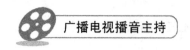

事，不得宴请包括同事在内的非亲属人员。

《北京晨报》今天就此评论说，限宴令不如限权。随着各地对公款吃喝的限制，很多酒店，特别是高档酒店饭店的生意日趋冷清，很可能，原本的巨大投资也会在反腐风暴中血本无归。遗憾的是，这种苦闷只能自己下咽，谁让之前的高档定位，打的是公款吃喝的主意呢？从某种意义上说，被腐败误导而兴起的行业，可怜之人必有可恶之处。

婚丧喜庆，社会交往，原本是国人的传统习俗，为这些目的的适度消费，只要和社会经济能力相符合就是正常的，绝对不可能像之前河北省贫困县的党委书记，为嫁女操办的千人喜宴那样的规模，如果一个酒店或者一个行业，是靠这种与当地经济状况极其脱节的不正当行为维持的，在反腐中应声倒下也是咎由自取。

值得关注的是，"限宴令"是希望借助强制措施去限制贪腐，但很显然，这是临时救火的办法，和从根本上"限权"相比，"限宴"还不能起到治本的作用，甚至可能被人加以"变通"，将以前的酒席交易换一种形式，比如之前已经曝光的藏在公园、会所中的盛宴，仍然接待的是公款消费。可见，如果权力没有被装进笼子里，限制的只是位于权力链末端的酒店、商家，倒下的，也可能只是酒店，而不是酒店的常客，甚至在酒店等随反腐之风转行、关门之后，又出现新的可以成全贪腐的产业。

来源：北京人民广播电台新闻频率《新闻大视野》，2013年10月28日播出。

与报纸评论相比较，电台播出的编发评论表达效率更高些，开门见山用一句话将评论对象交代清楚，紧接着就打出论点"限宴令不如限权"，将原报纸评论的标题修改了一个字作为论点突出，突出了广播特点和线性传播所要求的表达效率。

将"限宴令"作为评论对象，广播编发的短评不枝不蔓，将报纸评论中引申的奢侈品消费的内容删减，更加集中在限制公款大吃大喝的"限宴令"上，从内容上看更加凝练。

这篇评论的立论角度直接切入反腐的根本，即限制形式是治标不治本，从根本上监督和限制权力才是反腐能否成功的肯綮。立论角度有很多，短评就是要拎出一个最一针见血、最有力度的观点，才能克服篇幅短带来的限制，也有机会给人以鲜明深刻的印象。

在论证上观照两个层面，一个是高档酒店、饭店在吃喝腐败中的角色，一个是限制举办何种宴席,全面而且周到,让人感到评论的观点通情达理,贴近现实。阐明论点"限宴令不如限权"之后,短评是以"限宴不能起到治本的作用"和"如果不限权"的递进关系架构论证结构的,每个层次都做到逻辑紧密,并且以相关的新闻报道作为事实论据支撑,有理有力。特别是那句"倒下的,也可能只是酒店,而不是酒店的常客",一针见血,很有力气。

播读时,请注意开头的叙事要带有态度,评论中的叙事与新闻报道的叙事最大区别就是评论叙事是隐蔽地表达观点的。播论点时要注意节奏和吐字的力度,调值、归音要到位,以实现观点鲜明的要求。第二段论述高档酒店、饭店的责任时要注意语气分寸,批评,但不过度,毕竟这里批判的对象是滥用权力的公务员。第三段是体现短评观点全面的内容,语气要恳切坚定。第四段是短评的重点部分,也是着重论证观点的部分,要注意逻辑关系的清晰,抓好重音,比如"变通""末端""常客",这些重音都是体现逻辑的重要标识。

通篇注意节奏,做到夹叙夹议,循循善诱,不能急躁,也不能虚张声势。

第三节 实训技巧

本节选取不同题材、形态和类型的新闻评论供读者播读和分析学习。其中有播音员、主持人口播的,也有音响评论、音像评论,除了关注播音员、主持人口播的部分,也请注意分析节目整体的结构、论证过程中音响和音像与语言的关系、观点和论据的逻辑关系,以及评论的情感因素和节目风格。

例1

下面是广播新闻综合板块节目中的一个板块,一般是由播音员、主持人口播,属于篇幅短小、结构灵活、观点专一的小型评论,即点评。播读时注意新闻事实的叙述也是要带态度的;点评的立论角度有很多,实例中的立论有什么特点;语言表达的色彩和分寸如何把握。

读金融一片光明,读中文"钱"途黯淡

小雪是武汉大学金融学专业的大四学生。她喜欢写作,给自己规划的路是

在大学练文笔、积淀文学素养,然后再考新闻专业的研究生,毕业后做一名记者,可身为金融学教授的妈妈却希望她报考金融学专业。2011年初,在母亲的强令下,她离开文学院转投金融学专业。妈妈的理由很简单,就是刚才您听到的那句话:读中文没"钱途"——钱是金钱的钱。

纵横点评:热门专业在就业时遇冷的情况并不是没有前车之鉴,往往是因为只看到了眼前现象,没料想到市场前景。虽说家长的本意是好的,毕竟是希望女儿前程似锦,可"前"并不是个个挂着金字旁,会发光的也不光是金子,还有因为热爱而迸发出的能量。

"来这种地方吃饭怎么还打包?你不觉得丢脸吗?"

武汉市青山区的王女士早年和丈夫离婚,独自拉扯女儿,好不容易把女儿拉扯大,自己也已经年过半百。50岁生日这天,读大三的女儿提出请妈妈到西餐店吃饭。孩子长大了知道心疼妈妈,王女士心里美滋滋的。饭后,王女士提出要将吃剩的比萨打包,不想女儿脸一沉,说出了上面那番话,并愤而先行离开将王女士独自扔在了饭店。王女士找到社区负责人,一肚子委屈地问:"打包丢人吗?"

纵横点评:打包丢人吗?打包又丢了谁的脸?假若没有母亲这种"丢人行为",哪有你今天光鲜的大学生活?浪费不证明你有钱,打包也不说明你贫穷。丢下母亲和吃剩的食物独自离开,只能证明了你的自私。

来源:中央人民广播电台中国之声《新闻纵横》,2013年11月9日播出。

例2

下面是一篇典型的自上而下传播格局的评论,虽然篇幅短小但规格不小,一连串的观点通过"要……""一定……"等句式表达,号召性、鼓动性极其鲜明。播读时,请注意基调中的色彩和分寸。

让好人有好报

第四届全国道德模范评选产生后,中宣部、中央文明办对道德模范的工作、生活情况进行了全面摸底调查,逐一了解住房、医疗、就业、入学、养老等方面的情况,从11月上旬开展慰问帮扶道德模范活动,并通过安排专项资金、协调慈善资金等多种方式,进一步完善褒扬激励机制。

《人民日报》发表快评:让好人有好报。文章指出,从精神、物质等各方面,关心、帮助道德模范,解决他们的实际困难,这些举措在全国树立了崇德向善、好人好报的社会风尚,有力推动了社会的道德建设。文章指出,我们要营造崇德向善的氛围,首先就要让好人有好报;我们要确立道德的底线,就必须让行善者不吃亏;我们要导引社会的价值取向,就一定要让道德模范有光彩、有尊严。我们坚信,道德模范今后将会得到全社会更多的爱护和支援,学习模范、珍惜模范、帮助模范的社会风尚,也一定会转化为实现中国梦的强大力量。

来源:中央人民广播电台中国之声《新闻和报纸摘要》,2013年11月12日播出。

例3

下面是一篇广播评论,评论部分由评论员和主持人共同完成。这就要求评论员和主持人的评论内容要有所分工,发挥各自角色功能的特点。评论员身居美国,对有关事实和美国各方的舆论了解更多,评论内容侧重于此。主持人的评论针对国内各方观点,特别是反驳了某些观点。

美国广播公司就辱华色彩言论道歉

主持人:据新华社国际新闻微博"新国际"消息,由于美国华侨华人连日来不间断抗议,美国广播公司ABC 10号称:针对10月该台播出带有辱华色彩的言论发布"公开道歉"声明,承诺加强审查,今后杜绝类似事件。ABC在声明中承认了错误,承诺将永久清除该内容,永久取消"儿童圆桌会"节目环节。我们来听中央台记者张家宁的报道。

记者:美国广播公司ABC发布道歉声明的消息被国内媒体报道后,有其他的国内媒体马上联系ABC总部求证,但是没有得到相关回复。一直关注该事件的美国时事评论员杜剑锋在接受记者电话采访时也表示,没有看到美国媒体对此的报道。

杜剑锋:在这个事情刚出后不久,加州有一个华人的政治团体给ABC去过一封信要求道歉,然后ABC的公关部门曾经发表了相对正式的一封信对这个事情解释了一下,网络上讲的这个道歉是不是跟那个是一回事情,如果有一个新的正式的道歉信的话,在美国媒体那没看到有什么相关的报道。

记者:就在刚刚过去的这个周末,全美27个城市华侨华人游行示威,再次抗议主持人基梅尔的辱华言论,要求ABC高层举行新闻发布会正式对华人认错,保证下不为例,并对基梅尔给予惩罚。示威人群中既有年轻的华人父母带着孩子,也有金发碧眼的美国白人。

示威者甲:我有两个孩子,不想我的孩子像我们一样,在美国如果受到什么欺负都不敢站出来去讲。

示威者乙：发生一些很不愉快的事情，作为一个中国人我们都有赤子之心，一定要让ABC来道歉。

示威者丙：应该给喜剧演员更广泛的言论空间，因为这是美国文化的一部分，但问题是ABC和迪士尼故意允许播放这些内容，他们应该对这件事负责。

示威者丁：我知道作为一个喜剧演员吉米应该搞笑，大多数时候我还是很喜欢他的，但是这一次他越过了红线，他不应该说杀死13亿人民。

记者：在今天下午的外交部例行记者会上，外交部发言人秦刚对此回应道："必须指出，散布种族歧视和种族仇恨，有悖新闻媒体的社会责任。美国广播公司应正视自身的错误，以真诚的态度来回应旅美华侨华人的正当要求，并避免再次发生类似的事件。"

主持人：上周末的华人游行被称作美国有史以来参加城市最多、规模最大的一次华人游行。然而对这一事件，美国主流媒体普遍选择失声。有人说，华裔乃至亚裔在美国是"经济上的巨人，政治上的矮子"。

杜剑锋：华裔基本都是理工科，本身对政治的敏感度就相对弱一点，而且美国移民规范就是说你先取得工作签证，然后取得绿卡，然后取得绿卡之后要等一些年，往往要经过大概10年或者稍微更长一点的过程才可以取得投票权，最近这5年有大量从中国来的留学生，可能这些人现在都没有投票权。

主持人：除此之外，谦谦君子的儒家文化也使得华裔很少去争去抢，但是在美国生活久了就会发现，还是"会哭的孩子有奶喝"。此次的ABC辱华言论事件正是给了美国华裔一个契机，为得到公平待遇发出自己的声音。

杜剑锋：美国这个社会，虽然是属于一个法治社会，但是毕竟是一个激烈竞争的社会，而且在美国往往都是"爱哭的孩子有奶吃"，必须要去抢，必须要去争夺，这样的话你才能获得你的利益，不会有人把这个东西送到你面前来，最能抢的那个人才会有最多。

主持人：尽管全美华人的抗议引发了世界的关注，但与此同时，依然听得到另一种声音：中国人，听不懂美国式的玩笑。

主持人：但这恰好就是问题核心，是一种文化的自大：一句话是不是玩笑，谁说了算？即便是玩笑，难道想开就能开？美国副总统拜登2007年曾恭维地说："奥巴马是美国主流社会里第一个口才好、聪慧、干净、长得帅的非洲裔美国人。"后来呢，他怎么样了？为此郑重道歉。

主持人：沉默隐忍的美国华人行动起来了；中国声音，响彻美国。所有的声音都在说一个意思,时代不同了,这不是玩笑。

来源:记者张家宁,中央人民广播电台中国之声《新闻晚高峰》,2013 年 11 月 11 日播出。

例 4

下面这一篇是广播综合板块性新闻节目中的播音员口播评论。美国监控世界很多国家的新闻沸沸扬扬,每天都出现在国际新闻的头版,是个日日新的系列新闻事件。许多评论的选题虽然都是有关美国"监控门"的,但根据事实的新变化、新苗头,具体到每一篇的侧重有所不同,这一篇是在新的"监控受害者"出现后的评论,针对法国、德国与美国的关系这个切入点,引出观点"美国的监控无所不在,无所不包,呈现三不分特征",体现了评论选题的动态化、系列化特征。

美国监控的"三不分"

在伊朗、俄罗斯、印度、巴西、墨西哥、中国等国之后,美国"重点监控国家"名单上新增了受害者——法国、德国。新华社评论说,事实上,美国的监控从来不是秘密,但最近的爆料显示,这种监控无处不在,无所不包,呈现出"三不分"的特征。

首先,不分盟友与非盟友。多国反弹之所以如此强烈,正如法国国民议会司法委员会主席所说,是因为"没想到美国的情报监听竟如此广泛、如此系统"。对盟友尚且如此,对其他国家的监控力度可想而知。

其次,不分反恐与非反恐。21 世纪以来,美国总是以反恐之名对其他国家实施监控,但其情报监听早已远远超出反恐范畴。至少,美国无法说服世界,在法国这样的盟友国家,何以需要进行如此大规模的监听。

最后,不分政治、外交与经济。报道显示,美国的监控目标包含了不少法国政要、商界头面人物,监控内容则涉及商业机密和个人隐私。而美国在墨西哥截取的信息包含"外交、经济领域和领导层通信联络"以及"关于墨西哥政治体制和内部稳定的内情"。

美国还能相信谁?无所不在的监控似乎已经给出了答案,那就是:谁都不信。然而,如果一个国家权力不能自制、行为没有底线,又怎么能让世界相信呢?

来源:北京人民广播电台新闻频率《新闻大视野》,2013 年 10 月 24 日播出。

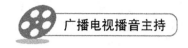

例 5

这是一篇题材有趣、偏软、规格小的广播评论,是个文化热点。这篇评论的特点是普及了一个知识性信息,即俄罗斯女孩子起名的习惯与父名的关系。在表达上,应注意体现诙谐有趣的特点。

抗日神剧中的"莎拉波娃"

主持人:再来说说抗日神剧中竟然出现"莎拉波娃"。抗日神剧可以说已经成了国内荧屏的一大奇观了。最近,抗日剧《终极任务》开播,虽然剧中没有了"手撕鬼子"这样的雷人情节,但网友却发现,剧中有个苏联妹子竟然叫"莎拉波娃",和现在俄罗斯女子网球名将的名字一模一样。这么有时代感的名字出现在一部抗日剧中,让观众们不禁感叹:实在太搞笑了。

主持人:我们也找到一段电视剧的相关情节,大家来感受一下。

(抗日剧同期声)

主持人:有网友说了,其实苏联姑娘的名字我们很熟了,喀秋莎、叶莲娜,随便取一个不就好了,偏偏要"莎拉波娃"。比如剧中对白:"首长请放心,我们保证一定把莎拉波娃安全救出来。"好想在后面接一句:"去吧,我派李娜同志协助你们。"

主持人:更夸张的是,剧中的"莎拉波娃"不仅是苏联记者团的成员,还是苏联著名元帅朱可夫的女儿。有网友又纠错了,按照俄罗斯人的习惯,朱可夫的女儿不该叫朱可娃吗?实际上我们查证,在历史上朱可夫元帅的三个女儿的确都叫"朱可娃"。而且同理来说,莎拉波娃的老爸应该叫莎拉波夫。网球运动员玛利亚·莎拉波娃的父亲就叫尤里·莎拉波夫。

主持人:总之,编剧这一乱指爸爸,观众就凌乱了。看来,抗日神剧的编剧们还是要加强一下学习,不懂的上网查一查,免得闹笑话。

来源:北京人民广播电台新闻频率《新闻2013》,2013 年 10 月 18 日播出。

例 6

这篇国际题材的广播评论具有一定的代表性,凡是涉及专业性领域的新闻评论,一般都会请这个领域的专家进行评论,虽然只代表个人看法,但能够解释信息、传播知识、厘清观点、启发思路。同时也能避免在挖掘评论深度时可能出现的因缺乏专业积累而产生纰漏甚至错误观点的现象。

第七章 新闻评论的表达

日本159名国会议员拜靖国神社

主持人:洞悉国际新闻动态,《新闻2013》独特视角带您观世界,我们来浏览今天国际方面的消息,首先关注,日本159名国会议员今天拜靖国神社。

主持人:今天,位于日本东京的靖国神社进入秋季例行大祭的第二天。国会超党派团体"大家都来参拜靖国神社会"的159名国会议员率先参拜了靖国神社。这是继今年春季大祭时166名国会议员参拜后,日本又一次国会议员大规模参拜靖国神社。"大家都来参拜靖国神社会"是一个什么样的团体?今天我们也采访了外交学院教授周永生:

(录音)

周永生:靖国神社这个团体是日本众议院和参议院两院的议员联合组织的一个右派组织,很明显这样一个组织就是要与左派力量和国际的正义力量对着干,他们把靖国神社当中被祭祀的人物当做所谓的英灵,为国家做出贡献的人物,那么实际上他们是在追求用一种国家主义,这样一种理念,参拜靖国神社这样一个行为,来树立日本国家的凝聚力,日本国家的权威。周边受侵害的国家持有完全不同的理念,特别是不在战争问题上做出客观的反省。

主持人:今天去靖国神社参拜的一共有159名国会议员,众议院的议员有114人,参议院的议员有45人,而且前去参拜的议员里面也不乏现任的政府高官,您怎么看待这样一个参拜的规模呢?

周:这次参拜是秋季最大规模的一次参拜,人数上达到了峰值,同时里面包括现任日本政府的大臣,总务大臣新藤义孝。这些高官、这些议员在日本都是有名的政治家,这么一大批人去参拜靖国神社,表明了整个日本政坛充满了右派翻案的风气。右派对历史问题翻案的风气和安倍执政以后否定侵略战争,否定慰安妇的存在,和他的政策向右翼方面的导向密不可分。因此,从这样一个角度上来看,日本政坛向右翼方向发展的动力还很强大。

主持人:安倍晋三虽然是迫于压力没有参加这次的靖国神社参拜,但是昨天上午他也向靖国神社供奉了祭品,而且安倍并不限制内阁成员去参拜靖国神社,想请您来给我们分析一下,安倍对此的态度和之前的历任首相对此的态度有什么区别吗?

周:安倍可以说,一方面吸取了小泉参拜时的教训,小泉在当首相的时候每到靖国神社祭奠或者比较重大的时候,他都要设法去参拜靖国神社,那么也因此造成了日本与中国和韩国关系的僵化。那么在这种正义的国际力量巨大的压力之下，安倍执政以后吸取了这种教训，他不敢明目张胆地去参拜靖国神社，但他骨子里面比小泉更狠，更愿意把靖国神社当中供奉的对外侵略战争中的罪犯当做是日本的民族英雄，因此他采取一种变通的做法，就是本人并不去亲自参拜，但是派人向靖国神社供奉祭品，这种供奉祭品的做法，虽然比本人去参拜在行为的程度上要轻一些，但就内容来说，和他本人去参拜性质是一样的，都表明对供奉有甲级战犯的靖国神社是一种肯定的态度。

主持人：今天，外交部发言人华春莹在例行记者会上表示，针对日本内阁成员公然参拜靖国神社一事，今天上午，中国外交部副部长刘振民已经召见了日本驻华大使，提出了严正的交涉。

（录音：华春莹）

华春莹：中方已经多次表明了在靖国神社问题上的态度和立场，靖国神社是日本军国主义对外发动侵略战争的精神工具和象征，至今供奉着在二战中对中国等亚洲受害人民犯下滔天罪行的 14 名甲级战犯，靖国神社问题事关日本能否正确地认识和严肃地、深刻地反省侵略殖民统治历史，是否尊重中国等亚洲受害国人民的感情，是事关中日关系政治基础的重大原则问题。日本内阁成员公然参拜靖国神社，其实质是美化日本军国主义的侵略历史，挑战二战的结果和国际秩序，中方对此表示坚决的反对，今天上午中国外交部副部长刘振民已经召见了日本驻华大使，提出严正的交涉，向日方表示了强烈的不满和严厉的谴责，在此，我愿重申，日本只有切实地重视和深刻反省侵略历史，真正地做到以史为鉴，日本同亚洲邻国的关系才有可能开辟未来。我们再次严肃地敦促，日方恪守深刻反省历史的表态和承诺，以实际行动取信于亚洲邻国和国际社会。

主持人：靖国神社供奉自明治维新以来为日本军国侵略主义战死的军人及军属，其中绝大多数是在中日战争及太平洋战争中阵亡的日军官兵及殖民地募集兵。由于靖国神社祭祀的对象包括了 14 名甲级战犯，使得靖国神社被东亚各国视为日本军国主义的象征而备受争议。

来源：北京人民广播电台新闻频率《新闻2013》，2013年10月18日播出。

例 7

观点就是对事实的认识和判断，这期节目通过调查的方式分析少儿图书价格不菲让不少家长"望书兴叹"的现象，让观众明白少儿图书价格不菲的原因和症结。评论对象虽不是动态新闻，但选题紧贴老百姓的生活，给观众释疑解惑，这也是评论的一种功能。画面内容负责引出事实、举证、呈现调查过程，语言部分主要负责架构评论形态,提出疑问,穿针引线出结论。另,请注意稿件当中的黑体字部分,精装本"吸引人"这个因素可以成为评论少儿图书价格不菲的一个角度吗?

少儿图书为何"贵族化"

(广西台记者朱宝权)

导语:

一提到少儿图书,30岁以上的人大都会在脑海中闪现出几毛钱一本的连环画,贵的也不过几元钱,它们深入浅出、价廉物美、深受孩子们的喜爱。现如今,这样廉价的少儿图书几乎难以见到了,几十元、上百元、上千元的"精装书""大开本书""系列书"越来越多,装帧精美考究、包装越来越豪华……不菲的价格,让不少家长是望"书"兴叹。一起来看记者的报道。

播后:

图书是为了启迪孩子智慧的,可这些高价图书在启迪儿童智慧的同时,也在考验家长的钱袋。要遏制少儿图书的贵族化、奢侈化倾向,不能靠出版社自律或良心发现,政府相关主管部门理应主动规范图书市场,像禁止月饼豪华包装一样,减少少儿图书的过度包装,以进一步降低图书价格。必要时,还应实行政府限价,防止高价书影响孩子的阅读质量,让绝大部分家庭都买得起少儿图书。

正文:

沈阳的罗女士在一所高校从事教育工作,孩子已经上高中,从幼儿园时,罗女士就不断培养孩子的读书兴趣,少儿书籍也占据了家里的几个书架。然而近些年,罗女士却越来越不敢到书店买书。

沈阳市民罗岩:就是价钱上。现在的书印刷越来越精美,价钱越来越高,有的时候让我们想买,但是又觉得囊中有点羞涩。

记者在新华书店沈阳新华购书中心看到,除了新版《十万个为什么》售价980元外,还有许多装帧华丽、高档的精装本少儿图书,价格也贵得令人咋舌,成套的《国际大奖小说系列》虽然只有薄薄几本书,价格却要481元;一套趣味科普立体书,虽然只有六页纸张,价格却在79.8元。在沈阳随便一家书店,定价在三位数的书籍不在少数,精装、高价图书成了少儿图书柜台的"主角"。

那么,到底是什么推高了少儿图书定价?赵维宁——辽宁省某出版社的一位编辑,向记者介绍了一本书的价格是怎样制定的。

某出版社编辑赵维宁:首先得先知道一本图书的成本是什么?一般分为十部分:第一个是图书管理费,然后有编辑费、校对费、封面设计费、版式设计费,还有排版费、纸张费、印刷费、装订费,还有作者的稿费。这十部分组成一本市场书的成本,那么这十个部分都在提高,它(书)的价格也会跟着提高。

书的定价除了与这些固定成本有关外,还与书的印量有很大关系。如果印数多,这些成本就会被摊低,而目前出版社都在争抢少儿图书这块大"蛋糕",印数上不来,同时纸张、印刷等固定成本在增长,书价提高是难免的事。但是,出版社为什么热衷于出精装本?他告诉记者精装本不仅吸引人而且回钱快。他算了这样一笔账:以一套十卷本的文集为例,按照现在的行情,如果是平装本,定价不过三四百元,而一旦套上"精装限量本"的名头,那就可能猛涨至1500元左右,甚至更高。如果这套文集的销售预期是50万元,那么平装本需要卖1600余套才能完成,而精装本只需卖330套就可以了。

此外,贵族化图书可以为出版商带来超额的利润。有业内人士披露,新闻出版署管理价格一般是划定一个范围,不过现在除了对教材类图书的价格管理较严格以外,对其他图书的价格相对放开,由市场调节。这样一来很多出版社都愿意出版高价图书,从这个意义上说,"书中自有黄金屋"更是恰如其分。一本图书它的印刷费及纸张成本只占25%,作者稿酬占10%左右,其余的就是出版商和发行商的利润。书价越高,中间环节的利润就越大,图书的定价自然就高不就低了。

少儿图书越做越精美,出版商、销售商在肥了腰包的同时,孩子和家长也只能无奈地接受这种被"贵族化"的图书。

来源:广西电视台《新华纵横》,2013年10月27日播出。

例8

请注意下面这篇评论的播出时机。福岛核泄漏及其对日本人民生活的影响本不是新闻,但在这个时候播出这篇"记者观察",是跟中日关系的大背景紧密关联的。因此请读者播读这篇评论时查阅这个时期的国际关系特别是东亚地区事务的新闻背景。

核事故处理停滞,政府难辞其咎

导语:

至今,福岛核事故发生已经过去两年多时间了。但是事故造成的核泄漏等问题至今不但未能解决反倒是问题不断。对此外界许多声音就指出,日本东京电力公司和日本政府难辞其咎。

正文:

核污水问题是福岛第一核电站目前需要面对的第一大问题。核电站平均每天都会新增400吨污水。为了防止这些污水流入大海,东电公司已经设置了超过1000个储罐。但即便如此,8成以上的储罐也已经被填满。现在核电站里已经没有足够的空间来增设新的储罐。而更严重的问题是,即便将污水装入储罐,泄漏问题还是时不时地发生,而对此东电公司却毫无办法。据了解,东电公司将在本月中旬到下旬重新启用曾被一度停止的两套污水净化系统。日媒评价说,东电开始正式去除污水中的放射性物质,但实际上这一行为还是比预定时间足足晚了一年。与东电所表现出来的能力不足相比,日本政府带给外界的印象则是隐瞒实情。一个最直接的证据就是日本首相安倍晋三在申奥时曾经放出豪言,称福岛核电站的污水泄漏问题已经得到控制。但《共同社》在上月27号公布的舆论调查却显示,有83.8%的日本人不相信安倍的说法,多数人都认为政府并没有公布实情。

核事故刚刚发生时,日本政府就没有第一时间公布放射性物质的扩散情况。这一做法直接导致许多辐射区的民众没有及时避难,甚至出现了有人逃到辐射值更高的地方进行避难的情况。随后,日本政府迟迟不插手核事故的处理,并且无视福岛现状,依然试图推行核电发展的态度不但令民众不满,也逐渐失去了民众的信任。全世界都在期待日本能够解决福岛核问题,但日本政府和东电却不仅没能让人看到希望,还一味地推卸责任,试图掩盖事实。福岛核问题并不只是日本的问题,而是足以影响到世界海洋安全的问题。但日本政府面对这一问题的态度却无法让世界放心。

来源:中央电视台新闻频道《朝闻天下》,2013年11月10日播出。

例9

中央电视台新闻频道的周末专题节目《新闻周刊》中,有个固定的评论板块《本周视点》,是一个大型的评论板块。一般是以本周内的热点、焦点新闻事件为评论由头,以较长的时长、较复杂的结构、丰富的采访、细致的调查对新闻事件进行评述,并且引申开去,开掘其背后隐藏的普遍的、典型的意义。"医患矛盾的症结"和"解决医患矛盾"是该期节目的出发点和立足点,虽没有明确给出解决路径但态度和立场表露清晰,情理交融。这类大型评论重总体框架的稳固

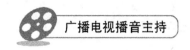

和全面,重层次清晰和逻辑严密,重事实披露的细节和平衡,重观点阐发的具体和深刻,请读者对比大型电视述评节目与其他形态和类型评论的区别。

医 之 患

白岩松:本周四早上7点,在浙江省温岭市殡仪馆举行了一个追悼会。按理说,在殡仪馆举行追悼会天天都有,然而这一天的这一个追悼会,却引来全国性的关注。参加者相当多是医生,他们送别与追悼的是他们的一位同行,一位年仅47岁的医生王云杰。这名医生是六天前在医院内被自己的一位曾经的患者刺死的。同时,那个歹徒还刺伤了另外两名医生。医院内的暴力,这不是第一次发生,然而,愈演愈烈,让人愈发难以接受、难以容忍。从10月17号到27号,仅十天时间,全国就发生六起患者伤医事件,多位医生重伤甚至死亡。救人者为何成为受害者?救人者,该如何被救助?这个社会该做些什么?《新闻周刊》本周视点关注,暴力阴影下的医生。

短 片 一

(一组报纸+同期)

中国人民公安大学教授王大伟:医生在上班的时候,生命和健康受到威胁,这个也是决不能够容忍的。不管发生在什么地方,不管起因是什么,他把医生杀害,那么他必然是一个故意的伤害和杀人的罪犯。

解说:因为对一年半前的鼻腔微创手术结果持有异议,患者连某手持榔头、尖刀闯入温岭市第一人民医院行凶,这场造成1死2伤的杀医案也再度震惊全国。本周,在案件中受伤的王伟杰医生回忆了发生在8月25日上午的血案。

温岭第一人民医院医生王伟杰(电话采访):我跟王云杰、蔡朝阳三个医生坐在门诊看病,听到有吵架的行为,我把门打开,对面出来王云杰医生,他当时心脏有清晰的血迹。他后面有个年轻人跟着,跟到口腔科跟前两米左右,王云杰停下了,凶手马上拿出刀子大概30多厘米长,捅向王云杰后背。

解说:当时被榔头砸中头部且胸口受伤的王云杰医生本想逃离诊室,却在对面口腔科门口再遭毒手。而同在耳鼻喉科的王伟杰医生试图上前阻拦,也被凶手刺中右胸。据后来的监控录像显示,凶手在五楼耳鼻喉科整个作案时间持续一分多钟,直到又有一位医生走出诊室阻止,犯罪嫌疑人才向楼下逃离。

温岭第一人民医院医生王伟杰:我说快些把(王云杰)送到抢救室去,当时我看了一下,大概病人也有二三十个,他们都惊呆了。我马上追那个凶手追下去,追到三楼我们保安来了,两个保安跟着我往下面冲。

解说:当时,受伤的王伟杰医生捂住胸口,从五楼一直追到一楼,直到医院两名保安上前拦住犯罪嫌疑人,筋疲力尽的他才稍稍放心去了抢救室。但他万万没有想到的是,赤手空拳的两名医院保安,并没有拦住持刀挥舞的凶手,连某又闯入 CT 室对值班医生江晓勇行凶后,最终被赶来的保安人员制服。

中国人民公安大学教授王大伟:一旦医院发生了命案,那么谁是第一救助的力量,肯定是在医院内部,每个医院都应该有一个完整的打击各类犯罪的预案,我们说医院它不是一个净土,因为医院本身也是生活在一个共同的社会环境下,医院这些年的刑事犯罪种类也是非常多的。

解说:持刀行凶的连某曾为该院耳鼻喉科的患者,去年3月他接受鼻腔微创手术后,总感通气不畅,曾到温岭市第一人民医院频繁投诉多达数十次。虽然该院为他组织两次会诊,其他医院的复诊结论也说手术没问题,但连某认为是医院串通骗他。一场持续了一年半的医疗纠纷最终演变成一场悲剧。而温岭医疗纠纷调解委员会也表示从未收到相关申请。在这起恶性杀医事件中,第三方的医疗纠纷调解机制、法律手段、医疗场所纠纷预警及应急机制,似乎都在事件中失灵了。

温岭第一人民医院医生王伟杰:本来退休了想留个两三年,因为我们病人比较多,医生比较紧缺,领导又想留我,现在经过这样子的惊心动魄的经历,我心有点寒。

解说:本周,中国医师协会、中华医学会等四组织联合发表声明,强烈谴责伤害医护人员人身安全行为,呼吁全社会行动起来对医疗暴力要做到零容忍。而全国政协委员、宣武医院神经外科主任凌锋也正在草拟一份紧急提案,呼吁加大针对医务人员人身安全犯罪的打击力度,由公安人员进驻医院维持正当秩序等,防止伤医事件的发生。

北京大学国家发展研究院经济学教授刘国恩:我觉得作为一个医务人员,在这种氛围下,面临这么严重的被伤害事件,每一个人都有切肤之痛,每一个人都有愤怒的理由,假设我是一个医生,我会去想,我要的是警察到我的医院来保护我还是职业环境的改善?

白岩松:在周四,为王云杰举行追悼会的时候,他的相当多的同事依然要在医院自己的岗位上面对络绎不绝的患者。我不知道,那一个上午,他们是在怎样的一种心情当中为患者治病疗伤的,那一定是一个令人难忘的上午。其实,医生的悲愤可以想象,一方面治病救人,另一方面内心委屈。温岭杀医案发生后,一位医生照了这样一张照片,站在楼顶上,白大褂上写着"不要学医"四个醒目的大字。本周,媒体公布一份调查,官二代、富二代、红二代成为热门话题的同时,学医的却不希望有"医二代",78%的受访医生表示,不希望自己的孩子再穿上白大褂。这是为什么?社会有答案吗?

短 片 二

解说:10月31日,本周四上午7点王云杰医生的追悼会在当地殡仪馆举行,上千人前去为王云杰医生做最后的送别。温岭市第一人民医院很多没有上班的医生都来到现场,虽然医院已经恢复了正常运作,但显然医生们的情绪并没有平复。

(同期)温岭市第一人民医院医生:如果明天我上班还要注意病人有没有带刀,会不会威胁到我们的生命,那我们根本不可能安心工作。

(同期)温岭市第一人民医院医生:我们在这环境当中觉得挺不安的,我们要求不高,只要踏实上班平安回家就好。

解说:踏实上班平安回家竟然成为医生们的期望,可以看出频发的伤医事件对医生们的刺痛。而据中国医师协会的统计,就在王云杰医生被刺身亡的十天,就发生了六起患者伤医事件。

(音乐)(字幕)10月17日,多名家属打砸上海中西药大学附属某医院

10月21日,广州医科大学附属第二医院重症监护室主任及多名医护人员被打伤。

10月27日,南昌市第一医院发生女护士被持刀挟持。

(同期)广医二院副院长邢洲:我们觉得现在这种风险,或者这种不理解,这种隔阂已经到了让我们的这些环境非常之恶劣,甚至执业人员已经都产生恐惧这样的一种阶段。

解说:从20世纪90年代后社会上对医生的指责开始多起来,到近年来医患冲突不断升级。从言语暴力到肢体冲突再到恶性伤人,据不完全统计,中国每年被殴打受伤的医务人员已超过1万人,医院成为个人极端暴力事件的高发区。究竟是什么样的仇恨和矛盾才能让患者将尖刀和拳头抡向诊室里的医生?

(同期)李梦南:这么大的仇恨从何而来?和我爷爷来哈尔滨有好多次了,途中花费也挺多,再加上也挺劳累的,我也感觉大夫有意刁难我,有这个想法。

解说:2012年3月23日,哈医大一院,17岁的强直性脊柱炎患者李梦南手持水果刀,扎死该院硕士生王浩,另有两名女医生被扎伤。让人意想不到的是,

死者王浩根本没给李梦南看过病,杀他只是因为进房间后第一个看到他。

(同期)李梦南:我冲进他的办公室,能伤几个就伤几个吧,我当时这么想的。

解说:由于李梦南犯罪时不满18岁,最终被判处无期徒刑。然而,比接二连三的暴力伤医事件更让人恐怖的是医患信任的降低,据一项华东地区30家医院医患关系的调查结果显示,只有10%的患者信任医生。

(同期)市民:态度不是很好,然后一般医生开药的时候,都是选择贵的开。

(同期)市民林先生:患者心里很忐忑,不知道什么情况,他又不解释给你听。

(同期)广医二院医生:医患关系很紧张,万一说错话,被抓住把柄,录音了,他可能会无理取闹,搞事情。

(同期)公共安全风险治理研究中心主任王宏伟:医患关系上所反映出来的信任问题,实际上是我们社会信任问题,这种不信任关系的存在,不是仅仅体现在医患关系上,还体现在其他方面。

解说:王宏伟说,我国很多极端暴力事件往往都是出于个人利益或精神健康方面的原因,一些弱势群体的利益受损问题长期得不到解决,"小事拖大,大事拖炸"。一旦情绪失控,就可能发生激情型的暴力犯罪。

(同期)公共安全风险治理研究中心主任王宏伟:一个公众的利益诉求得不到有效的满足,与此同时,一旦出现心理疾患,又不能够得到社会的及时关爱和矫正,很容易出现个人极端暴力事件。

解说:当下中国正处于社会转型期,各种社会矛盾、利益诉求错综复杂,道德失范、社会不公、诉讼成本过高等问题普遍存在,个人极端暴力犯罪案件多发。而妇女、儿童、老人等弱者,以及学校、医院、征地拆迁等场所也成为容易施暴人群和空间。

(同期)北京大学国家发展研究院经济学教授刘国恩:你的收入上来了,发展条件上来了,机会上来了,而相应的社会制度,包括我们医疗保障的制度,可能没有完全跟进,人们之间的这种矛盾、这种冲突,就比在收入水平比较低的时候多。

白岩松:这次温岭伤医事件,凶手曾经是患者,一直对医生为自己的治疗不满意,即便专家都认定医生对他的治疗没问题,可他还是不接受。然而仔细研究他这个人,他对医学的了解几乎谈不上,但他一直相信自己的怀疑,终于酿成大祸。与此同时,在看病难、看病贵的抱怨之中,以药养医等不合理的制度依然

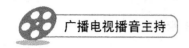

没被破解,制度缺失与保障无力,始终让医生成了面对矛盾的时候非常具体的一个对象,悲剧也就一次又一次地发生。在悲剧越来越多的情况下,社会该如何帮他们?这帮助又该如何治标、治本?

短 片 三

解说:就在本周四,杭州西溪医院的门诊内新增了不少头戴钢盔、手拿棍子的保安。而全国政协委员、北京宣武医院神经外科主任凌锋也表态,自己正在草拟一份紧急提案,呼吁加大针对医务人员人身安全犯罪的打击力度,设立医疗场所纠纷预警及应急响应机制,采取切实有效的措施,防止伤医事件的发生。

北京大学国家发展研究院经济学教授、国务院医改专家咨询委员会委员刘国恩:我觉得靠检查、靠武装力量来保卫我们医院的话,这是一个悲哀,它应该尽可能限制在最小的一个范围。我觉得中国还不至于一定要面临这样的一个严峻的医生和患者的对立矛盾。

解说:事实上,就在犯罪嫌疑人连恩青持刀刺向王云杰医生的十几天前,卫计委和公安部刚刚联合出台指导意见,要求二级以上医院按照每20张病床配1名保安的标准加强医院安保措施,但这样一份意见,并没能阻止悲剧的发生。

刘国恩:如果没有医生和患者的信任的建立,你就是把兵都驻守到医院里边,这个紧张的关系仍然在,只是一个威慑力,不敢爆发而已。所以我们的立足点,还是要放在如何建立医患关系上、建立医患之间的信任上来。

解说:庞大的安保队伍,就算保护了医生,但增加的资金从哪儿来?当身心不适的患者走进医院时,感受到的压抑气氛又该如何消除?头痛医头脚痛医脚,那么当医疗体系在医患关系上表现出病症时,这样一剂猛药,治愈医患关系的可能性有多大,或许值得怀疑。

刘国恩:在我们中国的大医院里边,一个正常上班的医生,一个上午面对的病人数,至少在50到60个,一个人剩下的时间可能就两三分钟,那作为医生来说,我还是把这仅有的时间,主要放在诊断和治疗上吧,后面的帮助就说不上,说安慰,可能实在是没有条件来进行这一项非常重要的工作了。所以在这种就医条件下,医患双方的矛盾,要不激烈,要不尖锐,那真的就神奇了。

解说:如果再回看发生在温岭市第一人民医院的这起悲剧,连恩青数十次到医院投诉,虽然医患双方都不曾向医疗纠纷调解委员会申请调解,但院方也付出了巨大精力,进行了数次院内专家会诊、权威专家会诊,却始终未能解决问题。可以想象,在长达一年半的时间里,连恩青心中的怒气显然是在与日俱增,而每天面对大量病人,还要拿出精力向连恩青解释或者与其争吵的医生们,又受着怎样的折磨。

刘国恩:那么拥挤的大医院里边,既给急诊病人,又给住院病人,还有给大量的门诊病人提供诊疗、帮助和安慰的服务,这可能吗?而客观的现实是,我们任何一个医疗服务,都必须有这三个部分,可是中国现在缺的是后面两个部分,而这个缺的部分,正好是因为我们的体制造成的,我们人为造成的,它是可以被解决的。

解说:从今年3月份开始,在上海,所有县区已全面启动家庭医生制度,按照2500人配备一名社区家庭医生的份额,全市已经有户籍居民458万人与社区家庭医生签约,小病社区看,大病可以享受向大医院转诊,并优先预约专家号等服务。显然,上海正在用政策引导进行着医疗资源分配的探索,而这,或许就是缓解医患矛盾根源的一种手段。

刘国恩:我们病人,特别是广大的门诊病人,更多的是需要帮助和安慰,要我们建立一个长期的关系,后面遇到大的问题的时候、大的灾难性的问题的时候,我们才有互信。让我们80%到90%的患者,在门诊服务上能够下到社区,才可能有这个物质基础和条件,医生们才有这个精力和时间,建立医患相互信任的这种关系。

白岩松:中国人说,每个人的一生就四个字"生老病死"。请问,哪个字不要与医生打交道?按理说,医生应该成为一个正常社会最被尊敬的职业之一,但在我们这儿却扭曲了。很多欠了账的改革让医生成为替罪羊,成为被伤害与被指责的对象。而在这其中,我们也都有责任。其实,伤医事件屡屡发生,真正的最终受害者是我们,是生活着的每一个人。一旦医生心神不宁,不再爱自己的岗位,我们生无所托、老无所医。生老病死,托付给谁?

来源:中央电视台《新闻周刊》本周视点"医之患",2013年11月2日播出。

思考题

1. 播读评论的要求是什么?
2. 新闻评论的要素有哪些?
3. 举例论述新闻评论的观点与论点的关系是什么。
4. 主持新闻评论节目(特别是即时互动性节目)应注意的问题有哪些?